«Qué TANTO es TANTITO»

ATLAS DE LA CORRUPCIÓN EN MÉXICO 2000 ★ 2018

Qué tanto es tantito
Atlas de la corrupción en México 2000-2018

Primera edición: febrero, 2018

D. R. © 2018, Carolina María Rocha Menocal
D. R. © 2018, Miguel Ángel Pulido Jiménez

D. R. © 2018, derechos de edición mundiales en lengua castellana:
Penguin Random House Grupo Editorial, S. A. de C. V.
Blvd. Miguel de Cervantes Saavedra núm. 301, 1er piso,
colonia Granada, delegación Miguel Hidalgo, C. P. 11520,
Ciudad de México

www.megustaleer.com.mx

Murcio Soluciones
www.murciosoluciones.com
Dirección de Arte: Cecilia Madrid
Ilustración: Eric Camacho
Diseño y Arte: Aldo Jarillo, Maricarmen Tovar, Griselle Montejo,
Luz Nájera y Daniel Somohano
Coordinación Editorial: Sandra Molina y Juan Carlos Lavin
Corrección de Estilo: Oswaldo Barrera
Murcio Editores, S.C., con domicilio en Guillermo González Camarena 999,
ofna. 2203, Santa Fe, Ciudad de México, C.P. 01210, T. (55) 3687 4492

Este proyecto contó con el apoyo metodológico y financiero de Antifaz.

Penguin Random House Grupo Editorial apoya la protección del *copyright*.
El *copyright* estimula la creatividad, defiende la diversidad en el ámbito de las ideas y el conocimiento,
promueve la libre expresión y favorece una cultura viva. Gracias por comprar una edición autorizada
de este libro y por respetar las leyes del Derecho de Autor y *copyright*. Al hacerlo está respaldando a los autores
y permitiendo que PRHGE continúe publicando libros para todos los lectores.

Queda prohibido bajo las sanciones establecidas por las leyes escanear, reproducir total o parcialmente esta
obra por cualquier medio o procedimiento así como la distribución de ejemplares
mediante alquiler o préstamo público sin previa autorización.
Si necesita fotocopiar o escanear algún fragmento de esta obra diríjase a CemPro
(Centro Mexicano de Protección y Fomento de los Derechos de Autor, http://www.cempro.com.mx).

ISBN: 978-607-316-141-1

Impreso en México – *Printed in Mexico*

El papel utilizado para la impresión de este libro ha sido fabricado a partir de madera procedente
de bosques y plantaciones gestionadas con los más altos estándares ambientales, garantizando
una explotación de los recursos sostenible con el medio ambiente y beneficiosa para las personas.

Penguin
Random House
Grupo Editorial

CAROLINA ROCHA MENOCAL ★ MIGUEL PULIDO JIMÉNEZ

Grijalbo

AGRADECIMIENTOS

En este libro trabajó un gran equipo. Comenzó con un encuentro fortuito por las calles de la Condesa, siguió en la mesa de la terraza de mi sureño hogar y prosiguió, entre gritos, risas y lágrimas, en cafecitos, oficinas y *skypes* a larga distancia; algunas veces en piyama, pero siempre acompañados de un buen café.

Los amo. ¡Pulis, qué gran compañero de aventura eres! Este vía crucis de días y en barco de lujo, la mayoría de las veces, se queda entre mis mejores recuerdos de trabajo y compañerismo.

Las mujeres del proyecto se llevan todos los aplausos. Sandra Molina, sin tu liderazgo, empuje y llegada hubiéramos naufragado; Ceci Madrid, eres la más dulce y cercana, impresionante tu talento y entrega en este proyecto; a Wendolín, que jamás dudaste de nuestras ideas, estuvieran o no en el papel, y a todos los que toleraron la locura, la expectativa y el reto de entrarle a un libro ilustrado, un atlas de la corrupción mexicana, gracias. Infinita gratitud. Lucía imposible y lo logramos.

Los meses de crear este compendio fueron de separación, de encierro y, en muchas ocasiones, de cansancio y mal humor. Sin cómplices de vida y sin mi familia no habría superado el trance. Ustedes saben quiénes son.

Papi y mami, mis escuchas (porque yo les leía y leía en voz alta), los más pacientes.

Dar gracias es reconocer el cariño y las aportaciones de quienes nos han llevado a ser lo que somos. Mi trabajo, mi pasión por la calle y mi encuentro con un México remoto, alejado e incluso olvidado, se los debo a José Ignacio Suárez. Nacho, no existe un jefe como tú en la faz de la Tierra; qué privilegio, qué afortunada por escucharte y aprender de ti.

Tengo ejemplos de vida y de trabajo que han marcado lo que soy y a los que debo mi locura y disciplina. He tenido el impulso y la libertad para ser y hacer en Televisión Azteca; gracias, Ricardo. También he recibido los consejos de periodistas a los que admiro y de los que aprendo: gracias, Ray, René, Albertuco, Joaxs.

Charalito, entre tantos sabios consejos, paciencia, cariño y apoyo no sabría por dónde comenzar a agradecerte. Por aquí al menos una línea.

Carolina Rocha Menocal

Este libro se logró a punta de búsquedas, sistematización de información, interpretación, teclazos, dibujos, consejos editoriales, persecuciones para entregar a tiempo, correcciones de estilo, verificaciones de datos y más. Es resultado de la generosidad y el esfuerzo de un montón de personas.

En la editorial nos recibieron con las puertas abiertas y el consejo a la mano. Muchas gracias. Después, el equipo de Murcio soportó el tortuoso proceso de convertir la ocurrencia en idea. No puedo describir aquí cómo se me ponía chinita la piel cada que una entrega de avance superaba mis propias expectativas. Sepan todas y todos que tengo claro que esto jaló gracias a ustedes y que estoy en deuda tipo "crisis del 95". En Creatura y Antifaz (mis proyectos profesionales) también se lucieron. Rolando Lagunes fue un gran socio y compensó buena parte de mis deficiencias.

Un proyecto de este tipo se te mete en el alma, en el cuerpo y en la mente. Lo anda uno cargando todo el tiempo (Anca, amor, a corazón pelado gracias por ser escucha, motor, guía, apoyo, combustible).

Yo escribo con la tripa, la reflexión académica, la experiencia profesional, el aprendizaje de vida, el contraste cultural, lo visto en la banqueta. Aquí vacié conversaciones y reflexiones que tuvieron lugar en Orizaba, Santiago de Chile, Torres del Paine, San Francisco, Berkeley, San José de Costa Rica. Hay diálogos con mis amigos, mis colegas, mi familia, mi pareja, mis suegros. Sin esos viajes y sin esas conversaciones no habría libro. Gracias totales. De hecho, este es un libro tan colectivo que contó hasta con la cooperación involuntaria de tanta gente mañosa que nos dio el material, pero a esos no les agradezco nada.

Una mañana (no tan) cualquiera me encontré a Carolina. Por andar platicando acerca de escribir un libro al alimón, a su auto le pusieron el inmovilizador. Eso nos dio pretexto para quedarnos y darnos cuenta de que la idea era realmente buena. Desde entonces, Caro siempre se quedó un poco más. Fue tal su compromiso y entrega que no sé cómo se agradece. Mientras encuentro otra palabra: gracias.

Miguel Pulido Jiménez

Índice

Introducción 12
Cómo usar este libro 14
Corrupción en cada rincón 18
Próceres de la corrupción 20
La evolución de la corrupción 28
La Casa Blanca 30

Aguascalientes 32

Ni tantita pena 34

Baja California 36

Jorge Hank Rhon 38
Cártel de Tijuana 40

Baja California Sur 42

Orange is the New Baja 44
¡Que viva la familia! 46
Pájaros en el alambre 48

Campeche 52

Los Mouriño: memorias de un emporio 54
Charros sindicales 56

Chiapas ... 62

Manuel «El Güero» Velasco Coello 64
Salazar & Sabines 66

Chihuahua ... 68

El Cochiduarte 70

Ciudad de México ... 72

«El compló» 74
Los delegachos 76
Línea 12 del Metro 80
Estela de Luz y Coloso 82

Coahuila ... 84

La hermandad Moreira 86
La historia de una deuda como no hay otra igual 90

Colima ... 92

Fiesteros 94

Durango ... 98

El saqueo legalizado del gasto público 100

Estado de México ... 102

La Casta dorada 104
El INFAMEVIT 108
OHL 110
Montiel 112

Guanajuato ... 114

La familia Fox Sahagún 116

Guerrero ... 118

La noche eterna 120

Hidalgo ... 122

Los bellos faranduleros de la política 124

Jalisco ... 128

José Emilio González Márquez 130

Michoacán ... 132

Videoescándalos de La Tuta 134
Escándalos electorales 136

Morelos ... 138

El socavón de la corrupción 140
Alcalde en primavera 142

Nayarit ... 144

Los tres chiflados 146

Nuevo León ... 148

Dirty Casino 150
Los midas Medina 152

Oaxaca ... 154

Tres reyesitos 156

Puebla 160

Rafa, el espectacular 162
El góber precioso 164

Querétaro 166

Los dueños 168

Quintana Roo 170

Los piratas del Caribe mexicano 172

San Luis Potosí 174

Red de moches 176

Sinaloa 178

El Chapo y el cártel de Sinaloa 180

Sonora 182

El gran desfalco 184
Viajeros *premier* 186

Tabasco 188

Crisis en la gestión de Pemex 190

Tamaulipas 192

Dos tipos de cuidado 194
En el norte se lava… ¡así! 196

Tlaxcala 198

Datos nutricionales 200

Veracruz 202

Empresas fantasma de Duarte 204

Yucatán 206

Zacatecas 208

Los milagreros 210
Los mandamientos de la corrupción 220
Members only 224
Videoescándalos 226
Posers: los exhibicionistas en las redes sociales 228
Al final de este recorrido 230
Referencias 234

Introdu

cción

Tiro por viaje, una ojeada a los diarios mexicanos se ha convertido en una inmersión en aguas negras. Los últimos años hemos pasado de la nota roja a la nota sucia: un político involucrado en un escándalo de corrupción; una obra pública colapsada; una entidad federativa endeudada; un vástago sindical o un hijo de político exhibiendo riquezas en sus cuentas de Facebook o Instagram; un góber prófugo o capturado más allá de nuestra fronteras; los excesos de «la plenitud del pinche poder» captados en video y propagados como pólvora en YouTube; fiestas con cargo al erario; moches y cuanto lodo se pueda endilgar a la clase política mexicana. Todo, al parecer, apunta a que el dicho «Qué tanto es tantito», se ha instalado en el sistema de gobierno.

La alternancia y la pérdida de hegemonía priista no trajeron demasiadas buenas noticias. En tan solo una década y media, transitamos de la cultura de «un político pobre es un pobre político» (cuya autoría se endilga al profe Hank, padre del mitológico Grupo Atlacomulco) a la corrupción como asunto cultural: «Si hablamos de corrupción, no hay nadie que pueda aventar la primera piedra», declaró el presidente Enrique Peña Nieto al inaugurar la Semana Nacional de la Transparencia 2016. Palabras más, palabras menos, de acuerdo con el presidente nacimos para ser corruptos. Y también, según él, ese es nuestro destino.

Navegar por la corrupción nacional en tiempos actuales no es cosa de principiantes. Mantener el paso a nuestros corruptos requiere capturistas abocados a recopilar y clasificar toneladas de información. No se acaba de estudiar un escándalo cuando otro lo opaca a ocho columnas. «Revelan que gobierno espía»; «Desvió Duarte mil 300 mdp a campañas del PRI»; «Por narco, cae en EU fiscal de Nayarit, favorito del gobernador», «El departamento de un millón de dólares de la presidenta del PRD», «Eva Cadena, la recaudadora de Morena».

Por eso creemos que es necesario poner un poco de orden en el fango. Y este libro es precisamente eso, un intento de investigación, recopilación, sistematización e interpretación de toda la información periodística que ha tomado a los medios por asalto en los últimos años. Un intento de respuesta a la pregunta sobre cómo sumergirse en las cañerías de la corrupción mexicana, que no distingue ideologías, origen social, nivel socioeconómico ni jerarquías en el escalafón del poder.

"Qué tanto es tantito". Atlas de la corrupción en México pretende hallar coherencia al saqueo del siglo XXI en México. Es una guía rápida para avanzar en el lodo sin ensuciarse en el intento —o eso ansiamos, estimado lector—. Es una selección de esa montaña de información acumulada sobre los usos y abusos de nuestros funcionarios públicos en los últimos 17 años y nuestra interpretación del problema.

Como el saqueo está presente a lo largo y ancho de la República mexicana, nada mejor que un atlas para delinear la corrupción nacional, conocer sus formas vernáculas, distinguir sus regionalismos, detectar sus particularidades y su *modus operandi*, ubicar sus más arraigadas dinastías y estudiar sus ramificaciones.

Pretendemos presentar el fenómeno de la corrupción a partir de sus personajes, sus lemas, sus monumentos, sus conductas, sus próceres revolucionarios y hasta su mitología popular.

Eso sí, dudamos de que la corrupción sea un fatalismo frente al cual no reste nada por hacer. Pero, para superar la corrupción, hay que observarla desde todos sus ángulos, colores y sabores. Hacerlo, con toda honestidad, duele; pero, como buenos mexicanos que somos, hemos optado por el humor como herramienta. No solo para no sollozar en el proceso, sino, sobre todo, para no olvidar.

Prepárense para recordar, aprender y sorprenderse en este recorrido por las cañerías del poder.

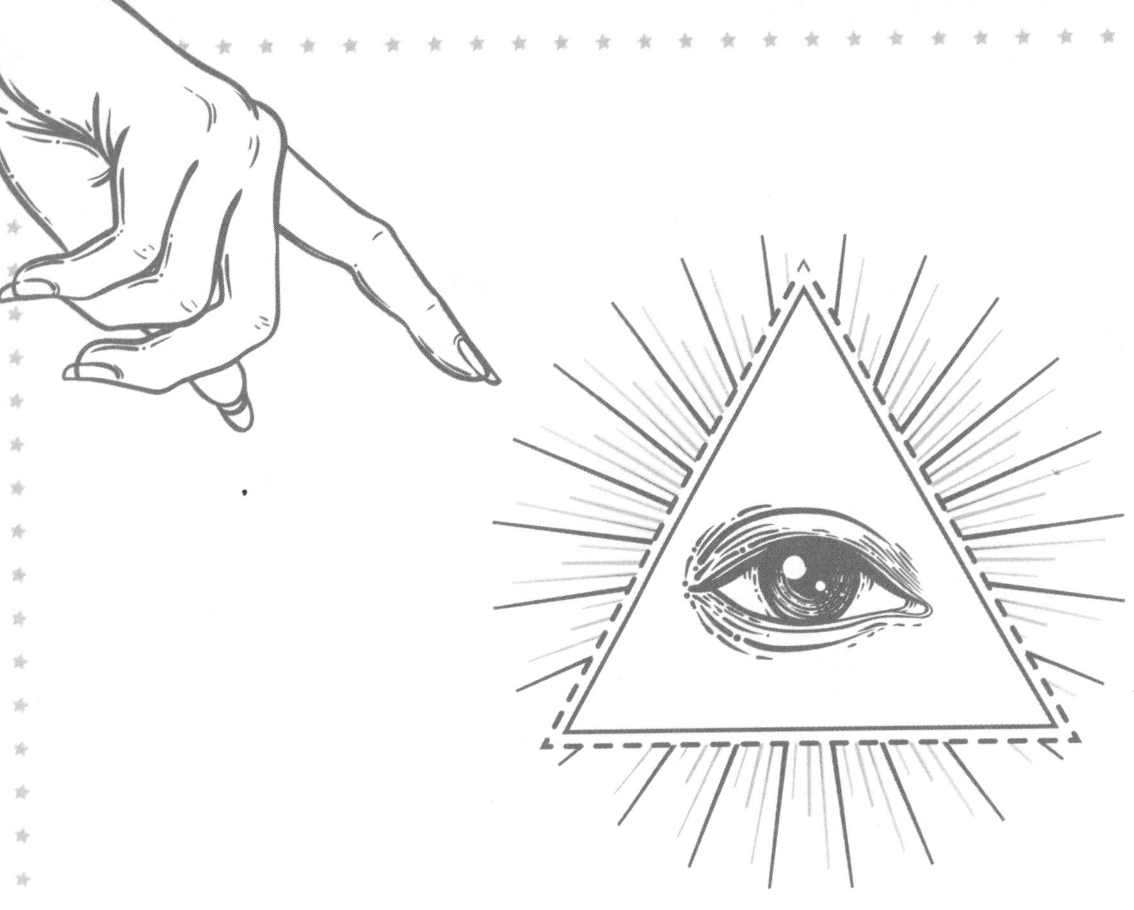

¡Ojooooo!

Manéjese con cuidado, porque el que no cae en este libro se salpica.
(No diga que no se lo advertimos.)

BIENVENIDOS A

«Qué tanto es tantito» Atlas de la corrupción en México

De norte a sur, de este a oeste, cada rincón de la República mexicana tiene sus propias historias de corrupción. Anécdotas únicas de rapacidad para opacar al estado vecino, leyendas urbanas de saqueo, mitos de latrocinio y símbolos locales del enriquecimiento voraz. Algunas entidades federativas incluso cuentan con verdaderas dinastías del saqueo o personajes históricos que explican cómo nuestra desprestigiada democracia se ha rendido ante tanto ladrón.

Dicho de otro modo, recorrer las rutas de la corrupción mexicana es una travesía por nuestra geografía nacional. Una visita guiada, estado por estado, monumento por monumento y brincando de un personaje a otro para aprender de sus obras, desgracias y milagros.

En este libro, usted puede descubrir la corrupción y sus localismos siguiendo un estricto orden lineal y alfabético, u optar por una entidad a capricho y pasar de un apartado a otro, sin importar el orden establecido.

Aquel que se interese por los excesos de la chilanga banda podrá comprar un boleto caro en la línea dorada del metro de Marcelo Ebrard o acercarse a las Lomas de Chapultepec y mirar de cerca la afamada Casa Blanca, de la señora Angélica Rivera.

En las páginas de este compendio cartográfico podrá encontrar los símbolos del saqueo que —del año 2000 a 2018— nos han dejado sin habla y, para nuestra desgracia, también sin justicia a los mexicanos.

La presa en el rancho Pozo Nuevo, de Guillermo Padrés en Sonora; la Suaviestela de Luz para los festejos del bicentenario de la independencia en Ciudad de México; la colección de zapatos Ferragamo del químico Andrés Granier; los casinos calientes de Jorge Hank Rhon en Tijuana; las carreteras más caras y polémicas del mundo, en el Estado de México, o el cúmulo de espectaculares de Rafael Moreno Valle, el ex gobernador de Puebla, promocionando un libro que cuenta con más cárteles publicitarios que lectores.

Usted podrá hojearlo siguiendo una línea en el tiempo. Comenzar apelando a la memoria y echar un vistazo a las biografías de nuestros próceres de la corrupción o saltar de lleno al México contemporáneo y arrancar de estas páginas (si es su deseo) los santos milagreros del dinero mal habido y patrones del desastre actual. Una sobada al BuDuarte podría hacerlo merecedor de abundancia o facilitar un divorcio exprés por bienes separados. Ya es cosa suya guardar la estampita en la cartera.

Este atlas también le permitirá conocer los más sonados escándalos de corrupción en cada uno de los 31 estados de la República y Ciudad de México, o detenerse en nuestras infografías para disgustarse con los datos desnutricionales de la corrupción. A su conveniencia, leer de uno a uno los mandamientos de nuestros corruptos o devorarlos en una sola sentada. En estas páginas hallará también una selección de textos explicativos de la corrupción: los *modus operandi* actuales del saqueo mexicano; las deudas estatales maquilladas, los videoescándalos, las filtraciones telefónicas como estrategia de guerra electoral o de transparencia, el registro de mansiones de políticos en el extranjero y un largo etcétera.

El afán de este libro es despertar la curiosidad del lector a primera vista. No importa en qué página detenga la mirada, ese puede ser el punto de arranque para adentrarse en *"Qué tanto es tantito". Atlas de la corrupción* en México y, ojalá, el inicio de una práctica que, en teoría, los mexicanos no dominamos: hacer memoria.

CORRUPCIÓN EN CADA RINCÓN

De norte a sur y de este a oeste

Abusar del erario es como un deporte nacional con variantes regionales. Ya sea la picardía jarocha para crear empresas fantasma, el empuje del Norte para impulsar una burbuja hipotecaria o montar una industria bancaria, el dispendio y exhibicionismo del centro del país para construir monumentos faraónicos y fútiles, el anacrónico y viejo estilo de los caciques del sur para hacerse de los recursos o el ímpetu de nuestros migrantes para montar mansiones más allá del territorio nacional.

«Qué tanto es tantito». Atlas de la corrupción en México es una visita guiada, estado por estado, monumento por monumento y brincando de un personaje a otro para aprender de sus obras, desgracias y milagros.

SE BUSCA
43
N

PRÓCERES DE LA CORRUPCIÓN: *una mirada al pasado*

Las últimas dos décadas, más que Grito de Independencia, los mexicanos hemos pegado el grito de la decadencia. Así como en septiembre conmemoramos a los héroes que nos dieron patria, hoy es oportuno elegir una fecha para despreciar a los gobernantes que la han saqueado.

Los Duarte, Borge, Moreira, Medina, Padrés y otros bichos similares no serían nada sin las valiosas aportaciones que, desde el siglo pasado, varios hombres de la Revolución mexicana les legaron. Aquí, un breve compilado de los próceres que nos rompieron la matria. Aquellas figuras que, en la historia oral nacional —sea mito o sea realidad— se alojan en nuestro imaginario como los mandamases de la corrupción; las escogimos porque cada una perfeccionó y sofisticó una forma de rapacidad del político mexicano.

Si la Revolución creaba instituciones, ahora tocaba controlar la explotación de cargos y el presupuesto. Hombre de campo, sembró miedo y cosechó triunfos electorales.

Con el carácter forjado en los sanguinarios campos de batalla, el general Gonzalo N. Santos (el Alazán Tostado, le decían) se permitió negociar cualquier capricho con los argumentos de sus pistolas. Las leyendas cuentan que este pistolero devenido gobernador desarrolló un método muy convincente, los yerros: encierro, destierro o entierro. Por eso, la lista de muertes que le endilgan es gorda, desde las que él mismo reconoce hasta las que los chismes de la época le atribuyen. Así, dio y quitó cargos a quien quiso, se agenció propiedades, logró la ubicación de un aeropuerto a su conveniencia y hasta obligó a Pepe Guízar a componer una canción para su estado.

Murió en 1979, lejos del poder que lo encumbró y después de un hecho simbólico y poderoso: José López Portillo expropió su mítico rancho, El Gargaleote. El decreto de expropiación dice que tenía 7 981 hectáreas. La leyenda popular dice que eran 87 mil.

GONZALO N. SANTOS

El rey cacique

Santos fue maestro de la violencia y ensayista del poder. Se hizo de su propio reino. Ejerció diputaciones consecutivas (hasta cinco), una senaduría y la gubernatura. Todo en su natal San Luis Potosí.

Este cacique revolucionario fue uno de los padres fundadores del nuevo latifundio: el aprovechamiento del terreno burocrático.

MIGUEL ALEMÁN

Padre del capitalismo de cuates

No hay que dejarse enternecer por su apodo, «cachorro de la Revolución», porque, a la hora de las tropelías, Miguel Alemán, como ha sido documentado plenamente,* resultó ser toda una fiera. Originario de Sayula, Veracruz, el primer presidente revolucionario no militar (era abogado) se ganó una condecoración popular: el padre de la corrupción moderna.

Con el pretexto de acelerar la industrialización del país, este veracruzano convirtió a un puñado de coyotes y comisionistas —leales amigos suyos— en grandes empresarios de sectores estratégicos. Eran popularmente conocidos como los *tanprontistas*: tan pronto tomaban un cargo, se dedicaban a consolidar sus negocios privados. Alemán, como el gran repartidor, al final de su sexenio era uno de los hombres más ricos del país.

Decía que soñaba con un puro y un Cadillac para cada mexicano. Es del dominio público que el sexenio apenas le alcanzó para darles canales de televisión a sus amigos Rómulo O'Farrill y Emilio Azcárraga. Se le atribuyen una sofisticación y mañas avanzadas para la época. Formas para enriquecerse que sobreviven hasta nuestros días: se hizo de terrenos como auténticas baratijas y, con una ayudadita de inversiones públicas, los convirtió en imponentes desarrollos inmobiliarios, por ejemplo, su rancho Los Pirules dio vida a Ciudad Satélite. Se despachó con la creación de empresas que vendían al gobierno o a Pemex, y en las que, sonriente, figuraba entre los accionistas. Con Miguel Alemán, robarse el presupuesto era cosa del pasado, de esos campesinos y sombrerudos que hicieron la Revolución. Ahora, él y los encorbatados con los que gobernó eran hombres de negocios, abusivos con el gobierno y al amparo del poder político. Y así aprendimos que los de traje también roban.

* *¿Cuando se empezó a xoder Méjico?*, de Rius, Grijalbo, 2015.

CARLOS HANK GONZÁLEZ

Maestro del enriquecimiento inexplicable

El profe Hank, como le decían los cercanos, fue la prueba viva de que en la política como en *La Cenicienta*, los sueños de ascenso se hacen realidad. De humilde maestro rural pasó a multimillonario. Y es que, a Carlos Hank, los gobiernos de la Revolución sí le hicieron justicia. Fue gobernador del Estado de México, regente, secretario de Agricultura y de Turismo, titular de Conasupo, diputado… Vamos, de todo, menos presidente (dado el origen alemán de su padre). Hank vivió siempre del presupuesto y amasó grandes fortunas en el ámbito empresarial.

Bajo su mando, el legendario Grupo Atlacomulco (que a decir del profe era un mito popular) fue un referente durante al menos seis sexenios para el priismo nacional. Las riendas de ese grupo, sinónimo de poder y riqueza, se las heredó a Arturo Montiel, que a su vez dio paso a los *chorizo boys*, quienes todavía preservan este bastión mexiquense.

De gustos extravagantes, el hijo político de Isidro Fabela —padre fundador del Grupo Atlacomulco— figuraba a la par de jeques árabes entre los clientes de la suntuosa tienda Bijan, ubicada en Rodeo Drive de Beverly Hills. Le gustaba adquirir ahí decenas de cobijas hechas con piel de marta cibelina (un pequeño mamífero que habita en los bosques de Rusia y cuya piel cuesta hasta cien mil dólares), para acurrucar a sus huéspedes en el rancho de su natal Santiago Tianguistenco. Ahí mismo construyó un campo de golf y un zoológico, para satisfacer los gustos exóticos de su hijo menor, Jorge.

El profe Hank murió viendo los primeros desgajes del PRI, en 2001. Sin embargo, su leyenda deja claro que, en México, la política vuelve al pobre rico —por encima de la cultura del esfuerzo— y que Atlacomulco siempre vive.

FIDEL VELÁZQUEZ

El eterno

Nació con el siglo, en 1900, y midió fuerzas con él. Personaje central del acontecer nacional durante cinco décadas, representa al máximo el pragmatismo político priista.

Organizador de trabajadores desde chamaco, empezó en un sindicato lechero y llegó a decidir el rumbo de sectores estratégicos, como ferrocarrileros, electricistas y burócratas, desde la poderosa Confederación de Trabajadores de México (CTM). De paso seguro y no de trote que canse, en su larguísima trayectoria se separó de la Confederación Regional Obrera Mexicana (CROM), derrotó a adversarios sindicales como Vicente Lombardo Toledano, tomó el control de su central obrera en 1941 y se hizo de aliados como Leonardo Rodríguez Alcaine, Joaquín Gamboa Pascoe, Blas Chumacero o Emilio M. González. Todos figurines del sindicalismo más rancio.

Fascinado por ser el centro de la atención mediática, dejó estampas imborrables, como sus conferencias semanales, a las que al final de su vida aparecía apenas para balbucear, siempre calzando sus inconfundibles gafas de pasta. Miembro fundador del Partido Nacional Revolucionario —antecesor del PRI—, se jactaba de que a balazos habían llegado al poder y que solo a balazos, los habrían de sacar. Como buen líder charro, servil al autoritarismo sexenal, decía que el que se mueve no sale en la foto. Ironizaba con para qué ser presidente, si ese puesto solo duraba seis años.

Afirman que llegó a tener a su disposición la designación de hasta 80 legisladores y se dio el lujo de poner a uno que otro gobernador. Él mismo fue dos veces senador de la República y varias veces diputado federal. Don Fidel, como se le decía, imaginó y ejecutó un modelo de sindicalismo que nos ha definido por décadas: uno que se roba las cuotas sindicales, intercambia votos por prebendas y tiene por resultado trabajadores pobres y líderes millonarios que se eternizan en el poder.

JOSÉ LÓPEZ PORTILLO

El orgullo de mi nepotismo

El Perro —como se le llamó con escarnio en el ocaso de su sexenio— aprendió poco de su legendario «tenemos que administrar la abundancia» y, en su lugar, dominó el arte de derrocharla.

Gran orador, ávido lector, culto, el también conocido como «Jolopo» fue sinónimo a su vez de frivolidad, exuberancia y volubilidad. Un día aparecía ajuarado para la esgrima, otro se mostraba sin camisa, cual pugilista, y otro más pedía perdón —con lágrimas en los ojos— a los marginados por no haberlos sacado de «su postración».

Su gabinete fue una extensión de su familia. José Ramón, el primogénito y «orgullo de su nepotismo» ocupó una subsecretaría; su hermana Margarita estuvo al frente de la Dirección General de Radio, Televisión y Cinematografía (RTC); su primo Guillermo fue titular del Instituto Nacional del Deporte; Rosa Luz Alegría, de quien se rumoró que fue su amiga íntima, encabezó la Secretaría de Turismo, y su esposa, Carmen Romano, tuvo un traje a la medida en el Fondo Nacional para Actividades Sociales, institución que dio vuelo a sus aspiraciones musicales (tan grandes como el piano de cola que debía acompañarla en cada viaje al extranjero).

En tiempos de López Portillo, el gobierno se adueñó de casi quinientas empresas y se embarcó en obras faraónicas que lo llevaron a la bancarrota. Sin embargo, Jolopo se retiró de la política en una suntuosa mansión, apodada La Colina del Perro, en Bosques de las Lomas, la cual le construyó su amigo, el profesor Carlos Hank González. López Portillo erradicó el pudor y recato de la política nacional. Su sexenio, que arrancó con la promesa de «la solución somos todos», derivó en la derrota moral de la corrupción somos todos.

ALFREDO «EL NEGRO» DURAZO

Extorsión a mano armada

«Hombre de temple de acero, franco, cabal y sincero», así lo describe la letra del corrido que, por propio encargo, le compusieron a este sonorense, auténtica leyenda de la corrupción mexicana. Los elogios para él solo caben en esa canción, pues, al recordarlo, la memoria popular tirita de coraje. Para el pueblo, el único ritmo con el que se lleva el popularmente conocido como el Negro Durazo es el de las mentadas de madre.

De excéntricos gustos y con debilidad por la exuberancia, Durazo llevó la extorsión policial y la corrupción exhibicionista a niveles inimaginables. Seis descontrolados años al frente de la policía de la capital y la amistad con el presidente José López Portillo le sirvieron para construir un reino en el que se mezclaban la acumulación, el crimen y algunos gestos surrealistas.

Cuando hablamos de Durazo —también apodado «el Moro de Cumpas»—, los rumores, la fantasía y la evidencia borran toda frontera. En su honor se han hecho al menos un par de películas y un documental. Sometido por su gusto por lo dorado, regalaba centenarios y aparecía emperifollado con cadena, reloj, esclava y anillos de oro. Hacía fastuosas fiestas en sus míticas mansiones, una de las cuales tenía galgódromo, caballerizas y era una reproducción fidedigna de la discoteca Studio 54, de Nueva York. Pero la excentricidad que lo llevó al olimpo de los corruptos fue su residencia en Zihuatanejo, copia del Partenón griego, de la que, se dice, tiene las rejas originales del castillo de Chapultepec.

Al terminar el sexenio de su amigo Jolopo, huyó del país y se convirtió, en aquella época, en el hombre más buscado por la Interpol. Capturado en Puerto Rico, fue extraditado para enfrentar un juicio solo por acopio de armas, defraudación y evasión fiscal, nunca se le acusó de extorsión, tráfico de drogas y contrabando. Después de ocho años en la cárcel, murió —en libertad— de cáncer de colon.

RAÚL SALINAS DE GORTARI

Mister ten per cent

El hermano incómodo, *mister ten per cent* o Juan Guillermo Gómez Gutiérrez (según un pasaporte falso) son algunos de los motes con los que se identifica a Raúl Salinas de Gortari.

Se dice que hay que remontarse a su infancia para comprender su ascenso a la sombra de su hermano Carlos, el elegido por don Raúl Salinas Lozano, prominente priista de los cincuenta, para llegar a la presidencia de México.

Los primeros escándalos de Raúl ocurrieron en Conasupo, la paraestatal de ayuda alimentaria nacional. Dos de sus subalternos fueron inhabilitados por la venta de granos podridos y leche en polvo adulterada, y, posteriormente, él mismo impulsó la harinización para la producción de tortilla, hecho que dio paso al crecimiento monopólico de Maseca, la empresa de su amigo y socio Roberto González Barrera. En su momento todo esto fue demostrado públicamente.*

Durante la gestión salinista, los hombres del dinero le apodaban *mister ten per cent*, en referencia a la tajada que, dicen, les exigía para hacer negocios con el gobierno. Pero no fue sino hasta la salida de la presidencia de su hermano Carlos, y en medio de la peor debacle económica de México, que se acuña el término del «hermano incómodo".

Una foto en primera plana del periódico *Reforma* lo exhibió en un yate, en pose de *playboy*, abrazado de su amante española María Bernal, mientras que en México millones caían en la pobreza. La española luego testificó en su contra en el juicio por la muerte de su ex cuñado José Francisco Ruiz Massieu, ex gobernador de Guerrero y dirigente del PRI. En sus memorias, Bernal describió a Raúl como un nuevo rico, acumulador y dueño de haciendas, ranchos, casas de playa y departamentos en todo el país. En enero de 1999, Salinas fue sentenciado a 50 años de prisión por homicidio. Salió libre en 2005, al ser absuelto por un juez.

De los delitos por enriquecimiento ilícito, tras el hallazgo de cuentas en el extranjero por 80 millones de dólares bajo nombres falsos, también fue exculpado. La historia de Raúl Salinas quedó en la memoria nacional como la de una familia en busca del poder transexenal y la riqueza desmedida.

* «Carlos Salinas en la Presidencia, Raúl en la Conasupo y Hank en Agricultura, claves en el emporio de Maseca», Proceso.com.mx, 1996,‹http://www.proceso.com.mx/171444/carlos-salinas-en-la-presidencia-raul-en-la-conasupo-y-hank-en-agricultura-claves-en-el-emporio-de-maseca›.

GENERAL JESÚS GUTIÉRREZ REBOLLO

El narco que combatió al narco

General de generales, respetado dentro y fuera de las fuerzas armadas, Jesús Gutiérrez Rebollo era idóneo para el recién creado Instituto Nacional de Combate a las Drogas. Eran tiempos de la certificación, tiempos de humillar a las naciones que no cumplían con su labor antidrogas, a decir de Estados Unidos, y Ernesto Zedillo, entonces presidente de México, nombró al general en retiro como su primer zar antidrogas.

Estados Unidos y México festejaron el ascenso del general que, por siete años, encabezó la quinta región militar con sede en Guadalajara. La ficha de vida de Gutiérrez Rebollo era envidiable: éxitos, condecoraciones y golpes espectaculares contra bandas rivales del cártel de Juárez (con el que finalmente se le vinculó).

Su arresto en febrero de 1997 fue un balde de agua puerca para las autoridades mexicanas, que sentaban, por primera vez en su historia, a un alto mando militar en el banquillo de los acusados. Dos meses después de su nombramiento, se probó que vivía en un lujoso departamento propiedad de El Señor de los Cielos, Amado Carrillo Fuentes, a cambio de protección para el cártel de Juárez.

Fue sentenciado a 40 años de prisión por delitos contra la salud, pero conservó o se aferró —para ser precisos— a su rango militar. Compurgó los primeros años de sentencia en un penal de alta seguridad y, durante su defensa, amenazó con revelar nombres de políticos ligados al narco. Tras 14 años en prisión, un tribunal permitió su arresto domiciliario. Falleció en el Hospital Central Militar en diciembre de 2013.

PEDRO «EL MUSTIO» ASPE

Tecnocracia voraz

Nadie como el señor Aspe para llevar a México al primer mundo. El poderoso y admirado secretario de Hacienda y Crédito Público de Carlos Salinas de Gortari parecía conducir al país a las puertas del desarrollo, con su estilo sobrio, su abolengo, su doctorado en el MIT y el impulso a la desincorporación del Estado mexicano. Aspe era el ejemplo de la nueva tecnocracia mexicana. Sin embargo, en 1995, el mito de genialidad del gestor del milagro económico mexicano se desmoronó, al igual que la riqueza nacional.

El secretario —que en la cúspide de la soberbia se refirió a la pobreza en México como un mito genial— se topó con que su figura era un espejismo. Al término del sexenio de Carlos Salinas, cuentan los involucrados, varios en el equipo de transición de Ernesto Zedillo le suplicaron que devaluara la moneda. Pudo más la vanidad que la promesa del desastre inminente: el doctor Aspe simplemente se negó a hacerlo.

Tras el error de diciembre, Pedro Aspe volvió al cobijo de su *alma mater*, el ITAM, y tan solo dos años después se lanzó a la aventura de la asesoría financiera privada, con su colega Carlos Sales Gutiérrez, el verdadero mentor de Luis Videgaray Caso. Fue así que, en 1996, nació Protego Casa de Bolsa, que luego se convertiría en Evercore Partners, tras la llegada de socios estadounidenses. Pero el giro de tuerca en las ganancias del despacho se disparó con una acrobacia ética que bordeó en el conflicto de intereses: en 2002 crearon un área de finanzas públicas liderada por Videgaray Caso, que no era otra cosa que un departamento diseñado para enseñar a los gobiernos estatales a endeudarse y maquillar su deuda. Entre los primeros clientes de Evercore figuró el Estado de México, de Arturo Montiel. Ahí nació la relación del presidente Peña con Luis Videgaray, Fernando Aportela y Marcela Andrade (hoy funcionaria que evalúa la deuda de los estados desde la SHCP), todos ellos magos del endeudamiento y maestros de los Moreira, en Coahuila; Rafael Moreno Valle, en Puebla, y los pequeños infiernos financieros de Michoacán, Durango, Tabasco, Chihuahua, por citar solo algunos. Si no se le puede acusar de robar, Pedro Aspe parece ser símbolo de la indolencia de la tecnocracia mexicana, siempre en los límites de lo moral y lo legal, dispuesta a entregar una cajetilla de cerillos a pirómanos, como los gobernadores de los estados, a cambio de una ganancia.

ELBA ESTHER GORDILLO

Los tentáculos del poder

La historia de Elba Esther Gordillo es el mismísimo juego de serpientes y escaleras. Originaria de Chiapas, inició su carrera magisterial y sindical en el Estado de México, desde donde escaló hasta sustituir en la dirección del Sindicato Nacional de Trabajadores de la Educación (SNTE) a su propio mentor, Carlos Jonguitud. Cuando empezaba como lideresa nacional, Camacho Solís, Bartlett y Salinas le ayudaron a sostenerse, pero, una vez que agarró equilibrio, se fue solita y hasta contra ellos.

Después de manejar millonarias cuotas sindicales y controlar lo mismo la educación pública del país que el voto de los maestros, decidió agenciarse la dirigencia del PRI en mancuerna con Roberto Madrazo. Vivieron felices hasta que se pelearon, le quitaron el cargo y hasta la expulsaron. Defenestrada, dejó de ser priista.

Una vez enemistada con el partido político que la engendró, desde el sindicato se inventó uno nuevo: Partido Nueva Alianza. Sin embargo, ahora, ajustó el método y se dispuso a controlar —por medio de sus operadores políticos— tremendos pedazos de la administración pública en tiempos del PAN: la Lotería Nacional, el Sistema Nacional de Seguridad Pública y hasta la SEP. Pero los cargos no eran solo para los achichincles; a sus familiares también los colocó muy bien: nieto diputado, hija senadora (q.e.p.d.), yerno subsecretario.

El poder desaforado —logró que el sindicato la nombrara presidenta vitalicia— no se lleva bien con la austeridad y menos con la discreción. La maestra fue juntando sus cositas: una exótica colección de bolsas de mano Louis Vuitton, Valentino y similares, uno que otro diamantito de Tiffany & Co., así como departamentos lujosos en Polanco y en el extranjero. Al inicio del sexenio peñanietista fue encarcelada, acusada de lavado de dinero, defraudación y evasión fiscal. Le tocó serpiente.

EVOLUCIÓN DE LA

Línea corruptiva

1
EL CACIQUE REVOLUCIONARIO

2
LA INDUSTRIA DE LA CORRUP-CIÓN

3
EL CHARRO SINDICAL

CORRUPCIÓN

4
EL POLICÍA EXTORSIONADOR

5
LOS LIC.

6
LOS NARCOS

7
LOS TECNÓCRATAS

LA CASA BLANCA

Conflicto de intereses

¿DÓNDE ESTÁ?

Sierra Gorda 150, Lomas de Chapultepec

EN MAYO DE 2013, la revista *¡Hola!* realiza una entrevista con Angélica Rivera, primera dama de México.

ARISTEGUI NOTICIAS descubrió que la casa no estaba a nombre de alguien de la familia del presidente, sino de Ingeniería Inmobiliaria del Centro, una empresa del Grupo Higa, propiedad de Juan Armando Hinojosa Cantú.

PARA DEFENDERSE DEL ESCÁNDALO, la Sra. Angélica Rivera filmó un video, en el cual declaró que pudo hacerse de ese lujito con el producto de su trabajo en Televisa.

La casa fue terminada en	El precio total fue de	A un plazo de	Con un interés de
2012	**54 MDP**	**8 AÑOS**	**9 %**

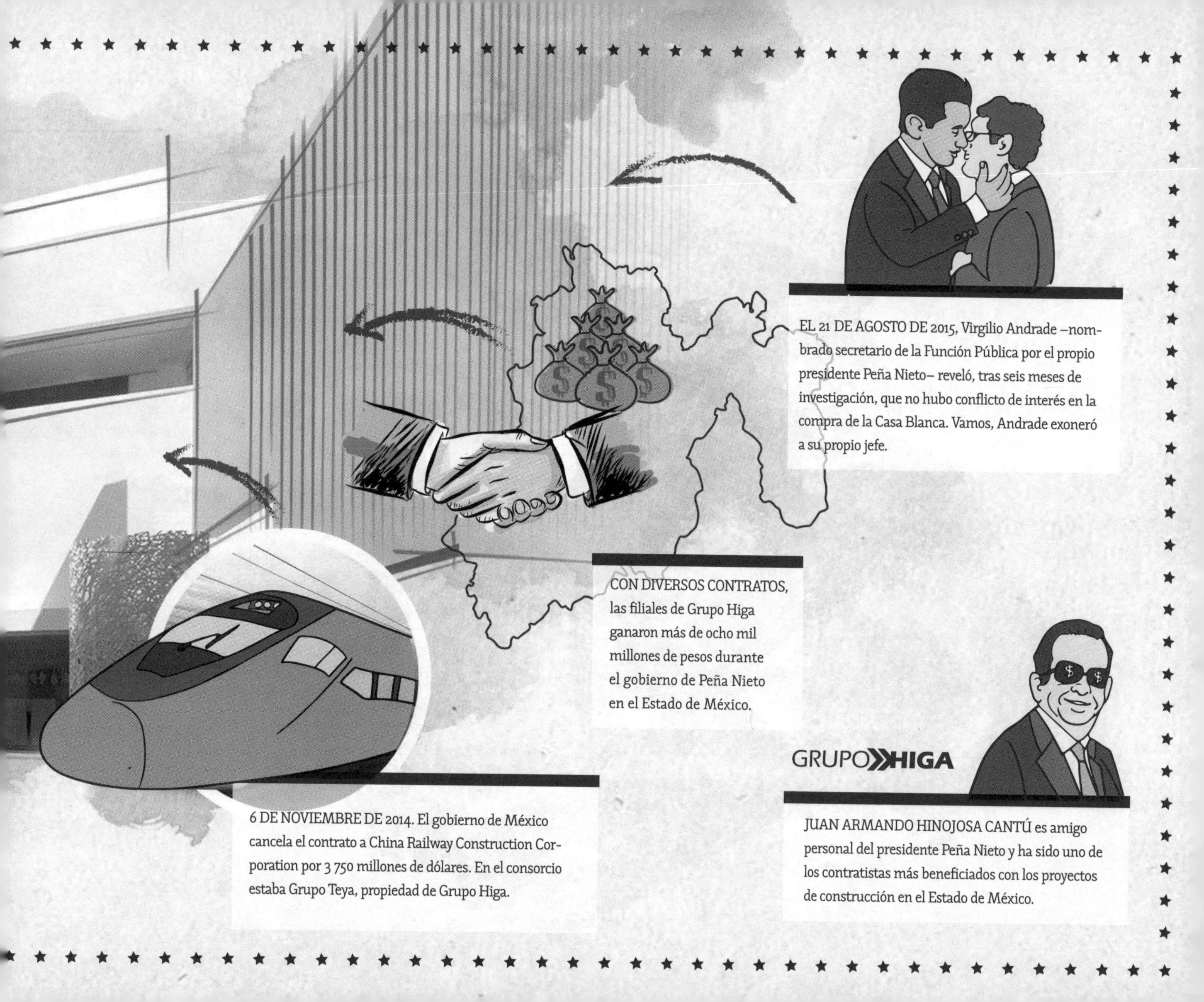
EL 21 DE AGOSTO DE 2015, Virgilio Andrade –nombrado secretario de la Función Pública por el propio presidente Peña Nieto– reveló, tras seis meses de investigación, que no hubo conflicto de interés en la compra de la Casa Blanca. Vamos, Andrade exoneró a su propio jefe.
CON DIVERSOS CONTRATOS, las filiales de Grupo Higa ganaron más de ocho mil millones de pesos durante el gobierno de Peña Nieto en el Estado de México.
GRUPO HIGA
6 DE NOVIEMBRE DE 2014. El gobierno de México cancela el contrato a China Railway Construction Corporation por 3 750 millones de dólares. En el consorcio estaba Grupo Teya, propiedad de Grupo Higa.
JUAN ARMANDO HINOJOSA CANTÚ es amigo personal del presidente Peña Nieto y ha sido uno de los contratistas más beneficiados con los proyectos de construcción en el Estado de México.

BIENVENIDOS
A
AGUASCALIENTES
WANTED
13.8 MDP
INMOBILIARIA

★ ★ ★ ★ ★

El primer estado por orden alfabético, Aguascalientes es también el primero en casi todos los índices de bienestar que se miden en México. Está entre los de mayor nivel educativo, mayor acceso a la salud, mayor nivel de ingreso, menores niveles de pobreza[1]... ¡Bueno!, hasta entre las entidades federativas mejor calificadas en cuanto a apertura y transparencia.[2]

Tres alternancias partidistas en el gobierno y... ¡uno de los mandatarios más corruptos de la historia reciente del país! Increíble pero cierto. Esta «Suiza del Bajío» no escapa a los escándalos de rapiña en los más altos niveles de gobierno. Luis Armando Reynoso Femat —el militante maldito que infructuosamente ha querido desechar el PAN— resultó ser el azul en el arroz. La Feria Nacional de San Marcos, orgullo de Aguascalientes, es una de las celebraciones populares más atesoradas. Llena de color, es todo un referente internacional. Como lo son también los folclóricos escándalos de Reynoso Femat, acusado y hallado culpable de desviar recursos públicos durante su administración (2004-2010), con propiedades en Dubái y a cuyo primogénito, el gobierno de Estados Unidos le congeló cuentas bancarias. Los escándalos de este hidrocálido, como se les llama erróneamente a los aguascalentenses, podrían haber sido fuente de inspiración para su talentoso paisano José Guadalupe Posada. ¡Cómo olvidar que se adjudicó el salario más elevado de la historia de nuestros gobiernos locales[3] y el *balneario gate*!

Corría el año 2000 y en la entrada del balneario Ojo Caliente, en la ciudad de Aguascalientes, se leía un letrero con la siguiente leyenda: NO SE PERMITE LA ENTRADA A PERROS Y JOTOS. Reynoso Femat, entonces alcalde, respondió con un tibio: «Se enviará una recomendación», a los directivos del centro recreativo.

Estado pequeño, pero con fuertes tradiciones, tiene en sus tejidos y deshilados muchísimas razones para enaltecer a sus pobladores. Aunque no se puede decir lo mismo de los enredos que en años recientes han armado sus políticos. Entre ellos, un par de *pictóricos* personajes del panismo local, que manchan el buen nombre de este estado: Felipe González González, ex gobernador, y Martín Orozco, ex alcalde de Aguascalientes. El primero, conocido también como «Senador Pistolas», asistió armado a un evento del PAN. Y el segundo pisó la cárcel por menos de 24 horas, por una disputa legal en 2009, en torno a la compra de un terreno.

[1] Consejo Nacional de Evaluación de la Política de Desarrollo Social (Coneval), <http://www.coneval.org.mx/coordinacion/entidades/Aguascalientes/Paginas/principal.aspx>.

[2] En el Índice de Corrupción y Buen Gobierno, de Transparencia Mexicana, como el cuarto mejor estado en resultados, <https://www.tm.org.mx/indice-nacional-de-corrupcion-y-buen -gobierno-incbg>.

[3] *Reforma*, 23 de octubre de 2006: «"Ni EU paga tanto a los gobernadores": sueldo de Luis Armando Reynoso de 259 mil 715 dólares anuales en promedio».

NI TANTITA PENA

Luis Armando Reynoso Femat

GOBERNADOR DE AGUASCALIENTES (2004-2010), PAN

Procesos judiciales

JULIO DE 2015. Reynoso fue detenido por el delito de defraudación fiscal: dejó de pagar a Hacienda hasta siete millones de pesos durante 2009. Para esquivar la cárcel, el ex mandatario pagó una fianza equivalente al daño causado al fisco y continuó con su vida habitual.

DICIEMBRE DE 2015. El juez primero penal dictó una sentencia por el delito de peculado. El ex gobernador es acusado de haber vendido una reserva territorial, propiedad del entonces llamado Instituto de Vivienda del estado, en 2009.

PENA: inhabilitado dos años y tres meses para desempeñar un cargo público durante un año y deberá pagar 1.9 millones de pesos como reparación del daño y una multa equivalente a 4 207 pesos.

ENERO DE 2017. Condena por el Juzgado Segundo de lo Penal por la compra simulada de un tomógrafo (expediente 0065/2013). Le costó al erario 14 millones de pesos.

PENA: seis años y nueve meses de prisión. Este delito no se considera grave y puede conmutarse mediante la reparación del daño.

ABRIL DE 2017. Sentencia derivada de la causa penal 88/2014, que acredita a Reynoso Femat culpabilidad por la venta de predios propiedad del estado a la empresa Impulsora de Desarrollos Inmobiliarios, S.A. de C.V., a precios por debajo de su valor real.

PENA: dos años y diez meses, y reintegrar a las arcas públicas la diferencia de dieciocho millones de pesos.

ABRIL DE 2017. Se desclasifican archivos de Estados Unidos que confirman una demanda de decomiso de activos, en 2014, sobre cuatro casas, dos lotes vacíos y una propiedad comercial; los fiscales alegan que Reynoso Femat la compró por medio de prestanombres.

«A partir de 2008, Reynoso Femat y su hijo, Reynoso López, conspiraron juntos, y con otros, para desviar el dinero ilegalmente proveniente del estado mexicano de Aguascalientes, a través de instituciones financieras en México, a cuentas bancarias que establecieron en Estados Unidos», señala la demanda.

Expulsión del PAN

DICIEMBRE DE 2006. Surgen las primeras solicitudes por parte de panistas para expulsar a Reynoso Femat del PAN, cuando era gobernador.

AGOSTO DE 2010. Primera expulsión formal del PAN, aún como gobernador de Aguascalientes. Pero, en junio de 2011, ganó en el TEPJF su reingreso.

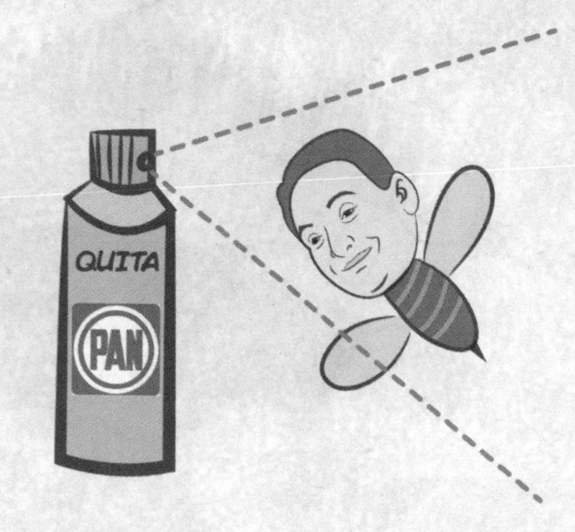

JULIO DE 2011. En menos de once meses, el PAN lo expulsa por segunda vez.

ABRIL DE 2017. Surge la polémica sobre si Reynoso Femat es o no militante del PAN, y si fue o no expulsado por una tercera y definitiva ocasión.

Escándalos de sus hijos

SEPTIEMBRE DE 2011. Suben en video fiestón por el cumpleaños 26 de su hijo, Luis Armando Reynoso López. En el video, producido por el propio Reynoso López, se ve cómo lanzan al agua un Mini Cooper.

***REFORMA*:** constantes viajes de Graciela Reynoso López a la zona turística de Dubái, donde la familia del ex gobernador posee un departamento. De acuerdo con el diario, Regalito, como se le llama cariñosamente a la joven de 25 años, organiza fiestas en yates, toma el sol en una alberca panorámica y viste la tradicional burka.

En los últimos tres años de la administración de Luis Armando Reynoso Femat (2004-2010), en Aguascalientes fueron depositados 58 millones de pesos a la cuenta de banco de su hijo, Luis Armando Reynoso López.

BIENVENIDOS
A
BAJA CALIFORNIA
Caliente
CASINO
500
KIKO VEGA
NO A LA PRIVATIZACIÓN
DEL AGUA

★ ★ ★ ★ ★

En Baja California «empieza la patria», como dijera el ex presidente Adolfo López Mateos, y, también, empezó la transición a la democracia... que tenemos.

La esquina noroeste del país rompió con 60 años de control absoluto del PRI y llevó al poder al primer gobierno opositor en la historia de México, en 1989. Pero, para nuestra desgracia, los primeros y trastabillantes pasos de nuestra democracia no trajeron el fin de la *corrupción*.

En más de 25 años de gobiernos panistas y alianzas anti PRI no han cesado los escándalos de corrupción al más viejo y puro estilo hankista. Ver para creer: el apellido Hank, marca registrada de Atlacomulco, sentó sus reales en la más poblada y dinámica ciudad fronteriza de México, Tijuana. Ahí echó raíz y floreció el menor de los hijos del profe Carlos Hank González, Jorge.

Detenido en los años noventa por contrabando de artículos de lujo y animales exóticos, y procesado en junio de 2011 por posesión de armas, Jorge Hank Rhon opera hoy exitosos casinos, plazas comerciales, equipos de futbol e hipódromos, cuyas concesiones recibiera en tiempos del PRI de manos del gobierno federal. Este personaje, que confesó que las mujeres son su «animal favorito», halló su vocación como apostador en la frontera. Encontró, además, impunidad y una tierra fértil para tolerar la leyenda negra que lo vincula con la muerte de periodistas y el trasiego de drogas.

Porque, segunda paradoja de este estado próspero y agrícola, en Baja California también empezó el primer cártel mexicano de las drogas con dimensiones transnacionales y violencia desmedida; el de los sanguinarios hermanos Arellano Félix, conocido como el cártel de Tijuana, que ubicó al estado como estrella de violencia internacional.

Hasta la fecha, el PAN mantiene el gobierno estatal, aunque en cada elección con menores márgenes de diferencia. El gobernador Francisco «Kiko» Vega (2013-2019) lleva tres décadas metido de lleno en la política, pero su estilo de vida no corresponde al de un humilde burócrata. Sus detractores dicen que va que vuela para ex gobernador prófugo: renuente a presentar su 3 de 3 («Hasta que la ley me obligue», ha declarado), lo rodean sospechas de peculado y acusaciones penales por enriquecimiento ilícito. Se le achaca la compra de casas en Ciudad de México y Estados Unidos por al menos seis millones de dólares.

Pero las excentricidades e historias de terror no solo persiguen a Vega, al llamado alcalde caliente o a las corporaciones policiacas asediadas por el narcotráfico; son añejas y explicarían en parte el inicio de la apertura a la democracia en el estado. En 1989, seis meses antes de la elección que le dio el triunfo a Ernesto Ruffo Appel, pidió licencia el gobernador priista Xicoténcatl Leyva Mortera, en medio de un escándalo. Se denunció que don Xico, amante de las armas y de prostíbulos finos, armó tremenda gresca, encuerado y borracho, en calles de Ciudad de México. Sin *youtubers*, *influenceres* o metiches con cámaras telefónicas, el suceso jamás fue probado..., tampoco desmentido por su protagonista, que fue exiliado a Estados Unidos.

¡Vaya estampa californiana!

JORGE HANK RHON

EL ALCALDE CALIENTE

Un personaje a prueba de escándalos, hecho para vivir al límite de todas las provocaciones. Hijo de político, nacido en 1956 en Toluca; lo mismo ha despachado en la alcaldía de Tijuana, Baja California, que visto la cárcel por dentro.

Hecho para la polémica, no puede perderse a Jorge Hank Rhon. Ni sus animales exóticos llaman tanto la atención como este empresario, presidente municipal de 2004 a 2006.

Conózcalo por su lengua, como cuando declaró jocosamente, en junio de 2011, después de haber estado 10 días en la cárcel acusado de tener ilegalmente 88 armas en su casino: «Me sirvió para bajar ocho kilos. [Soy un] suertudo». O disfrute sus frases misóginas de campaña: «Los seres humanos somos animales racionales, teóricamente. Y sí, mi animal preferido es la mujer, que comparte el reino animal como lo hago yo con todos los seres humanos».

¡VENGA!, ¡PASE!

Este espécimen caliente traga fuego y mastica cristales. Deglute acusaciones de todas formas y texturas. Tampoco lo amilana que se le relacione con la muerte del periodista tijuanense Héctor «Gato» Félix Miranda. Que entre los autores materiales del asesinato estuvo Antonio Vera Palestina, responsable de la seguridad del Hipódromo Agua Caliente de Tijuana, operado por Jorge Hank Rhon…, ¡qué importa! Las acusaciones se le resbalan.

Más alucinante que la chiva con cuerpo de tigre. A Jorge Hank Rhon se le ha vinculado con hechos como el asesinato del cardenal Juan Jesús Posadas Ocampo, luego de que dos empleadas de aerolíneas testificaran que el empresario había compartido asientos de primera clase con dos de los implicados en el crimen, un importante líder de un cártel y su guardaespaldas, aunque las investigaciones nunca lo inculparon.*

Con poderes mágicos, aparece en todas partes. Como en los expedientes judiciales de otros países o en comunicaciones de diplomáticos. Un informe elaborado por el gobierno de Estados Unidos y filtrado a la prensa vinculaba a Hank Rhon con actividades de lavado de dinero, actos de corrupción, evasión fiscal y nexos con el cártel de los Arellano Félix. La fiscal general Janet Reno le escribió a la familia para decir que el informe había sido dolosamente filtrado y que no podía respaldar sus conclusiones. Sin embargo, un cable de julio de 2009, del ex cónsul de Tijuana, Ronald Kramer, difundido por Wikileaks, reiteraba esas mismas sospechas.

Este *show* no tiene igual. Aquí le tenemos las más grandes e ilegales excentricidades. Jorge Hank Rhon tiene un zoológico privado con animales exóticos, dentro del Hipódromo de Agua Caliente. El 22 de mayo de 1996, Hank Rhon fue detenido en el Aeropuerto Internacional de Ciudad de México y, al abrir sus maletas, se encontraron chalecos incrustados de madre perla, piezas de marfil y abrigos de piel de ocelote, «pero también —reportaba el periodista John Ross[1]— salía a la luz que él era uno de los más importantes traficantes de especies raras y en peligro de extinción».

No hay experiencia comparable. Observe el acto de transformación radical gracias al poder, el dinero y la impunidad. Jorge Hank Rhon convirtió Tijuana en la segunda ciudad con más casinos en México, al grado de que tiene más centros de apuestas que Walmarts: 21 casinos contra 16 tiendas del mayor minorista del país.

En el Hipódromo de Agua Caliente cabe de todo. Decenas de salas con máquinas tragamonedas, de bingo, de apuestas deportivas, un hipódromo, un galgódromo, criaderos de animales, un zoológico privado, el estadio del equipo de futbol de los Xolos y el Alcalde Caliente.

¡Acérquese, véalo bien! Con morbo y sin culpa, al fin y al cabo, para hacerlo, usted ya pagó una buena feria con sus impuestos.

*Animal Político (2011), «"El único vicio" de Jorge Hank Rhon», en <://www.animalpolitico.com/2011/06/%E2%80%9Cel-unico-vicio%E2%80%9D-de-jorge-hank-rhon>.

CÁRTEL DE TIJUANA

Los hermanos Arellano Félix

BENJAMÍN

FUE ARRESTADO EN MARZO DE 2002 Y EXTRADITADO A ESTADOS UNIDOS EN ABRIL DE 2011.

EDUARDO

FUE ARRESTADO EN 2008 Y, EN DICIEMBRE DE 2012, EXTRADITADO A ESTADOS UNIDOS, DONDE RECIBIÓ UNA SENTENCIA POR 15 AÑOS DE PRISIÓN EN AGOSTO DE 2013.

FRANCISCO RAFAEL

FUE ARRESTADO EN 2006 Y EXTRADITADO A ESTADOS UNIDOS ESE MISMO AÑO, PERO LO DEJARON EN LIBERTAD POR BUENA CONDUCTA.

FUE ARRESTADO DE NUEVO EN 2006, CONDENADO A CADENA PERPETUA EN 2007 Y, EN 2015, RECIBIÓ UNA REDUCCIÓN DE CONDENA A 23 AÑOS. TODO EN ESTADOS UNIDOS.

HISTORIA

No se confunda por el nombre, pues, al igual que la mayoría de los cárteles mexicanos, el de Tijuana en realidad es originario del estado de Sinaloa. Con el auspicio del legendario Miguel Ángel Félix Gallardo, alias «El Padrino», consolidó su organización criminal en Sinaloa. Eran los años sesenta y entre los nombres de sus socios destacan Pedro Avilés Pérez, Rafael Caro Quintero y Ernesto Fonseca.

A Tijuana llegaron por accidente; una incursión militar en la sierra de Sinaloa, que incluyó arrestos masivos y campañas de fumigación de cultivos, los obligó a migrar. Los principales mandos cayeron, aunque más rápido que lo que canta un gallo surgió una nueva generación. (¿Le suena la historia?) Así, los hermanos Arellano Félix —Benjamín, Ramón, (Francisco) Rafael, (Francisco) Javier y Eduardo— le dieron nacimiento al poderoso cártel de Tijuana.

RAMÓN

EL MÁS SANGUINARIO, SEGÚN ALGUNOS RELATOS, FUE EJECUTADO EN MAZATLÁN EL 10 DE FEBRERO DE 2002.

RIVALIDADES

Se dice que Ramón Arellano Félix organizó un atentado en contra de Ismael Zambada García, alias «El Mayo». Aunque la cosa salió al revés y el asesinado fue Ramón. Esto y el arresto de otro de los hermanos, Benjamín, obligó a Eduardo Arellano Félix y a su hermana Enedina a tomar el liderazgo, pero no por mucho tiempo, pues Eduardo también fue aprehendido, con lo que el grupo se dividió. Quedaron dos nuevas cabezas, Fernando Sánchez Arellano, «El Ingeniero», quien se enfrentó a Eduardo Teodoro García Simental, conocido como «Teo» o «Tres Letras». «Teo» se alió con el cártel de Sinaloa y Sánchez Arellano con Los Zetas; entonces empezó la carnicería.

Se dice que, desde 2010, hay una paz relativa en Tijuana, atribuida a una tregua entre los cárteles de Tijuana y Sinaloa. ¡Si así es la paz, imaginen cómo es en tiempos de enfrentamiento! Pero las principales rivalidades del cártel de Tijuana aún existen y son con el cártel de Sinaloa y el cártel Jalisco Nueva Generación.

Actualmente, Enédina Arellano Félix, alias «La Narcomami» y hermana de los fundadores, dirige al cártel de Tijuana. La prensa le dice «la mujer más poderosa del narco».

NÓMINA
BIENVENIDOS
A
BAJA CALIFORNIA SUR
¡QUE VIVA LA FAMILIA!
25

* * * * *

El llamado acuario del mundo, por su biodiversidad y catálogo de riqueza submarina, no honraría su nombre y fama si en sus aguas no hubiera también peces gordos. Claro, en el sentido foxista de la palabra. Baja California Sur, paraíso en la tierra que tanto vanaglorió y hurgó el explorador francés Jacques Cousteau, ha sido también presa de ávidos depredadores de la especie *Politicus corruptus*.

Sus aguas cristalinas han sido contaminadas por el desprestigio internacional que significó la aprehensión de Narciso Agúndez Montaño, gobernador de 2005 a 2011 bajo los colores brillantes y fosforescentes del PRD y Convergencia. Así como las fotos de los afamados hoteles de gran turismo de Cabo San Lucas le dan la vuelta al mundo, también lo hizo la imagen de Agúndez, el hombre que del PRI brincó al PAN, al PT y finalmente al PRD, portando un negro chaleco antibalas debajo de un igualmente negro bigote y con una acusación criminal. Como si «El Narciso» hubiera anticipado que su retrato inundaría diarios y pantallas televisivas, el ex mandatario recortó impecablemente su bigotito a la Pedro Infante el día de la captura. Agúndez pisó el cereso de La Paz en 2012 por peculado, pero, como con dinero baila el perro, salió libre bajo fianza seis meses después y fue absuelto por un juez federal dos años más tarde.

El extremo sur de la península californiana ha sido por siglos uno de los tesoros más explotados y a la vez desconocidos del mundo. La extracción de sus perlas gigantes —que forman parte de la colección de las joyas de la Corona de la reina Isabel II— viene de tiempos de Hernán Cortés. A pesar de ello, Baja California Sur se mantuvo siempre remota y distante de la vida política nacional. Un territorio cuasi virgen hasta hace tan solo unas décadas y que ha despertado una sed de riquezas. El apetito por adueñarse de sus islas y costas azul turquesa es parte del currículo de varios de sus ex gobernadores y ex alcaldes.

Asimismo, son varios los relatos periodísticos que dan cuenta de negocios inmobiliarios multimillonarios que pondrían en riesgo los corales de Cabo Pulmo.

Paraíso natural y desierto en el mar, no solo pescadores y cazadores de tesoros han intentado beneficiarse de su abundancia, también la pequeña plutocracia en el poder. En la administración de Leonel Cota Montaño, acusó el senador panista Luis Coppola, se llegó a emplear a cien familiares del ex gobernador. A Marco Antonio Covarrubias, por su parte, se le acusó de favorecer con contratos a su primo, alcalde de Comondú.

El actual gobernador, Carlos Mendoza Davis, sorteó también la marea durante su campaña electoral. Conversaciones telefónicas con Francisco Domínguez, actual gobernador de Querétaro, fueron filtradas de manera ilegal. En estas discuten sobre aportaciones para financiamiento electoral por debajo —vaya la ironía— del agua.

5'6''
5'0''
4'6''
4'0''
3'6''
3'0''
NOMBRE:
NARCISO AGÚNDEZ
MONTAÑO (PRD)
OCUPACIÓN:
GOBERNADOR
DELITOS:
PECULADO Y LOS QUE
SE ACUMULARON

ORANGE IS THE NEW BAJA
¿TODO EL PESO DE LA LEY?

Narciso Agúndez Montaño, gobernador de Baja California Sur (2005-2011)

MAYO DE 2012. La Procuraduría de Justicia de Baja California Sur acusó al ex mandatario por el presunto desvío de 52 mdp para su beneficio, abuso de autoridad, colusión, falsedad y otros delitos. Los 52 mdp habrían sido resultado de operaciones fraudulentas de compraventa de siete bienes propiedad del estado.

FINALES DE 2012. Agúndez Montaño pagó una fianza de 31 700 pesos, menos de 0.001 por ciento del monto del presunto desvío. El pequeño monto de la fianza se debió a que el juez segundo del ramo penal, Sergio Aguilar, reclasificó el delito imputado a Agúndez Montaño por el de incumplimiento de un deber legal (delito no grave).

ENERO DE 2014. El procurador general del estado, Gamill Arreola Leal, solicitó formalmente ante el Congreso estatal el juicio de procedencia contra el juez Sergio Aguilar, por fijar una fianza irrisoria a Agúndez y permitir su libertad sin garantizar el quebranto millonario imputado al ex gobernador.

NOVIEMBRE DE 2014. Narciso Agúndez y Alfredo Porras, ex secretario de Gobierno del estado, recibieron de un juez federal su auto de libertad con las reservas de ley por el delito de incumplimiento de un deber legal. Es decir, obtuvieron la resolución en su favor por falta de elementos o pruebas, pero no una sentencia absolutoria. El ex gobernador aún tiene pendientes procesos penales y administrativos, que se resuelven en tribunales.

Estado actual:
libre como el viento...

Estado económico:
¿dueño de una isla?

Una investigación periodística reveló que Narciso Agúndez compró un islote con una extensión de 2 230 hectáreas en la zona de Cabo San Lázaro. El reporte asegura que Agúndez pagó con recursos públicos al menos 5.5 millones de pesos.

¡QUE VIVA LA FAMILIA!

Leonel Cota Montaño

GOBERNADOR DE BAJA CALIFORNIA POR EL PRD-PT (1999-2005)

Aunque fue titular del gobierno de Baja California Sur por una coalición de izquierda, Leonel Cota Montaño encontró que hay que tener espacio para la familia no solo en el corazón, sino en la nómina. Del clásico aviador priista pasó al pariente presupuestal perredista.

Parientes en la nómina

Fuerzas opositoras sostienen que, desde su entrada al gobierno municipal de La Paz, y luego a la administración estatal, Leonel Cota *colocó a más de 100 parientes, directos e indirectos, en la nómina del gobierno*. Por lo menos 15 familiares fueron ubicados en puestos importantes.

Otros medios locales identificaron a 40 familiares de Leonel Cota en los gobiernos estatal y municipal de La Paz.

1. Los hermanos Cota Montaño

JUVENTINO fue nombrado coordinador de asesores del gobernador (puesto que ocupó también durante el gobierno de Narciso Agúndez); Rosa Delia fue directora estatal del DIF, luego diputada federal y local, y presidenta municipal de La Paz; Alejandro fue nombrado delegado municipal de Santiago, comunidad natal del ex gobernador.

2. La hija

EN 2008, ARIADNI COTA CÁRDENAS, hija de Leonel Cota, era coordinadora de los actuarios judiciales del Tribunal Superior de Justicia (en contra de la ley reglamentaria, que exige contar con título de abogado y carrera judicial; ella no concluyó la licenciatura y solo tenía dos años trabajando ahí).

3. Las primas hermanas y los primos

ROSALÍA MONTAÑO ACEVEDO fue directora del Instituto Estatal de Educación para los Adultos (IEEA), luego diputada local y, durante la administración de Narciso Agúndez, secretaria de Educación Pública (renunció a este cargo luego de una investigación por nepotismo y maltrato a empleados); Frida Montaño Acevedo, administradora del Centro Cultural del estado; Esteban Cota Beltrán, secretario particular; Jesús Omar Castro Cota, director del IEEA y secretario de Educación Pública durante el gobierno de Narciso Agúndez (fue denunciado penalmente, junto con Agúndez, por peculado y lo que resulte, en abril de 2011).

4. Los sobrinos

JORGE JOEL COTA RUIZ, subdirector de tránsito en La Paz; José Cota Ruiz, titular de Seguridad Pública en Los Cabos.

5. Cuñados y concuño

FERNANDO GONZÁLEZ RUBIO CERECER (cuñado de Rosa Delia Cota), procurador de justicia del estado durante el gobierno de Narciso Agúndez; Luis Ángel González Rubio (cuñado de Rosa Delia) fue jefe de seguridad, director de tránsito municipal y luego director de la policía ministerial estatal; Enrique Rigoberto Garayzar Asiaín (concuño) fue alcalde de Mulegé y luego delegado de la Profeco.

FUE PRESIDENTE NACIONAL DEL PRD (2005-2008).

EN SEPTIEMBRE DE 2010 ANUNCIÓ SU SEPARACIÓN DEFINITIVA DEL PRD Y, ESE MISMO AÑO, SE POSTULÓ COMO CANDIDATO A LA PRESIDENCIA MUNICIPAL DE LA PAZ POR EL PANAL.

EN 1998 RENUNCIÓ A SU MILITANCIA EN EL PRI Y, EN 1999, SE UNIÓ AL PRD.

PÁJAROS EN EL ALAMBRE

La filtración de conversaciones telefónicas es muchas cosas, pero no nueva. Era conocida como la práctica del chantaje político y la extorsión de la otrora policía secreta del régimen priista, en la Dirección Federal de Seguridad, que luego se convertiría en el Centro de Investigación de Seguridad Nacional (Cisen), donde el espionaje telefónico tomó un nuevo cariz a partir del año 2000.

La apertura democrática quitó el monopolio de las escuchas ilegales al Estado y dejó como agentes libres a cientos de empleados recortados de la nómina del Cisen. Muchos pusieron sus conocimientos al servicio de nuevos clientes e intereses lejos de la estructura gubernamental.

La leyenda de personajes como don Fernando Gutiérrez Barrios, sosteniendo fólderes amarillos con el santo y seña de la vida de algún político espiado para obligarlo a hacer acuerdos en lo oscurito, dio paso a la práctica de la filtración de llamadas telefónicas ilegales en medios de comunicación masiva. Cambió el modo, pero no el fin: ajustar cuentas o eliminar a enemigos políticos producto del escándalo.

En la jerga nacional, se bautizó a estos espías y sucesos como «los pájaros en el alambre» o «tener las comunicaciones alambreadas». Cada vez que una llamada de esta naturaleza se difunde, sobreviene el griterío, el sopor y la posibilidad para Juan Ciudadano de mirar de cerca las perversiones del poder. Cada pandemónium es un interés oculto intentando descarrilar a otro.

Los ajustes de cuentas llegaron a la arena pública, para bien y para mal.

LLAMADAS INCÓMODAS

Corría octubre del año 2000 cuando «el hermano incómodo» manchó lo que quedaba del buen nombre y prestigio de Carlos Salinas de Gortari. En una entrevista con Joaquín López Dóriga, de Televisa, pocos días antes de la llamada filtrada, Carlos Salinas hizo público que se distanciaba de los millones de dólares y las propiedades de su hermano Raúl, encarcelado en Almoloyita, Estado de México. Como respuesta, surgió la conversación ilegalmente grabada entre Raúl y su hermana Adriana:

—Es muy torpe de su parte decir que me exige una aclaración —explotó Raúl al teléfono—. Le voy a tomar la palabra y voy a aclarar todo, de dónde salieron los fondos y para quién era el intercambio... y voy a decir qué fondos salieron del erario —continuó.

La escucha ilícita robustecía la demanda por enriquecimiento ilícito contra Raúl Salinas y exacerbaba las sospechas del pueblo mexicano en torno a una complicidad familiar. Raúl llamó a su hermano cobarde y traidor. Pero las traiciones en México no exigen cárcel y Raúl Salinas salió finalmente libre, con todo y esos millones de los que no aclaró todo, poco ni nada.

LA ESCUCHA MAESTRA

Con el título *¿Elba de Troya o lady Macbeth Gordillo?*, se difundió un libelo de 121 páginas que llegó a las principales redacciones de los medios de comunicación nacionales en 2003. Elba Esther estaba por asumir el cargo como líder de la bancada del PRI en la Cámara de Diputados cuando apareció el folleto signado por la Asociación Cívica Ignacio M. Altamirano, que intercalaba conversaciones telefónicas de la maestra con líderes políticos, empresariales y sindicales.

El panfleto filtrado no hizo más que debilitar la figura de Elba Esther dentro del priismo, dolido por la derrota de 2000. Ahí estaban las pruebas (por decirles de alguna forma) que exhibían la cercanía de la poderosa líder magisterial con Vicente Fox, con Marta Sahagún, con Francisco Gil Díaz, con Jorge Castañeda —entonces secretario de Hacienda—, con gobernadores y con operadores de medios a los que pedía debilitar a Roberto Madrazo, entonces presidente del PRI. Ahí aparecían sus palabras dirigidas a Manlio Fabio Beltrones y Emilio Chuayffet: «No lo sueltes, dale con todo, con todo».

Megalómana, Elba se ufanaba en las transcripciones del librejo —lo que dejó impresionada a Marta Sahagún— al decir «Con el poder que tengo» y agregaba «Yo gané tres gubernaturas, yo, yo, yo solita, y ahí están».

La maestra denunció las escuchas ilícitas y se rumoró que detrás del golpe estaban tres emes: Manlio, Murat y Madrazo. Nadie fue culpado o detenido, pero Gordillo sí salió vapuleada unos meses después de su bancada al intentar apoyar un impuesto a alimentos y medicinas.

PRECIOSAS LLAMADAS

En el año 2006, Mario Marín (PRI), gobernador de Puebla, cambiaría para siempre su nombre para ser tildado en la opinión pública como «el góber precioso». El «mi góber precioso» —como llamó a Marín, con tono vulgar y pastoso, el empresario textilero Kamel Nacif— dejó a millones de mexicanos asqueados por sus complicidades con intereses económicos y criminales. «Tú eres el héroe de esta película, papá», insistía Kamel en la escucha filtrada. «Ya ayer le acabé de darle [*sic*] un pinche coscorrón a esta vieja cabrona», presumía el gobernador de Puebla, satisfecho de servir al empresario y presunto pederasta en su guerra contra la periodista Lydia Cacho, que desenmascaró la red de prostitución de Succar Kuri, cercano de Kamel Nacif.

La filtración de llamadas de Kamel con diversos personajes de la política no solo enlodó al góber precioso, sino que salpicó barro hasta el Senado de la República. Un audio, en el que entre groserías y una que otra palabra el textilero le ordenaba a Emilio Gamboa, senador del PRI, frenar una iniciativa de ley, expuso a un poder legislativo al servicio de intereses privados:

—Dale pa'tras, papá —decía el empresario mandón.

—Pos entonces va pa'tras. Esa chingadera no pasa en el Senado —respondía el senador dócilmente.

Al parecer, así se reflexionan los cambios legislativos en México. Estos habrían permitido la apertura de un casino en el Hipódromo de las Américas. La reforma quedó congelada, pero en su lugar la Secretaría de Gobernación aprobó un reglamento de juegos y apuestas en beneficio de los casineros.

CONFESIONES INVOLUNTARIAS

«Por la boca muere el pez» y por bocón se fue un secretario. Luis Téllez Kuenzler, poderoso funcionario de Ernesto Zedillo y secretario de Comunicaciones y Transportes en el gobierno panista de Felipe Calderón, denunció en 2009, ante la PGR, diversas grabaciones telefónicas que se filtraron desde su propia secretaría. En una de las llamadas, difundidas en medios televisivos y escritos, Téllez declaraba, frente a un grupo de amigos, que Carlos Salinas de Gortari se había robado la mitad de la legendaria y millonaria partida secreta presupuestal. El ex secretario priista y panista acusó como responsable de la grabación ilegal a Purificación Carpinteyro, subsecretaria de Comunicaciones, con la que sostenía fuertes diferendos y que recibió el puesto público directamente de Calderón. La PGR no imputó cargo alguno en este episodio de espionaje político y Luis Téllez abandonó la secretaría.

Así las cosas de la política, que un día tienen arriba al funcionario, y otro, abajo. Carpinteyro fue víctima a su vez de una escucha ilegal en 2014, que propició su solicitud de licencia como diputada del PRD. En dicha llamada, la legisladora involucrada en reformas del sector de telecomunicaciones le ofrecía hacer negocios al entonces director de Pymes de Telefónica Movistar, José Gutiérrez Becerril. Mucha congruencia en aquello de servir… se a sí mismo.

EL NARCOFAVOR

«Usted gana, primeramente Dios», se escuchó en una grabación telefónica entre el temible, sanguinario, pero muy piadoso eso sí, capo de la droga Servando Gómez «La Tuta». Del otro lado de la bocina se encontraba Julio César Godoy, candidato del PRD a una diputación y medio hermano del gobernador de Michoacán, Leonel Godoy Toscano. La llamada filtrada y difundida por W Radio en octubre de 2010 constó de más de cinco minutos de duración. En ella se aprecia la familiaridad que existe entre el personaje político y el narcotraficante de La Familia Michoacana: «Compa, cuente con todo el apoyo, que usted va a ganar». En 2009, efectivamente, Julio César Godoy fue elegido diputado, pero un mes después se le dictó orden de aprehensión por los delitos de delincuencia organizada y narcotráfico. En septiembre de 2010 evadió al personal de seguridad de la Cámara de Diputados y tomó protesta como legislador. Tras difundirse la llamada, el PRD se deslindó del narcodiputado y se inició el proceso de desafuero.

LOS VITUPERIOS DE LA CANDIDATA

«El fuego amigo», como se dio por llamar a la guerra entre panistas, siempre tan disciplinados y acostumbrados a lavar la ropa sucia en casa, aderezó las campañas y precampañas electorales de 2012. Durante el proceso interno de elección de candidatos a la presidencia supimos que los azules también golpean bajo y recurren al viejo método de grabar llamadas comprometedoras. Así fue como muchos mexicanos supimos que, detrás de esa sonrisa siempre cordial y ese gesto casi reprimido y en exceso educado de la que fuera secretaria de Educación Pública y Desarrollo Social, Josefina Vázquez Mota, se escondían palabras como patán y pinche. Ernesto Cordero, su contrincante en la búsqueda de la candidatura albiazul a la presidencia, recibió el primer adjetivo, y Alejandra Sota, el segundo. En una llamada con un miembro de su equipo de campaña, con sentido del humor, la aún precandidata del PAN a la presidencia mandó a saludar a la asesora de opinión de Calderón: «Un saludo muy amoroso a Alejandra Sota, que filtra todas nuestras llamadas telefónicas, ¡pinche Sota!». Nadie firmó acuse de recibo.

LA PLENITUD DEL PINCHE PODER

Las campañas electorales abren la temporada de caza de llamadas comprometedoras. Ya sea que de forma anónima se filtren a un medio de comunicación o simplemente que alguien las plante en YouTube en espera de que se viralicen, pareciera que hablar de más es el delito y no espiar. Ejemplo de ello son los audios que involucraron a gobernadores priistas a tan solo días de la votación en 2010: Fidel Herrera, de Veracruz; Ulises Ruiz, de Oaxaca, y Mario Marín, de Puebla.

Cual jefe de campaña y dueño del botín presupuestal, a Fidel Herrera lo grabaron en plena distribución de los millones: «Entre otras cosas, a Duarte hay que darle diez millones de pesos para que termine una carretera». A pesar del desfile de cifras, lo que más dolió fue escucharle describir el servicio público: «Estoy ahorita en plenitud del pinche poder, oye, tengo el gobierno en la mano». Herrera no fue perseguido por delitos electorales, al contrario, se le nombró cónsul de México en Barcelona.

En situación similar se difundieron audios del ex gobernador de Oaxaca y del de Puebla. A Ulises Ruiz lo interceptaron en conversaciones con candidatos de su partido y la autoridad electoral estatal. Mario Marín, el góber precioso, fue acusado de sostener pláticas íntimas con una menor de edad.

El PRI inculpó al gobierno federal de espiar. El gobierno panista se deslindó. Los mexicanos escuchamos. Y la justicia, como el chinito, solo se quedó mirando.

LAS CARRETERAS DEL PODER

La perversa cercanía y el coqueteo entre el poder político y el económico quedaron expuestos y al desnudo con la difusión de una colección de audios del grupo constructor español OHL. Contratistas favoritos del Estado de México desde tiempos del gobernador Enrique Peña Nieto y famosos por el cobro excesivo de tramos ínfimos carreteros, los creadores de la Supervía formaban parte de llamadas que incendiaron YouTube y a los críticos del gobierno priista.

En abril de 2015 llegaron las primeras grabaciones. Los protagonistas eran altos directivos de OHL México —soeces, altaneros, soberbios, presumidos— y, en un papel secundario pero estelar, había diversos funcionarios públicos. En una primera serie de nueve llamadas, los empleados de la firma española en México elucubraban un plan para imponer un sobrecosto adicional a las tarifas del Viaducto Bicentenario: «La transa que estamos haciendo», llega a decir Pablo Wallentin. Las intercepciones telefónicas dicen datar del 10 enero y los aumentos de 30 por ciento a las tarifas carreteras ocurrieron el 29 del mismo mes.

En otros audios es posible escuchar a los directivos discutir sobre las vacaciones en la Riviera Maya, que dicen haber sufragado al secretario de comunicaciones del Estado de México, Apolinar Mena.

En 2016 aparecieron nuevos audios de directivos de OHL que involucrarían tratos con el director de Pemex, Emilio Lozoya Austin, y el entonces director de CFE, Enrique Ochoa Reza. Ambos funcionarios negaron todo cargo, mientras que las acciones de OHL se desplomaban en los mercados bursátiles nacionales e internacionales.

BIENVENIDOS
A
CAMPECHE
LICITACIONES
FOR SALE
REFORMA ENERGÉTICA

★ ★ ★ ★ ★

En este estado petrolero y —solo en teoría— millonario, la corruptela es «sencilla, alegre, llana..., sin complicaciones». Es campechana, como definen algunos diccionarios el término que surgió a raíz de la bonhomía de quienes nacen en este rincón del sur de México.

Campeche tiene la belleza a flor de selva. Ahí se encuentra la Reserva de la Biosfera de Calakmul, Patrimonio (mixto, cultural y natural) de la Humanidad, la segunda reserva tropical más grande de América Latina. Pero también es emblema de la riqueza sumergida. En Campeche se encuentran míticos yacimientos petrolíferos, como Cantarell, bautizado así en honor del pescador que lo descubrió y que por años fue la segunda reserva mundial.

Metáfora de su vida política, pues si bien sus gobernadores recientes han dejado el poder de manera apacible y callada —sin estridencia, sin escándalo—, al rascar a fondo, este estado, que goza de tranquilidad, baja delincuencia, bajísimo crecimiento económico a pesar de la reforma energética y bajo perfil, tiene su historia negra.

De Champotón es originario uno de los dos Negros que han hecho leyenda en el PRI: Carlos «El Negro» Sansores. Priista —según el ánimo—; diputado o senador —según la necesidad—; líder estudiantil o campesino —según el cargo—; acusado de homicidio en sus años mozos, y propietario de tierras y alcaldías a la par, como marcaba la costumbre caciquil de El Partido. El apellido Sansores es la dinastía política más arraigada en el estado y se conjuga en presente. Layda «la Ida» Sansores, como la tildó el PRI cuando abandonó sus filas, ha contendido sin éxito por la gubernatura en tres ocasiones, pero ha dejado al descubierto lo que significa ser hija de un político transexenal: diez terrenos, cuatro casas (dos de ellas en Campeche), joyas, un hotel de playa e inversiones en bienes raíces. Si de algo se podría acusar a la hoy morenista, es de exceso de transparencia en su 3 de 3 y no de corrupción. A palo dado, hijo heredado.

La sangre azul jamás ha gobernado este estado rojo de hueso priista. Sin embargo, los Mouriño, una familia de migrantes gallegos, son una dinastía de nuevo cuño hoy de todos conocida. Su auge fue a la sombra de la bonanza de la «gallina seca» de los huevos de oro, como llamó a Pemex el presidente Enrique Peña Nieto. Dueño de alrededor de 40 gasolineras, empresas de transporte de combustible y franquicias alimentarias, Carlos Mouriño vio despegar su negocio durante los sexenios panistas. Don Carlos fue empresario Amigo de Fox e impulsor del gobierno del cambio en 2000, mientras que su hijo Juan Camilo (Iván) ingresó a la política como el diputado local panista más joven de Campeche. Prosiguió una carrera exitosa que lo llevó a la Secretaría de Energía, la Oficina de la Presidencia y Gobernación.

También destaca la capacidad acomodaticia de sus ex gobernadores. Los dos más recientes con trayectoria legislativa, en la burocracia estatal, el ayuntamiento de la capital y vigentes en el gobierno federal de Peña Nieto. Fernando Eutimio «Purux» Ortega Bernés es embajador de México en Paraguay y Jorge Carlos Hurtado Valdez, después de recorrer, entre otras dependencias, la Segob y la SEP, recaló en la nómina de la Semarnat.

Otro joven político controvertido es el hoy gobernador del estado. Diputado y senador por el PRI, Alejandro «Alito» Moreno incursionó en el servicio público casi recién licenciado de la universidad (aunque algunos le cuestionan los estudios). Más allá de su fama de fiestero, los medios locales especulan en torno a sus bienes materiales. Su hogar es llamado con sarna entre los lugareños «la Casa Blanca Campechana». A saber si hay conflictos de interés o peculado, de lo que no cabe duda es que aquí los gobernadores se la llevan bien campechana.

LOS MOURIÑO: MEMORIAS DE UN EMPORIO

Con esfuerzo…
¡y una que otra palanca!

1. Orígenes

1978: el padre de la familia, Carlos Mouriño Atanés, emigró a México desde Vigo, España.

Administró negocios en el Distrito Federal, después se fue a Campeche, entró al negocio de la gasolina y fundó el Grupo Estratégico del Sureste (GES).

Su amistad con el gobernador Abelardo Carrillo Zavala (1985-1991) levantó suspicacias de tráfico de influencias, conflictos de interés y presuntas acciones como prestanombres.

2. El tropiezo

LOS NOVENTA: Mouriño Atanés invirtió un millón de pesos en el Banco Unión, pero los perdió luego del escándalo por autopréstamos en que se vio envuelto el banquero Carlos Abascal Peniche.

3. Camilito entra a la política local

1997: Juan Camilo Mouriño Terrazo (naturalizado mexicano a los 18 años) fue diputado local con tan solo 26 años.

Orgullosos de ti, ¡Iván! (como le decían de manera íntima en la familia)

4. Camilito entra a la grilla nacional

2000: alcanzó la diputación federal por la vía plurinominal y fue presidente de la Comisión de Energía. Entonces conoció a Felipe Calderón, que era el coordinador de la bancada del PAN.

Amigos por siempre...

5. Camilito se metió a la grande

EN DICIEMBRE DE 2006 fue nombrado jefe de la Oficina de la Presidencia y, en enero de 2008, secretario de Gobernación, en sustitución de Francisco Ramírez Acuña.

6. Qué buena fortuna

2007: GES contaba con 38 gasolineras en Campeche, Yucatán, Quintana Roo, Tabasco y Chiapas. Se puso bueno el negocio. En 1993, Pemex autorizó el sistema de franquicias y el grupo expandió su red.

7. La mágica diversificación

2007: Franquicias GES controlaba alrededor de 70 franquicias de distintos giros: Burger King, Benedetti's Pizza, Church's Chicken, Baskin Robbins, Jet Autowash y Tintorerías Max. Además creó franquicias propias, como GES Autowash y las tiendas de conveniencia GES Express.

8. Contratos con Pemex

FEBRERO DE 2008: TEISA tenía más de cien millones de pesos en contratos con Pemex. Los contratos —de adjudicación directa— fueron firmados entre 2000 y 2003. Juan Camilo Mouriño Terrazo (hijo menor de don Carlos Mouriño) era representante legal de TEISA y, al mismo tiempo, diputado federal (presidente de la Comisión de Energía). Luego fue subsecretario de política energética y desarrollo tecnológico de la Secretaría de Energía federal (cuando Felipe Calderón era titular de esta dependencia).

9. Más contratos con Pemex

2008: Carlos Mouriño Terrazo (hijo mayor de don Carlos Mouriño) firmó 108 contratos con Pemex Refinación, en su calidad de secretario del consejo de administración de ESGES, filial de GES. Fueron 37 contratos de franquicia para estaciones de servicio (gasolineras), otros 37 de suministro de combustibles y 34 más de crédito. De acuerdo con los documentos oficiales, en 27 de las 37 gasolineras ESGES pagó «$000 (cero pesos 00/100 m.n.) más IVA».

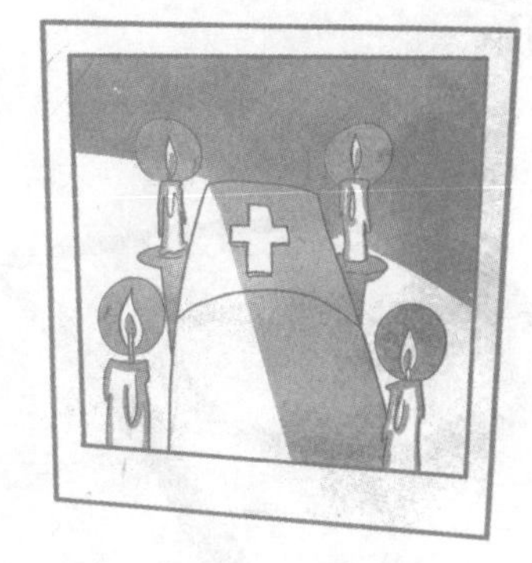

10. Muerte de Juan Camilo

4 DE NOVIEMBRE DE 2008: cuando el avión Learjet 45, matrícula XC-VMC, en el que viajaba se estrelló cerca de la intersección del Periférico y Paseo de la Reforma. El coordinador del comité de investigación informó, un año después, que una serie de errores cometidos por el controlador de vuelo y los pilotos del avión pudo ser la causa del desplome.

Charros sindicales

Nuestro régimen priista nos dejó una especie, poco vista en otras partes del mundo, que tiene mucha destreza para traer a rienda corta la caja chica de sus centrales sindicales y para jinetear las cuotas de sus agremiados. Hacen el paso de la muerte de un cargo público a otro y galopan a toda velocidad hacia la impunidad, a pesar de todas sus tropelías. Grandes coleadores, al marco legal se lo enredan entre las monturas y lo derriban una y otra vez. Son buenos para lazar acuerdos cupulares.

¡Sí! Señoras y señores, en esta feria de la corrupción no podían faltar los charros sindicales. Son los herederos de las mañas de Joaquín Hernández Galicia «la Quina», Fidel Velázquez, Leonardo Rodríguez Alcaine o Joaquín Gamboa Pascoe.

Secretario general del Sindicato de Trabajadores Petroleros de la República Mexicana
–de 1996 a la fecha–

Es el campeonísimo de la charrería, domina muchas de sus suertes. Por ejemplo, el paso de la muerte de un puesto de elección popular a otro. Ha sido elegido cuatro ocasiones seguidas como líder máximo de los petroleros. Ha sido diputado federal en tres ocasiones y dos veces senador de la República (cargo que ostenta actualmente).

Aunque es líder charro y no mariachi, para eso de la corrupción no canta mal las rancheras. En el *Pemex gate*, el líder petrolero protagonizó el escándalo de financiamiento irregular durante la campaña electoral de 2000. En esa ocasión se comprobó el desvío de 500 millones de pesos del fondo del sindicato de Pemex a la campaña presidencial del candidato priista, Francisco Labastida.

Su patrimonio está más adornado de propiedades que un cinto piteado. Si enlistamos aquí todas, no acabamos. Pero ahí le van unas para colorear el lienzo. Cuenta con un departamento de lujo y un yate en Cancún. El departamento se localiza en Residencial del Mar, una exclusiva zona de Cancún y su valor se estima en un millón y medio de dólares. El yate, nombrado *El Indomable*, costó una cantidad similar. Como Jorge Negrete enfundaba pistolas en sus míticas películas del cine de oro, este charro se enfunda relojes costosos, como el reloj de oro de dieciocho quilates, de la marca Audemars Piguet, que lució al volver de un viaje a Las Vegas en mayo de 2008. El costo del reloj va de los 40 mil a los 200 mil dólares.

Secretaria general (depuesta por estar en prisión) del Sindicato Nacional de Trabajadores de la Educación

-de 1989 a 2013-

La relación de Gordillo con el mando político está enredada como lazo de charro. En abril de 1989 tomó el poder del SNTE, gracias a un arreglo con el presidente Carlos Salinas de Gortari, y ahí estuvo hasta que Enrique Peña Nieto decidió estrenar su poder presidencial metiéndola a la cárcel.

Elba Esther también practicó como pocas el paso de la muerte entre cargos populares. Fue diputada federal por el PRI en tres ocasiones, también senadora por el mismo partido, aunque es más diestra en la montura... pero de conflictos políticos. En 2002 llegó a la secretaría general del PRI y en julio de 2006 fue expulsada del partido. Fundó poco tiempo después el partido Nueva Alianza. En 2008 acaparó los titulares de las noticias, luego de que obsequió 59 camionetas de lujo tipo Hummer a secretarios seccionales del gremio. Un espuelazo que costó 21.8 millones de pesos. El 20 de octubre de 2012 fue su última reelección al frente del sindicato.

Valiente en las escaramuzas políticas, con más estilo que la mismísima Flor Silvestre, cabalgó en los potros salvajes del SNTE. Diestra con la reata de las cuotas sindicales, se lazó un montón de propiedades según investigaciones periodísticas, entre ellas una casa de 700 metros cuadrados en Bosques de Caoba 75, Bosques de las Lomas; otra en Bosques de Reforma 501; un *penthouse* en Galileo 7, de 471 metros cuadrados; el apartamento número 7 del mismo edificio (rentado al ex canciller Jorge Castañeda); dos pisos en Paseo de la Reforma 295, de 738 metros cuadrados en total.

Aunque ahora está presa, Elba es famosa en los medios por llevar los beneficios del charrismo sindical a Estados Unidos, gracias a su lujosa casa en Green Turtle Village, en la isla de Coronado, San Diego, California, adquirida en 1.7 millones de dólares.

Secretario general del Sindicato Nacional de Trabajadores Mineros, Metalúrgicos y Similares de la República Mexicana

-de 2002 a la fecha-

La charrería es cosa de familia. Si Tony Aguilar le heredó el amor por los caballos a su hijo Pepe, ¿cómo Napoleón Gómez no le iba a heredar el sindicato a su hijo Napito en 2002? Audaz en el ruedo financiero, creó fideicomisos y movió millones de pesos mostrando el control de rienda de su gremio, hasta que fue acusado, durante el sexenio del presidente Vicente Fox, de lavado de dinero. Se alega que al menos 35 millones de los 55 millones de dólares que formaban parte de un fideicomiso abierto hace 20 años los transfirió a cuentas bancarias de familiares. Obviamente, no podía faltar su gusto por las propiedades. Tiene una casa ubicada en Ciudad de México, cuyo valor es superior a un millón de dólares, aunque la puso a nombre de su hijo, denunció Carlos Pavón Campos, dirigente del Frente de Renovación Nacional del Sindicato Minero (FRNSM).

Este líder charro también resultó bueno para saltar fronteras. Gómez Urrutia es embajador del charrismo sindical mexicano en Canadá, en donde reside desde 2006. El pobre, detalló la revista *Proceso*, vive en un condominio valuado en un 1.8 millones de dólares, en una exclusiva zona de Vancouver, Canadá, ubicado en la calle Waters Edge Crescent de la municipalidad de West Vancouver, cerca de Park Royal. La propiedad tiene una superficie de 670 metros cuadrados, tres habitaciones, tres baños y medio, una estancia familiar y un espacio de oficina. Desde ahí se rifa haciendo la faena y controlando el sindicato minero. Según sus propias declaraciones, no ha regresado al país por cuestiones políticas. Aunque más bien parece que tiene miedo de que le echen el lazo.

Fajado en el cuerpo a cuerpo con los animales, Gómez Urrutia ha ganado once demandas y ha librado exitosamente las dos acusaciones penales en su contra.

Secretario general del Sindicato de Trabajadores Ferrocarrileros de la República Mexicana

-de 1995 a la fecha-

Aunque es menos conocido, sin duda es un campeón charro. Si se le cuenta por el número de agremiados, Víctor Flores Morales solo representa a 45 mil trabajadores, una cifra muy lejana a los millones de maestros o petroleros. Pero este charro ha sabido cómo ir lazando uno que otro escándalo y sobre todo averiguaciones previas, ¡por miles! La prensa ha reportado que Flores Morales acumula catorce mil denuncias en su contra en la PGR, según una fuente de Averiguaciones Previas de la Procuraduría. A saber si es una exageración, pero es un hecho que Flores cabalga sobre fuego. Miren si no: está acusado del saqueo del fideicomiso para la jubilación en el proceso de privatización de Ferrocarriles Nacionales de México entre 1995 y 1996, la ficticia venta de casas del Infonavit en Azcapotzalco y Tlalnepantla en 2001, y el fraude a pensionados de Empalme, Sonora, en 2006, entre otras cosas. En cada historia hay dinero.

Secretario general del Sindicato Mexicano de Electricistas

-de 2005 a la fecha-

(aunque le bajaron el *switch* de Luz y Fuerza del Centro)

Es el más novel (que no noble) de nuestros campeones charros. Apenas le estaba agarrando el gusto a andar en el ruedo cuando Felipe Calderón lo tumbó de la montura al promulgar el decreto de extinción de Luz y Fuerza del Centro. Como sea, Esparza Flores es secretario general de los electricistas y uno de los personajes principales en la lucha contra la extinción de Luz y Fuerza del Centro.

Como la consigue con lo ajeno, se hizo de montura fina y le gusta el privilegio. Aunque Esparza sobresale principalmente porque es dos veces charro. Es de los coleadores de contratos colectivos, pero también de los que montan caballos. Como buen líder charro, con su humilde sueldo de diez mil pesos logró ser dueño de un rancho llamado Los Encinos, en el municipio hidalguense de Tetepango. Según la prensa, ahí practicaba el auténtico deporte nacional manejando un equipo de jinetes y caballos que traía del extranjero. Líder charro, al fin y al cabo, no podría hacer eso con austeridad y discreción. Se sabe que daba premios muy jugosos, como automóviles y camionetas último modelo.

Presidente de la Federación de Sindicatos de Trabajadores al Servicio del Estado

-de 1998 a la fecha-

Domina como pocos una de las suertes indispensables para ser líder charro, lazar y derribar disidentes. Ayala ha impuesto a los líderes de los sindicatos que integran la federación que controla, en especial del Sindicato Nacional de Trabajadores de la Secretaría de Salud (SNTSA), en donde él inició su vida sindical en 1975. Le sabe al paso de la muerte, aunque luce tímido comparado con otros campeones. Ha sido senador y dos veces diputado federal por el PRI.

Su línea de charrismo sindical es más al estilo de los personajes de las películas de Vicente Fernández. Diversos reportajes insisten en su adicción al juego, a las celebraciones ostentosas y al alcohol. Se dice también que es asiduo visitante de Las Vegas. La prensa ha reportado que tiene cinco casas en Ciudad de México, un *penthouse* en la colonia Condesa, una casa en Acapulco, un departamento de lujo en San Diego, California, y casas en Tijuana. Gusta como pocos de la montura de autos deportivos, por lo que tiene una colección.

BIENVENIDOS
A
CHIAPAS
EZLN
TVyNoveras.
DINERO FEDERAL
PRISIÓN
SALAZAR

★ ★ ★ ★ ★

Enfundado en hermosos —y biodiversos— mantos verdes, el estado mexicano más retratado, narrado y visitado por medios internacionales en las últimas décadas, Chiapas, es no solo una tragedia de pobreza nacional, sino un drama de corrupción a la mexicana.

La fascinación mundial por Chiapas tiene su origen en el levantamiento armado del EZLN, en vísperas de 1994. Los mexicanos despertamos en 1994 desprovistos de la máscara del milagro económico del salinismo y sacudidos por una realidad de marginación y discriminación hacia las comunidades indígenas del país.

En el contexto de la pobreza, todo acto de corrupción denota además vileza y bajeza. Y de esas bajezas está lleno el anecdotario corrupto de Chiapas. Por años, los recursos han llegado, pero la corrupción troglodita simple y llanamente se los ha tragado.

Como estampa de los absurdos y abusos del poder, los chiapanecos recurren a los dislates y la terquedad del ex gobernador Manuel Velasco Suárez. Abuelo del actual gobernador, «Manuelito» Velasco Coello, el prestigiado científico fue autor de obras desastrosas y onerosas para un estado hundido en el atraso. Obligó a construir el aeropuerto Llano San Juan, a pesar de la advertencia, por parte de expertos, de que sería imposible su operación por los constantes bancos de niebla. Dueño del terreno donde se llevó a cabo la obra (que se vendió a sí mismo en calidad de gobernador), impuso la construcción del aeropuerto, que por la cancelación constante de vuelos al poco tiempo cerró. Lo mismo pasó con el aeropuerto de San Cristóbal de las Casas, que no pasó de ser un dispendio y una ocurrencia del gobierno en turno, pues también fue clausurado.

La provincia de Chiapas constituía un territorio bajo dominio de Guatemala, el cual solicitó su anexión a México en 1824. Tierra del religioso y defensor de los derechos de los pueblos indígenas fray Matías Antonio de Córdova y Ordóñez, también vio nacer al político Belisario Domínguez. La historia del «último vagón del desarrollo» (pero número uno en cifras de pobreza), como definiera el Subcomandante Marcos a Chiapas, ha sido una crispada. Tan solo en las últimas tres décadas, al levantamiento zapatista le sucedieron la llegada de grupos armados paramilitares —responsables de la matanza de Acteal—, disputas religiosas a muerte, miles de desplazados, gobernadores de dos meses, gobernadores interinos, gobernadores en la cárcel, gobernadores pachangueros y, por si faltara un toque de ligereza, un gobernador de portada de revistas de la farándula.

Vaya ironía la de Chiapas: de una miseria digna de *National Geographic,* acapara, en cambio, reportajes en medios rosas del corazón por el matrimonio de su gobernador Manuel Velasco, del Partido Verde, con la estrella juvenil Anahí. Lejos de las profundas letras de Rosario Castellanos o de Jaime Sabines, chiapanecos universales, la discusión se reduce al maquillaje que luce la artista del momento, para maquillar una realidad que siempre termina por estallar, convulsa.

MANUEL "EL GÜERO" VELASCO COELLO

FICHA DE NACIMIENTO

7 de abril de 1980 en Tuxtla Gutiérrez, Chiapas.

EL POLÍTICO PRECOZ

Manuel Velasco Coello fue diputado local (2001-2003) a los 21 años. Diputado federal (2003-2006) a los 23 años, y senador de la República (2006-2012) a los 25 años por el PRI-PVEM, convirtiéndose en el senador más joven en la historia del país. **¡ES MÁS VERDE QUE EL NIÑO VERDE!**

EL QUE ES GUAPO ES GUAPO...

Investigaciones periodísticas basadas en documentos oficiales, prueban que Velasco Coello gastó 10 millones de pesos de los chiapanecos en publicidad oficial solo durante su primer año de gobierno (2013). La imagen de Velasco Coello fue promovida en CDMX, Estado de México, Puebla, Tlaxcala e Hidalgo, ente otros estados del centro del país, en espectaculares y parabuses.

LA AMISTAD SE MUESTRA CON OBRA Y NO PALABRAS.

Los constructores de Chiapas señalan que amigos y familiares del gobernador, así como empresas de otros estados, se llevan la mayoría de los millonarios contratos de obra pública mientras que las empresas locales quiebran o reciben contratos secundarios, con los que apenas consiguen subsistir y pagar el poco personal que les queda.

Entre los favorecidos por Velasco Coello señalan a su primo Juan Pablo Orantes Coello y a su amigo Juan Pablo Montes de Oca Avendaño, que son funcionarios de la Secretaría de Infraestructura y Comunicaciones (Seinfrac).

LA EDUCACIÓN NO ES PROGRESO

En agosto de 2015 la ASF presentó una denuncia ante la PGR en contra del gobierno de Velasco Coello, por el presunto desvío de 31.1 millones de pesos destinados originalmente para la educación en 2013.

UNA FOTO VALE MÁS QUE MIL VERDADES

El 3 de agosto los titulares de los medios repetían: Cuenta con 12 camas y está equipado con tecnología de vanguardia para brindar servicios de hospitalización, consulta externa, Urgencias, Tococirugía e imagenología. Se referían a un hospital que un día antes entregó Manuel Velasco. Pero **¡QUÉ TAL, EL EQUIPO Y LAS CAMAS FUERON SOLO PARA LA FOTO!**

AMOR DE TELENOVELA

El 25 de abril de 2015 se caso en la Catedral de San Cristóbal de las Casas. Toda la farándula y la clase política andaban ahí sonrientes para la foto.

LA FELICIDAD COMO EL DINERO SE NOTA... O SE EXHIBE EN INSTAGRAM, ¡FALTABA MÁS!

Y como la dicha y el presupesto se reparten, a través de sus redes sociales conocimos al manuelitito o «Manu» como lo presume el orgulloso papá.

PABLO ABNER SALAZAR MENDIGUCHÍA, GOBERNADOR DE CHIAPAS (2000-2006)

SALAZAR

DETENCIÓN, PRISIÓN Y LIBERACIÓN

Enemigo a muerte de su sucesor, Juan Sabines. Algunos periodistas locales hallan el origen de la disputa en que Salazar quiso entrometerse en el manejo y la conducción del gobierno de Sabines para obtener puestos políticos. La enemistad es pública. Los dos la reconocieron en múltiples entrevistas.

- *Estuvo preso en El Amate.*
- *Junio de 2011. La Procuraduría de Chiapas lo acusó de peculado y asociación delictuosa, entre otros delitos. De acuerdo con la denuncia, Salazar habría desviado al menos 104 millones de pesos del erario público. También lo investigaban por presuntos malos manejos de mil millones de pesos del fondo para la reconstrucción del estado, que debía atender los daños causados por el huracán Stan.*
- *Se le incautaron tres residencias.*
- *Un juez libró orden de aprehensión en su contra por el delito de homicidio doloso (comisión por omisión), por la muerte de menores. Se pidieron 20 años de prisión.*
- *Noviembre de 2012. Salazar fue liberado luego de una resolución judicial federal y del desistimiento de cargos por parte de la PGJE.*
- *Poco después de salir de prisión, Salazar dijo en una entrevista radiofónica que su liberación fue posible gracias a un acuerdo político con su sucesor, Juan Sabines. El acuerdo incluía que no tomaría medidas ni represalías de ningún tipo.*

TRAGEDIA EN HOSPITAL (DE LO QUE SE LE ACUSÓ)

- *2002. Fallecieron 18 bebés en un hospital de Comitán.*
- *2004. La CNDH emitió la recomendación 24/2004 por el caso.*
- *Julio de 2011. La Comisión de Derechos Humanos estatal emitió un expediente de queja, que tenía como fin solicitar el cumplimiento de la recomendación 24/2004 emitida por la CNDH y deslindar la responsabilidad legal por la muerte de los menores.*
- *El gobierno de Juan Sabines usó el caso en contra de Salazar.*

SABINES

JUAN SABINES GUERRERO, GOBERNADOR DE CHIAPAS (2006-2012)

Conflicto entre dos ex priistas. Ambos abandonaron el PRI y fueron gobernadores por alianzas.

Dato: Sabines llegó con el apoyo de Andrés Manuel López Obrador.

PRESUNTA RELACIÓN CON EL CRIMEN ORGANIZADO; INVESTIGACIÓN EN ESTADOS UNIDOS

- *21 de febrero de 2017. El abogado y activista Horacio Culebro fue citado en Los Ángeles por la DEA, para declarar y dejar 36 gigabytes de información, con lo que se comprobarían acciones de lavado de dinero, crimen organizado y narcotráfico del ex gobernador de Chiapas, Juan Sabines. Detalló que Juan Sabines, mientras fue gobernador, recibió cinco millones de dólares mensuales del capo del cártel de Sinaloa, Gilberto Rivera Amarillas (Tío Gil, Don Gil o El Señor de la Frontera Sur). También reveló que, a 30 días de haber dejado el poder, el ex tesorero estatal compró en Miami, Florida, 13 departamentos con valor de cuatro millones de dólares cada uno.*

DEUDA PÚBLICA

- *De acuerdo con la SCHP, Sabines dejó una deuda pública por 16 513.1 millones de pesos.* Reforma, *sin embargo, afirma que si se suma la deuda registrada, la no registrada y la deuda a proveedores, alcanza los 40 mil millones de pesos.*

DENUNCIAS PENALES

- *Abril de 2013. Denuncia penal contra Sabines y 50 ex funcionarios por presunto desfalco de 40 mil millones de pesos, además de asociación delictuosa, delincuencia organizada, enriquecimiento ilícito, tortura e incomunicación, fraude procesal, entre otros delitos.*
- *Junio de 2013. Denuncia ante la PGR contra Sabines por presunto fraude, que asciende a 1 829 millones de pesos.*

LIGA CON EMPRESAS FANTASMA DE JAVIER DUARTE

- *Una investigación periodística reveló que tres compañías ligadas a la red fantasma de Veracruz obtuvieron contratos por 118 millones de pesos entre 2010 y 2012 para realizar labores de outsourcing en el Sistema de Trasportes Urbanos de Tuxtla (Situtsa), en el que el gobierno de Chiapas tiene participación accionaria de 51 por ciento. Ese sistema —conocido como Conejobús— fue creado por el gobierno de Sabines.*

ESTADO ACTUAL: CÓNSUL DE MÉXICO EN ORLANDO, FLORIDA

BIENVENIDOS
A
CHIHUAHUA
CAMPAÑAS DEL PRI
SE BUSCA
INTERPOL
BANCO
NI
UNA
MÁS
DEUDA
PÚBLICA

* * * * *

Tierra de contrastes. Desierto y bosque. El *run run* de sus maquilas incesantes y la paz natural de la Sierra Madre Occidental. La cultura tex-mex fronteriza, los pueblos menonitas y las raíces ancestrales de los rarámuri. La algarabía de la cascada de Cusárare y la Zona del Silencio. Todo cabe en el estado de mayor extensión territorial de México; lo mejor y lo peor de la política también se juntan acá. Famoso por los burritos de Villa Ahumada, habría que agregar a las especialidades de este inmenso estado (doce por ciento del territorio nacional), una que otra mulita de la corrupción.

De Chihuahua son las Barrancas del Cobre, con el divisadero más profundo del país, y el jamoncillo de Parral. También de ahí es oriundo don Luis H. Álvarez, líder histórico del PAN, candidato presidencial frente a Adolfo López Mateos y presidente de los albiazules en los años de auge con los llamados Bárbaros del Norte: Maquío —Manuel Clouthier—, en Sinaloa; Rodolfo Elizondo, en Durango; Ernesto Ruffo, en Baja California, y, de la mismísima Ciudad Juárez, Francisco «Pancho» Barrio Terrazas.

Para 1986, el norte de México era un hervidero político. Marchas, movilizaciones, firmas y huelgas de hambre tras decretarse fraude en las urnas. «Pancho» Barrio, empresario vuelto político, no obtendría la gubernatura de Chihuahua ese año, pero sí seis más tarde. Su triunfo se convirtió en emblema de la apertura política nacional; su gobierno, sin embargo, no pasó de la promesa. Le devolvió la plaza al PRI seis años después. Con el triunfo de Fox, en 2000, pasaría a la historia como el primer zar anticorrupción de la alternancia. El que prometió agarrar a los peces gordos y no pescó ni charales.

De una tradición agropecuaria imponente, Chihuahua es el principal exportador de ganado y productor número uno de múltiples productos, entre ellos, manzana y algodón. Y en esa tradición, los nuevos priistas del siglo XXI sembraron, por su parte, sendos saqueos en Chihuahua. «Piden aclare Gobernador compra de ¡un banco!», leímos los mexicanos el miércoles 12 de noviembre de 2014, en la primera plana del diario *Reforma*. La copropiedad del Banco Progreso sería solo la primera acusación en contra de César Duarte. El gobernador negó ser político-banquero y dijo no temerle a la justicia mexicana. Lo de siempre. Pero, en cuanto dejó el cargo, dio unos pasos al norte para alojarse en El Paso, Texas. Prófugo, observó cómo se apilaron cargos en su contra: peculado, desvío de recursos, delitos electorales, lavado de dinero, endeudamiento estatal y contando.

Junto a Javier Duarte, «Beto» Borge y Alejandro Moreno, el ex gobernador de Chihuahua es uno de los *jóvenes* priistas del futuro que, en una entrevista para Televisa, citara Enrique Peña Nieto como parte del relevo generacional en el tricolor. Cada uno ha sido un clavo en el ataúd del neopriismo.

El siglo pasado, en plena gesta revolucionaria, Chihuahua fue gobernada por el bandolero más conocido de la historia mexicana: José Doroteo Arango, o Pancho Villa. Gobernador provisional de esta tierra que lo vio morir, Villa decretó el establecimiento del primer banco de ese estado y, como el que se fue a la villa perdió su silla, Duarte volvió cien años después y se hizo también de un banco. ¡Ayyy, Chihuahua! Qué necia es la historia que se repite.

EL COCHIDUARTE

Deuda pública que asciende a 48 mil mdp.

César Duarte Jáquez

GOBERNADOR DE CHIHUAHUA (2010-2016)

BANCOGATE

2012. El gobernador César Duarte constituyó, junto con su esposa, un fideicomiso por 65 millones de pesos, con la orden de que se adquirieran acciones del Banco Progreso Chihuahua, una vez que empezara operaciones (lo que no ha ocurrido). En entrevistas, Duarte dijo que firmó el contrato del fideicomiso sin haberlo leído. Se cree que los 65 millones de pesos son del erario público del estado.

Como antecedente, el Banco Progreso Chihuahua surge de la fusión entre Unión de Crédito Progreso y Sociedad Financiera Popular Akala, Única Casa de Cambio.

El gobierno de Chihuahua realizó, de 2007 a octubre de 2014, poco más de 350 transferencias, tanto a la Unión de Crédito Progreso como a Akala, por un monto de 80 mil millones de pesos. Además, durante ese tiempo, Jaime Herrera Corral fue director general de Unión de Crédito Progreso; el problema es que Herrera Corral fue nombrado, al mismo tiempo, secretario de Hacienda del estado por César Duarte.

FICHA ROJA EN LA INTERPOL

EMITIDA EN MARZO DE 2017
POR PRESUNTAMENTE HABER DESVIADO 246 MDP

PROPIEDADES MILLONARIAS

De acuerdo con investigaciones periodísticas, el ex gobernador tiene al menos 36 propiedades, además de miles de cabezas de ganado. El mismo mandatario reconoció que posee ocho mil hectáreas. En el rancho El Saucito, Duarte habría mandado construir una represa sin el permiso de la Conagua.

SOBORNOS

Un testigo protegido de la Fiscalía del estado declaró que el gobierno de César Duarte sobornó con 22 millones de pesos a diputados locales para aprobar la bursatilización de los recursos carreteros a cuatro meses de terminar el sexenio. Por este caso, el 21 de junio de 2017 fue detenido el ex diputado local de Movimiento Ciudadano, Fernando Reyes.

Banco Progreso Chihuahua

DENUNCIAS PENALES

SEPTIEMBRE DE 2014. Denuncia ante PGR contra César Duarte, Jaime Herrera Corral y otros funcionarios estatales por enriquecimiento ilícito, peculado y uso indebido del servicio público, en relación con el caso del Banco Progreso Chihuahua.

MAYO DE 2016. La misma denuncia se presentó ahora ante la Procuraduría General del Estado.

NOVIEMBRE DE 2016. La misma denuncia se presentó ante la Fiscalía del estado, que ahora encabeza César Agusto Peniche, en el nuevo gobierno estatal panista de Javier Corral.

PROCESOS PENALES

LADRÓN PRESUPUESTAL, MARZO DE 2017. Un juez giró orden de aprehensión en contra de Duarte, por peculado. Otros ex funcionarios ya han sido detenidos por el mismo caso: el presunto desvío de 246 millones de pesos de la Secretaría de Educación estatal.

DELINCUENTE ELECTORAL, JUNIO DE 2017. La Fepade logró que un juez federal girara una orden de aprehensión contra el ex gobernador, por el delito de peculado electoral, ya que habría desviado 14 millones de pesos del erario público hacia la campaña política federal del PRI en 2015.

¡PRÓFUGO DE LA JUSTICIA!

MARZO DE 2017. La Interpol emitió una ficha roja para César Duarte, ya que un juez mexicano giró una orden de aprehensión por peculado, por presuntamente haber desviado 246 millones de pesos. Este proceso penal está en el ámbito local.

JULIO DE 2017. La Interpol actualizó la ficha roja en contra de César Duarte, a petición de la PGR, por la presunta comisión de delitos electorales.

BIENVENIDOS
A
CIUDAD DE MÉXICO
A LA CASA BLANCA
SUAVIESTELA DE
LA CORRUPCIÓN
LINEA
12

★ ★ ★ ★ ★

«Desde las diez ya no hay donde parar el coche / ni un ruletero que lo quiera a uno llevar / llegar al centro atravesarlo es un desmoche / un hormiguero no tiene tanto animal». Así versa la primera estrofa de la popular canción de Chava Flores: «Sábado Distrito Federal», uno de tantos retratos de Ciudad de México, cuarta megalópolis mundial, según la ONU.

Fundada por el mítico rey Tenoch en 1325 y construida sobre terrenos pantanosos, fue el centro del imperio azteca. Desde entonces, el país ha sido centralista y la capital lo atrae y lo concentra todo: la vida cultural, económica, política. Bueno, hasta la corrupción y la recepción de ondas sísmicas. Prueba de ello es que, 660 años después de su fundación —en 1985—, se movió la tierra y se sacudió la estructura neural de Ciudad de México; con el terremoto se cayó a cachos la capital y de los escombros surgió la primera imagen contemporánea, clara e irrefutable, de la letalidad de la corrupción. La mayoría de los edificios derrumbados eran apartamentos, hospitales y unidades habitacionales construidos por el gobierno. Embolsarse tres pesitos, al cambiar una varilla de cinco centímetros por otra de cuatro, provocó la muerte de miles de personas y la erosión del partido oficial. Las ruinas que el sismo dejó en la ciudad fueron la antesala de otro desmoronamiento: la caída del sistema y el famoso fraude electoral de 1988, que dejó maltrecha la preponderancia priista. A pasitos lentos, desde entonces se construyeron las bases que permitieron gobiernos de alternancia. Así, Cuauhtémoc Cárdenas se convirtió, en 1997, en el primer gobernante electo de la capital del país.

Ciudad de masas, la acción colectiva se vive con cierta sensación de asfixia en sus calles, como cada diciembre con sus multitudinarias peregrinaciones a La Villa, las marchas y movilizaciones que ponen en jaque el tráfico o cualquier día dentro del transporte público en hora pico. En la capital, los fenómenos de construcción de ídolos populares son excepcionales. La gente los vitorea en estadios, les aplaude en conciertos y les grita en las arenas de lucha. Se crean héroes y villanos. Y el fenómeno se multiplica por la magia de la televisión. En la política es similar. Ahí está el pejismo, movimiento popular de importante efervescencia en apoyo a Andrés Manuel López Obrador, ex jefe de gobierno, sustentado en la pensión universal de los adultos mayores y la mayor obra de infraestructura para la capital en casi 50 años. Aunque otros ven en el tabasqueño-chilango al diablo. No es para menos. Aquí surgieron los primeros videoescándalos, esas imágenes contundentes del contubernio de corrupción política y electoral, con esa imborrable estampa de Bejarano sin saber dónde acomodar los fajos de billetes. O qué decir de Juanito, esa comedia de la política de la que uno se podría reír si no fuera porque retrata lo arraigado del clientelismo electoral y el uso de los advenedizos en política.

La discusión sobre Ciudad de México es un asunto nacional. Aquí residen los poderes, está el segundo padrón electoral y se concentran las más emblemáticas formas de corrupción. La robadera a escala federal y las trácalas locales han dejado auténticos monumentos. Quizá por eso tiene su propio camión: el Corruptour. Un recorrido turístico por la ratería política con paradas en la Casa Blanca, la Estela de la Corrupción o Estela de Luz, que construyó a sobreprecio Felipe Calderón, o la Línea Dorada del Metro, que le quitó el brillo y el quilataje a Marcelo Ebrard, último jefe de Gobierno del D.F.

Las marchas sindicales, la toma de avenidas, las calles anegadas de agua, el tránsito, el caos, cada uno es una vereda con tufillo a corrupción nacional o local.

¡Pobres chilangos!, como cantara el fallecido poeta del pueblo, Joan Sebastian: «Nos pueden cambiar el nombre, pero no nos cambian la historia…».

D.F. o CDMX, capitalinos o chilangos, de un partido político o de otro, la corrupción es tan emblemática de la ciudad como su avenida Reforma, mil veces remozada y mil veces tomada, pero siempre igual.

«EL COMPLÓ»

Esta es una historia de política, videos, pasiones desenfrenadas y muuucho dinero (o, para ser exactos, harto billete).

Corría tranquilamente el año 2004 y Andrés Manuel López Obrador, entonces jefe de Gobierno del Distrito Federal, se comenzaba a lamer los bigotes por su candidatura presidencial.

A esta historia también se le conoce como «el compló» y los cerebros detrás de la fechoría (ñaca ñaca) fueron políticos del PAN, una televisora y «la mafia del poder».

Ahora sí, volvamos... Este fue el primer escándalo nacional videograbado que tuvo como protagonistas a Carlos Ahumada, funcionarios capitalinos y legisladores. Carlos Ímaz y René Bejarano mostraron una red de complicidades, préstamos millonarios no declarados, favores políticos y confabulaciones.

Resulta que, con su dinero, Ahumada conseguía obra pública. Pero los políticos que fueron descubiertos alegaban que ese dinero era para propósitos del partido que dirigía doña «Chayo» Robles.

Los involucrados fueron cayendo uno a uno. El más famoso es el ex secretario particular del Peje, René Bejarano, que fue desaforado como diputado local en noviembre de 2004 y separado de su cargo. Bejarano se entregó y pisó la cárcel acusado de promoción de conductas ilícitas, operaciones con recursos de procedencia ilícita y delito electoral.

Pero era, como dicen en el pueblo, un «gentío de gente». Rosario Robles y Ramón Sosamontes renunciaron al PRD, pero ninguno fue sometido a proceso judicial ni administrativo. Las delegadas Fátima Mena, Leticia Robles y el ex delegado Carlos Ímaz fueron exonerados. Octavio Flores Millán, Martha Delgado, ex subdirectora de Finanzas de la delegación Gustavo A. Madero, y Gustavo Ponce, secretario de Finanzas del gobierno del D.F., estuvieron presos.

Entre todo el argüende, Ahumada echó a correr, pero de pronto apareció en Cuba…, de donde fue deportado el 28 de abril de 2005. Con su llegada a México hubo nueva función y espectáculo televisado.

Después, a los funcionarios involucrados les dio por escribir. Rosario Robles publicó *Con todo el corazón*, donde detalla su amorío con Ahumada: ¡todo fue por amor!

Ahumada escribió *Derecho de réplica*, en el que afirma que negoció con Salinas de Gortari y Diego Fernández de Cevallos los videos a cambio de cuatrocientos millones de pesos.

Cosas raras de la política. Rosario Robles acabó en el gobierno de Peña Nieto como secretaria de Desarrollo Social (premiada por arruinar al Peje). Ahumada, dice, volvió a Argentina sin un centavo. Bejarano sigue en la política y ya está en Morena con el Peje. Ímaz quedó refundido en el olvido y su ex va para jefa de Gobierno.

Todos libres y millonarios para siempre.

LOS DELEGACHOS

Aunque su figura está por desaparecer, los delegados del otrora Distrito Federal y hoy Ciudad de México dejaron huella y cochinero a su paso. De dulce, de chile o de manteca, sin importar partido, adhesión o demarcación, sus excesos, escándalos y desplantes vivirán en los anales de la historia corrupta de las delegaciones capitalinas. A continuación los más rete(dele)gachos.

PRD

El Delerracho (hip hip, ¡salud!)

Este hombre de izquierdas sufrió un percance en Lomas del Pedregal por andar al ritmo del himno ochentero de Veni Vidi Vici: «…acompañando a la madrugada, que a veces nos enseña su mala cara». Jesús Valencia, delegado de la demarcación más poblada y marginada de Ciudad de México, argumentó de manera jocosa que se le subieron los antigripales (olvidó las copas). El choque en una Jeep Cherokee, con valor de 877 400 pesos, dio paso al escándalo. El auto, volcado la noche del 16 de diciembre de 2014, no era de su propiedad, sino de una empresa que recibió al menos tres contratos por asignación directa, por más de 50 millones de pesos, de parte de la delegación. Para echarle sal a la cruda, a los pocos días del accidente se publicó que el delegado Valencia ni siquiera vivía en Iztapalapa, sino en una lujosa casa de la exclusiva colonia Jardines del Pedregal, en Tlalpan. ¿Quién pompó o quién prestó? Nadie supo, nadie sabe y nadie investigó. Jesús Valencia pidió licencia como delegado a las pocas semanas del incidente, que calificó de «mediático», mientras que, presta y veloz, la Procuraduría capitalina dio carpetazo a la indagatoria por presunto conflicto de intereses.

El Deleilustre (no andaba muerto, solo autorizó una pachanga)

«De la noche son las cosas del amor», canta a media luz el «Kumbala», de Maldita Vecindad, y de la noche, también, son las cosas del terror. ¡Buaaaa! Y es que este escándalo, que golpeó a Víctor Hugo Romo, ex delegado de Miguel Hidalgo, es escalofriante, telenovelero, fantasmagórico y de susto. En junio de 2014, la actriz y productora de Televisa, Claudia Cervantes, compartía en sus redes sociales el pachangón con el que festejó su cumpleaños número 35, nada más y nada menos que encima de las lápidas de los 111 hombres y mujeres distinguidos que conforman la Rotonda de las Personas Ilustres, en el Panteón Civil de Dolores. Artistas de telenovela bailaron el jarabe zapateando, degustaron pizzas, bebieron y cantaron con mariachi sobre la tumba del poeta Amado Nervo, el artista David Alfaro Siqueiros, el escritor Mariano Azuela, el músico y compositor Jaime Nunó, con todo y la gracia y venia de la delegación Miguel Hidalgo. A decir de Romo, el único error de la demarcación fue «una mala supervisión». Autorizaron un videoclip que simularía una fiesta con «cien personas, 25 periqueras, tres salas *lounge*, 400 veladoras y pizzas *gourmet* de Santa Fe», a cambio del cobro de cero pesos con cero centavos. Tras la difusión del video, el delegado del PRD multó a la casa productora que encabezaba la actriz por un monto menor de 34 mil pesos, exigió la renuncia de un subalterno, escuchó al jefe de Gobierno, también perredista, pronunciar el clásico y vacío «Llegaremos a las últimas consecuencias» y luego se escudó en el fuero de una diputación. ¡Pasados de vivos esos delegachos!

El Pornodelegado (te caché en video)

En la era de la tecnología, el pillo no solo ha de cuidarse de lo que dice y firma, debe cuidarse de la cámara también. Efectivamente, un video vale más que mil palabras y viralizado vale un montón de votos. Rubén Escamilla, ex delegado del PRD en Tláhuac, demarcación que carga el estigma del linchamiento de dos policías federales por una turba enardecida en años de Andrés Manuel López Obrador, pedía favores sexuales a cambio de prestaciones laborales. El acoso fue grabado por la víctima. En medio del proceso electoral de 2012, cuando el delegado con licencia buscaba mantenerse en la nómina capitalina vía un escaño en la Asamblea Legislativa, El Vigilante (así se hizo llamar la fuente anónima) subió en su cuenta recién creada de YouTube el video intitulado «Cómo concede la basificación de mujeres Rubén Escamilla, jefe delegacional en Tláhuac». A cuadro se identifica al delegado en sus oficinas delegacionales y a la empleada que debía pagar con sexo la base laboral. Con música de Universal Stereo como fondo, se alcanza a escuchar un diálogo: (ella) «Es que me da pena»; (él) «Tú sabes»; (ella) «No sé mucho… Sí es así o lo prefieres de otra forma». Corte a: felación.

Pese a que el PRD prometió públicamente que le retiraría la candidatura al ex delegado acosador, su nombre apareció en la boleta y ganó su distrito casi por una diferencia de dos votos a uno. Ya con fuero y curul, sus compañeros de bancada detuvieron una investigación judicial.

El Delemoches (extorsión para construcción)

Conocida por sus museos, su arte, su vocación cultural, sus intelectuales avecindados en las calles empedradas de San Ángel y por ser sede de la máxima casa de estudios del país, la UNAM, la delegación Coyoacán se conoce también por desprestigiados ex delegados. Mauricio Toledo, un joven de viejas mañas y mano larga, abarcó las primeras planas del diario de circulación nacional *Reforma* por su afición a exigir dádivas a cambio de permisos. Toledo, postulado por el PRD, se vio envuelto en un escándalo de extorsión en febrero de 2013.

Desde la que, se dijo, era su BlackBerry salieron mensajes amenazantes contra la Inmobiliaria 3GZN Arquitectura, en los que exigía 1.6 millones de pesos para no clausurar una obra en Cuicuilco. Tanto la PGJDF como la Contraloría capitalina abrieron una investigación, pero se dio carpetazo luego de determinar que no hubo elementos probatorios del ilícito.

En abril de 2013, otro empresario lo acusó por reclamar tres millones de pesos a cambio del retiro de sellos de clausura en una gasolinera. Aunque el delegado evadió la justicia, un subordinado fue juzgado y sentenciado a casi tres años de prisión.

Pero la afinidad por el moche corre, al parecer, en la familia: su hermano, Nelson Toledo, se vio envuelto en un videoescándalo, en el que aparece contando billetes.

Según la página de YouTube que difundió la grabación en 2014, Toledo se encargaba de cobrar un diezmo salarial a empleados de la delegación Coyoacán, de la Asamblea Legislativa del D.F. y del Instituto Electoral local.

Mauricio Toledo es actualmente asambleísta de Ciudad de México, cortesía del PRD.

MORENA

El Narcodelegado (ojos que ven, narco que lo resiente)

Sea parte de la campaña de la mafia del poder en contra de Andrés Manuel López Obrador o sea una realidad incómoda de todo aquel que asciende al poder, las acusaciones en contra de Rigoberto Salgado, uno de los cinco delegados elegidos en 2015 con el sello pejista, sorprendieron a Ciudad de México a mediados de 2017. «Haiga sido como haiga sido», diría el archirrival de AMLO, Felipe Calderón, la honestidad valiente del delegado Salgado está en entredicho, a causa del asesinato por parte de la Marina, en julio de 2017, de Felipe de Jesús Pérez, alias El Ojos, presunto líder del cártel de Tláhuac. Llamado a comparecer por la Asamblea Legislativa y objeto de un proceso de remoción por parte del cuerpo legislativo, salieron a relucir presuntos vínculos del delegado con el crimen organizado, la asignación de contratos directos a empresas que apoyaron su campaña política y un próspero negocio restaurantero familiar con sucursales hasta en Querétaro. El delegado Salgado lo atribuyó a una emboscada. Lo que no explicó es el porqué de tantos árboles sospechosos y tupidos en su milpita.

★ ★

PAN

El Deledádivo (dinero y contratos a cambio de votos)

La delegación capitalina que goza con el mayor nivel de vida de todo el país, y que a decir del Programa Nacional de Desarrollo de Naciones Unidas tiene niveles de bienestar comparables con los de Suiza, posee también jefes delegacionales dignos de corrupción al estilo Ghana (con todo respeto para aquella nación).

Jorge Romero, quien fuera promesa chilanga blanquiazul de Gustavo Madero, ex presidente del PAN, fue expuesto en diversas videograbaciones difundidas por el portal Aristegui Noticias y Radio Fórmula. El ex delegado fue acusado de intercambiar financiamiento electoral por contratos delegacionales y hasta de exigir moches de 30 por ciento de los contratos de obra con licitaciones falsas. Una investigación periodística en torno a la asignación de obra en la demarcación concluyó que Jorge Romero entregó contratos millonarios a empresas de amigos de filiación panista.

Como diputado, antes de asumir la jefatura delegacional, Romero era señalado, junto con un grupo de cercanos apodado Los Ocean, como presunto responsable de inflar, mediante registros falsos, el padrón electoral de ese partido.

La polémica y el escándalo tienen una manía por rodearlo. En 2014, la captura de dos funcionarios de la delegación a su cargo, por acoso sexual y agresiones durante la Copa del Mundo de Brasil, lo puso en la escena internacional. Los empleados de Romero pasaron varios meses en Fortaleza, Brasil, primero en una prisión preventiva y luego en régimen de detención residencial. Ambos fueron encontrados culpables y su pena carcelaria fue conmutada por el pago de una multa. Vaya clase mundial de desmanes en la cantera azulcrema de Benito Juárez.

★ ★

PRI

El Deleporro (relaciones peligrosas)

El delegado ojiverde de Cuajimalpa es persistente. Contendió en dos ocasiones por la jefatura delegacional. El hoy priista renunció a las siglas del PRD cuando se le negó contender por segunda vez por el cargo.

Se le vinculó con el grupo de choque apodado Los Claudios. No sólo el hermano del presunto líder del grupo de golpeadores se encontraba en la estructura delegacional como jefe de la Unidad de Áreas Protegidas, sino que varias fotos del delegado con Claudio González González, el jefe de la pandilla porril, salieron a la luz pública.

Pero ese no fue el único retrato incómodo. En 2011, Adrián Rubalcava posaba en una reluciente vestimenta militar color caqui y con un arma larga para la lente morbosa de un fotógrafo. El portal de noticias Sin Embargo la publicó ese mismo año, pero sus reporteros recibieron amenazas a partir de 2014. Luego de varias vejaciones y mensajes intimidatorios en redes sociales, y de la intervención de Artículo 19, una ONG en defensa del periodismo, el delegado se deslindó de estos hechos, pero la fama de porro es necia y aún lo persigue.

Goza de fuero en la Asamblea Legislativa de Ciudad de México y es el nuevo PRI de la chilanga banda tricolor.

LÍNEA 12 DEL METRO

El 12 de marzo de 2014 cierran 12 de 20 estaciones —¡¡¡solo un año y cuatro meses después de haber inaugurado la Línea 12!!!— por motivos de seguridad: los trenes presentaban deterioro en sus ruedas y había un desgaste prematuro en rieles y durmientes, especialmente en el tramo elevado.

Recorre
25.1
KILÓMETROS
Desde el suroriente, en Tláhuac, hasta el poniente, en Mixcoac.

Costo
24 500
MILLONES DE PESOS
Más dieciocho mil millones por concepto de diseño, elaboración, renta y mantenimiento de trenes.

Inauguración
2012
30 DE OCTUBRE
Por Marcelo Ebrard y Felipe Calderón.

Beneficio
430 000
USUARIOS

El fiasco

Por fallos en el diseño de la obra y en la compatibilidad de los trenes con las vías, y por errores de diseño y ejecución de la obra, el principal responsable, señalado por la Contraloría del Distrito Federal, fue Enrique Horcasitas Manjarrez, director del Órgano Desconcentrado Proyecto Metro del Distrito Federal, del 25 de abril de 2009 al 19 de marzo de 2014.

En 2015, la Contraloría del Distrito Federal integró carpetas de investigación penal y sancionó administrativamente a 162 servidores públicos por actos de corrupción, omisión o irregularidades en relación con las fallas que originaron la suspensión parcial de la Línea 12.

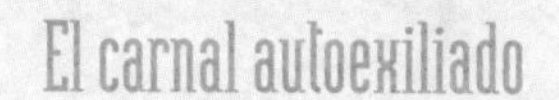

El carnal autoexiliado

Oh là là! El 3 de mayo de 2015, Ebrard voló a la France y se instaló en París. Hasta el momento no se ha hecho pública alguna acusación administrativa o penal en contra de él, pero obtuvo un amparo para conocer si existía algún proceso penal en su contra en el país.

«Más caro el caldo que . . . la línea»

Para rehabilitar la Línea 12, la Secretaría de Finanzas del D.F. asignó 61 millones de pesos; en 2015 fueron 875 millones y en 2016 se previeron 87 millones de pesos para terminar la reparación. Además, se calcula la erogación de 180 millones de pesos por concepto de mantenimiento anual (2016).

Reapertura

El 28 de noviembre de 2015, tras 20 meses de cierre parcial, el jefe de Gobierno, Miguel Ángel Mancera, anunció la reapertura de las 20 estaciones de la Línea 12 del metro.

ESTELA DE LUZ Y COLOSO

CELEBRACIÓN

• Inaugurada el 7 de enero de 2012, cuando estaba prevista para septiembre de 2010.

• Se creó un fideicomiso para su construcción. Después, usaron una empresa filial de la paraestatal Pemex: Instalaciones Inmobiliarias para Industrias, S.A. de C.V. Esta compañía adjudicó a su vez el contrato a Gutsa Infraestructura, S.A. de C.V., y a Proyectos y Desarrollos de Infraestructura, S.A.P.I. de C.V.

• La Auditoría Superior de la Federación determinó que la constructora duplicó el precio del acero utilizado para las columnas. En mayo de 2013, un juez federal resolvió dictar formal prisión a ocho de los doce ex funcionarios de la subsidiaria de Pemex implicados en inflar el costo de la obra. La compañía que recibió el contrato estaba en plena apelación de una inhabilitación anterior, por un trabajo de mala calidad en la autopista México-Acapulco. La auditoría determinó que el gobierno de Felipe Calderón presentaba una tendencia a beneficiar injustificadamente a la empresa Gutsa Infraestructura, S.A. de C.V.

• No, no es un monumento a una Suavicrema.

Por siglos, en México se repite la profecía de que, cada cien años, el país vive una gran transformación. En 1810, la guerra de Independencia; en 1910, la Revolución. ¿Qué traería 2010? El redoble de los tambores sonaba en las locas mentes de millones de personas. Mientras los días se acercaban, en el gobierno se lamían los bigotes pensando en organizar una gran conmemoración.

El gobierno de Felipe Calderón se lanzó con todo para hacer historia y dejar por siempre en la memoria patria que algún día festejamos el bicentenario del México independiente y el centenario del México revolucionario…, y que fue durante su gobierno. Pero de aquellas celebraciones apenas quedan el recuerdo popular de la llamada Suavicrema y un muñeco gigante, a quien las redes bautizaron como el Canaca (en honor a un personaje de YouTube). Vaya celebración bicentenaria, llena de polémica y corrupción.

El Coloso

• Se presentó el 15 de septiembre de 2010, el día del Grito de Independencia, mirando hacia el Palacio Nacional, en el Zócalo de Ciudad de México. De 20 metros de altura y con un peso de 7.5 toneladas, lo levantó una grúa.

• Es una obra del escultor mexicano Juan Carlos Canfield, junto con su equipo de quince diseñadores, escultores y constructores. Tenía la intención original de representar a un héroe anónimo insurgente durante la Independencia de México, entre 1810 y 1821.

• La escultura costó 3.8 millones de pesos y terminó arrumbada junto a coches viejos en los patios del arcaico Comité Administrador del Programa Federal de Construcción de Escuelas (CAPFCE), de la SEP.

• En 2013, el gobernador priista de Nayarit, Roberto Sandoval, solicitó a la SEP la donación del Coloso para convertirlo en un icono turístico. Para el 16 de septiembre de 2016, la escultura permanecía embodegada.

• No retrata a ningún personaje en particular y no tiene una identidad específica, aunque la raza dijo que era Vicente Fernández, José Stalin, Luis Donaldo Colosio e incluso el famoso señor en YouTube conocido como Canaca.

BIENVENIDOS
A
COAHUILA
YOU
La efectiva
Te apoya en GRANDE
ELECCIÓN 2017
JUSTICIA
PARA PASTA
DE CONCHOS

★ ★ ★ ★ ★

Se le llama «Serpiente que Vuela» en náhuatl, según versiones de historiadores interesados en los misterios de esta zona del noreste mexicano, rica en biodiversidad, ecosistemas y especies. Coahuila tiene frontera con Texas al norte, con Nuevo León y su empuje industrial al este, con Zacatecas y su agricultura al sur, y con Chihuahua y Durango, con sus tupidas serranías, al oeste. Es el tercer estado más grande de México. Entre su desierto y sus bosques se aloja la vasta reserva natural protegida de Cuatrociénegas; bajo tierra, la mayor producción nacional de gas y acero; en sus planicies, cabezas de ganado y el abastecimiento de 40 por ciento de la leche a escala nacional; en la frontera, una dinámica industria manufacturera. No por nada, el ingreso per cápita aquí es de alrededor de doce mil dólares al año, solo menor que el de Ciudad de México, Nuevo León y Campeche.

Sus tierras son origen de especies y especímenes únicos: el *Coahuilaceratops magnacuerna*, el *Velafrons coahuilensis* y el *Saltillomimus rapidus*, dinosaurios endémicos de hace más de 70 millones de años. Y, en el siglo XXI, la arqueología política ha encontrado en el *Morei raptor* otro dinosaurio endémico. Sí, de aquí es originario Humberto Moreira, ex gobernador de Coahuila, ex profesor de secundaria técnica, hijo de maestros rurales, ex alcalde de Saltillo, ex presidente nacional del PRI y hermano del también ex gobernador Rubén Moreira, a quien le heredó el cargo *democráticamente*.

Deuda y escándalos marcan el moreirato (2005-2017). Durante el gobierno de Humberto, aficionado al baile *chúntaro style*, se vivió una danza de documentos apócrifos, firmas falsificadas y elevación del techo de deuda en Coahuila. La Secretaría de Hacienda y Crédito Público de Felipe Calderón (presidente de México, 2006-2012) lo acusó sin mayor éxito de fraude. En cuanto llegó el presidente Peña, la PGR decidió coronar la impunidad al no ejercer acción penal por falta de pruebas. Por lo que toca a Rubén, la Auditoría Superior de la Federación halló irregularidades en las cuentas públicas de su gobierno de 2012, 2013 y 2014. Con un gobierno abollado por las críticas, Rubén se dio el lujo de exonerar a su hermano de cualquier delito.

Cosa curiosa, porque contra Humberto Moreira y varios de sus ex colaboradores —entre ellos quien fuera su sucesor y encargado de finanzas en el gobierno, Jorge Torres— cuelgan durísimas acusaciones en el extranjero. En Estados Unidos, a la suegra de Moreira le expropiaron una mansión; Javier Villarreal, ex tesorero en su gobierno, se declaró culpable y está preso, mientras que Torres es prófugo por los delitos de lavado de dinero y malversación de fondos.

Sin embargo los quebrantos no han sido especialidad única de la mancuerna Moreira.

Ya desde los noventa, el ex gobernador Rogelio Montemayor Seguy (1993-1999), cercano a Carlos Salinas de Gortari y ex coordinador en Coahuila de su programa de apoyo social y electoral Solidaridad, se hacía de mala fama. En medios locales se le acusó de hacer negocios al amparo del poder: financieras, agroquímicos, constructoras y hasta una naviera, de las que él argumentó que fueron empresas heredadas. Como director de Pemex, Montemayor Seguy fue acusado de desviar 1 100 millones de dólares a la campaña de Francisco Labastida, en el año 2000. El escándalo fue conocido como Pemexgate y se le castigó con el pétalo de una inhabilitación para ejercer cargos públicos por 20 años.

Las cosas que pasan en la tierra de don Venustiano Carranza lo deben tener girando sin parar dentro de su tumba. El PRI lleva más de 80 años de gobiernos sin interrupción en la entidad y las acusaciones de fraude e ilegalidades pesan sobre cada proceso electoral. Apenas en 2017, el financiamiento electoral volvió a la palestra. El INE confirmó el rebase en los gastos de campaña del candidato del PRI en Coahuila.

LA HERMANDAD MOREIRA

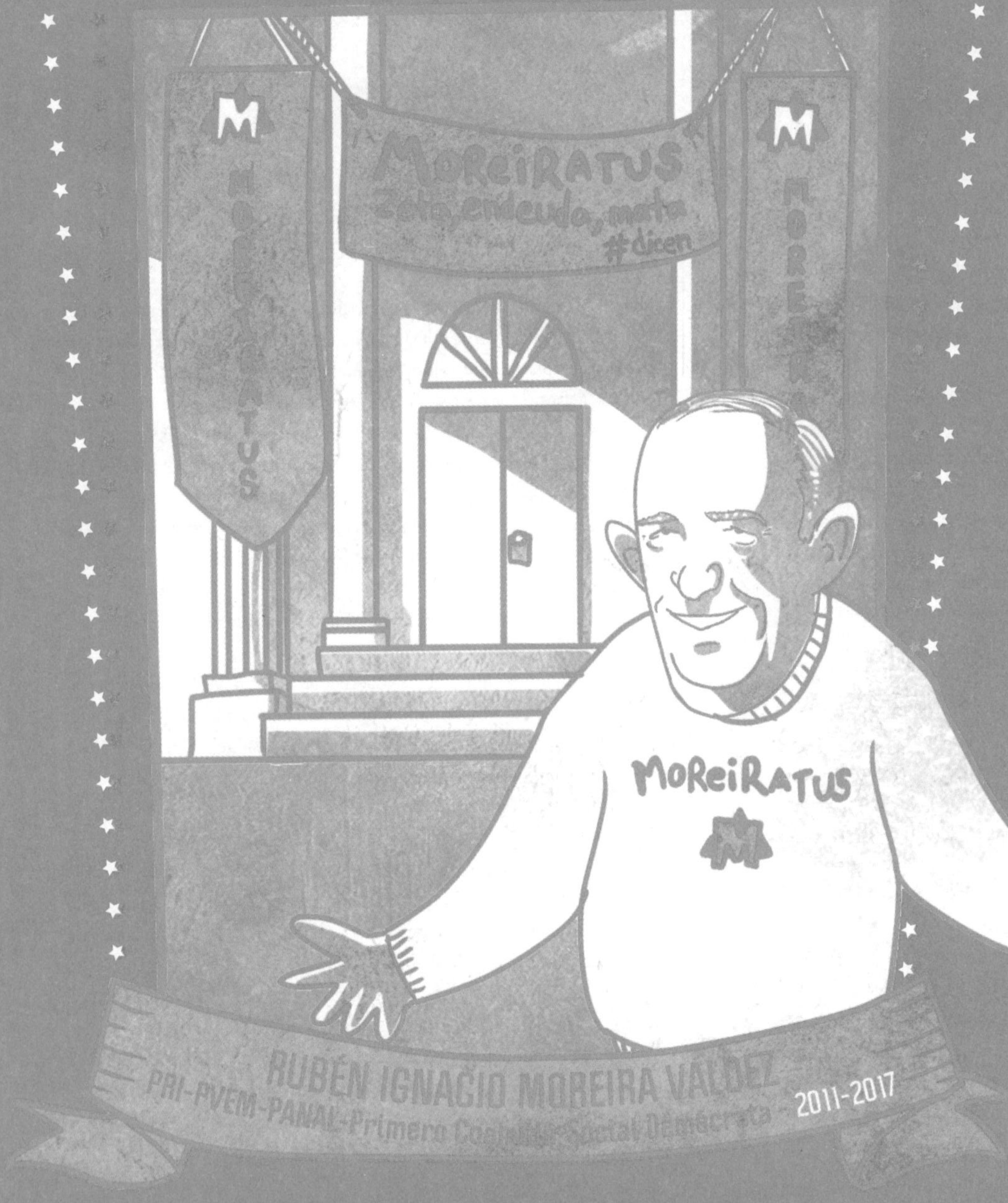

Moreiratus
Zeta,
endeuda,
mata.
Compra votos,
se clava
el presupuesto,
calla periodistas.

Moreiratus
Zeta, endeuda, mata
#dicen

Moreiratus

RUBÉN IGNACIO MOREIRA VALDEZ
PRI-PVEM-PANAL-Primero Coahuila-Social Demócrata
2011-2017

No olvidamos, Rubén, que tienes una denuncia por desvío de recursos ante la Fepade, por omisión al no supervisar la entrega de recursos del Fondo Nacional de Desastres. Tampoco que tu gobierno usó empresas fantasma, de acuerdo con una investigación periodística de 2016: nada más 195 millones de pesos por asesorías o productos consumibles de empresas sin portales de internet ni teléfonos, y con domicilios fiscales falsos en Monterrey, Saltillo y Ciudad de México.

Tampoco se nos pasan los saldos pendientes con la Auditoría Superior de la Federación, por irregularidades en las cuentas públicas de 2012 a 2015. El saldo asciende a 1 184 500 000 pesos.

Y aunque el PAN amenace y amenace con un juicio político por tu «evidente intervención» en las elecciones del 4 de junio pasado, parece que serás otro ícono de la impunidad.

MOREIRATUS

NEWS

Humberto, el mejor para los escándalos y casos de posible corrupción

HUMBERTO MOREIRA VALDEZ
PRI - 2005-2011

Fue secretario de Educación del estado (1999-2002), presidente municipal de Saltillo (2003-2005), gobernador de Coahuila (2005-2011) y presidente nacional del PRI (marzo-diciembre de 2011).

Nació el 28 de julio de 1966 en Saltillo, Coahuila. Profesor de educación primaria por la Benemérita Escuela Normal de Coahuila.

En 2013, la revista Forbes lo ubicó en la posición siete entre los diez políticos más corruptos de México.

En octubre de 2012, su hijo José Eduardo Moreira Rodríguez fue asesinado.

Al final de su sexenio, la deuda pública de Coahuila ascendía a más de 33 mil millones de pesos, utilizando documentación falsa para lograr la aprobación de estos montos. La PGR abrió una averiguación previa, pero, en noviembre de 2012, concluyó que no contaba con pruebas que lo relacionaran con la deuda contraída por su gobierno, por más de cinco mil millones de pesos, y decidió no ejercer acción penal contra él.

En enero de 2016, la fiscalía anticorrupción española ordenó la detención de Moreira, tras recibir una petición de Estados Unidos. La fiscalía lo acusó de blanqueo de activos, malversación de fondos, cohecho y organización criminal (con Los Zetas, brazo armado del cártel de Sinaloa). Al final, sus abogados documentaron los movimientos financieros, pero se supo que recibieron ayuda del gobierno de México y del cuerpo diplomático en España.

El 30 de junio de 2015, una corte federal de los distritos de Texas involucró a Moreira en operaciones de lavado de dinero por medio de un prestanombres, llamado Rolando González Treviño (empresario radiofónico), que se declaró culpable e implicó a Moreira y otros ex funcionarios estatales en desvío de recursos públicos.

En febrero de 2017, autoridades de Estados Unidos subastaron en más de diez millones de pesos una propiedad de Herminia Martínez de la Fuente, suegra de Humberto Moreira. Herminia acordó entregar al gobierno de Estados Unidos la propiedad comprada con recursos del erario de Coahuila, de acuerdo con documentos de la Corte de Distrito del Oeste de Texas, fechados el 13 de septiembre de 2016.

LA HISTORIA DE UNA DEUDA COMO NO HAY OTRA IGUAL

DESDE EL 29 DE JULIO DE 2011, el periódico *Reforma* publicó que Coahuila era el estado con la mayor deuda por habitante, con pasivos per cápita de 11 633 pesos. Y desde junio de 2011 —esto se supo hace unos pocos meses, en 2017— la Subprocuraduría Especializada en Investigaciones de Delitos Federales de la PGR comenzó la averiguación previa contra Humberto Moreira por los delitos de enriquecimiento ilícito.

EN AGOSTO DE 2011, Ernesto Cordero, secretario de Hacienda, interpuso una denuncia penal por la contratación irregular de la deuda por el gobierno de Coahuila, por más de 32 mil millones de pesos.

A FINALES DE 2011, la Auditoría Superior del estado evidenció que la deuda venía desde el año 2008 y en diciembre Humberto Moreira renunció al PRI nacional por el escándalo de la megadeuda.

EL 22 DE OCTUBRE DE 2012, la PGR decretó el no ejercicio de la acción penal contra Humberto Moreira, porque no se acreditó que el ex servidor público hubiese cometido alguna conducta contraria a la ley.

A PARTIR DE 2013, Humberto Moreira mantuvo una vida alejada de los reflectores mediáticos tras partir a España a estudiar un máster en la Universidad Autónoma de Barcelona (pero dejó circular una foto de su abdomen musculoso).

EN 2013, las autoridades de Estados Unidos acusaron a Jorge Juan Torres López —gobernador interino a la salida de Humberto Moreira— de los delitos de lavado de dinero y fraude, por abrir y utilizar cuentas bancarias en Texas para enviar fondos sustraídos de Coahuila a las Bermudas. Actualmente, Jorge Juan Torres López es prófugo de la justicia estadounidense.

EN 2014, después de varios meses fugitivo, Héctor Javier Villarreal Hernández, el ex tesorero de Moreira, se entregó voluntariamente a las autoridades estadounidenses. Las acusaciones argumentan que Villarreal Hernández invirtió los fondos robados de las arcas públicas de Coahuila en varias comunidades del sur de Texas.

A FINALES DE 2014, la Procuraduría de Coahuila comenzó una investigación contra Humberto Moreira por presunto desvío de recursos públicos de Coahuila para enviarlos a Estados Unidos.; en solo cinco meses la PGJE determinó que no existían elementos para iniciar un proceso contra Humberto Moreira.

EN JULIO DE 2015, una corte federal en Texas reveló un documento con el acuerdo de culpabilidad firmado por el empesario Rolando González Treviño. En él acepta ser culpable de una operación para defraudar a Coahuila. De acuerdo con la descripción de los hechos, desde enero o febrero de 2006, Humberto Moreira tomó dinero de Coahuila «para uso personal». Tras la publicación del documento, Moreira señaló que lo dicho por el «procesado declarado culpable» son «infundios» vertidos en su contra.

EN ENERO DE 2016, la fiscalía anticorrupción española ordenó la detención de Moreira, lo acusó de blanqueo de activos, malversación de fondos, cohecho y organización criminal (con Los Zetas). Sin embargo, la justicia española archivó el caso, ya que los magistrados de la Sala Penal de la Audiencia Nacional rechazaron que las conversaciones telefónicas intervenidas en 2013 a Moreira, en España, lo vinculen con Los Zetas, y aseguraron que los movimientos financieros fueron debidamente documentados y explicados.

EN ENERO DE 2017, Luis Carlos Castillo Cervantes —se declaró culpable de conspiración para lavar dinero en el sistema financiero estadounidense— detalló el mecanismo que utilizó con Jorge Juan Torres López, desde que Humberto Moreira era gobernador, y durante el interinato de Torres: otorgar a Castillo obras de pavimentación con un sobreprecio a cambio de sobornos depositados en cuentas en Estados Unidos (International Bank), sobornos entregados en efectivo en México (al menos 80 millones de pesos), falsificación de documentos para abrir más cuentas y constituir empresas fantasma, ayuda para transferencia de activos a cuentas *offshore* (una a nombre de Torres en las Bermudas tenía 2.7 millones de dólares; el dinero fue incautado por Estados Unidos), compraventa de bienes inmuebles.

BIENVENIDOS
A
COLIMA
PRECIADO
MOTEL
BAR
BOOM!
PAN
PRI

★ ★ ★ ★ ★

Callado, discreto, pequeño, dueño de prístinas playas, es el estado menos poblado de México, pero no por ello impoluto. Dos de sus últimas tres elecciones para gobernador han sido anuladas (2003 y 2015). Gobernadores muertos en pleno vuelo. Ex mandatarios asesinados a la luz del día y víctimas de atentados estilo gansteril. Eso también es Colima.

Este estado, en el que Juan Rulfo retrató a Comala —a solo unos kilómetros de su capital y donde Juan Preciado, protagonista de *Pedro Páramo*, buscaba a su padre—, se debate entre la fantasía del pueblo mágico y el realismo trágico de la violencia del crimen organizado.

Pareciera que, como metáfora de su volcán de fuego, los días calmos y apacibles se pueden convertir de súbito en furia caótica y explosiva. De acuerdo con el INEGI, Colima pasó de 31 homicidios por cada cien mil habitantes en 2015 a 82 en 2016. En un tris se convirtió en el estado más violento (per cápita) del país.

No solo en materia de violencia la realidad se mide en duelo con la ficción. En política también. José Ignacio Peralta, cercano al presidente Enrique Peña Nieto y ex subsecretario de Comunicaciones y Transportes, tuvo que competir dos veces por la gubernatura. En el primer intento, la elección que le daba el triunfo sobre el PAN por tan solo 503 votos fue invalidada por intromisión del ex gobernador Mario Anguiano Moreno (PRI). La reedición de los comicios lo llevó finalmente a la silla. Para 2022, los colimenses sabrán si valió la pena tanta vuelta, pero, sin duda, «Nacho» Peralta salió ganón: como candidato, apenas era dueño de una casa y un departamento (3 de 3, 2015). Ya como gobernador, le aumentaron las casas: siete predios más con un valor de seis millones de pesos —declaración patrimonial, 2016—. Quesque heredó, explicó entonces.

Al batidillo electoral siguió un verdadero rosario de acusaciones por parte del Órgano Superior de Auditoría y Fiscalización Gubernamental de Colima contra Mario Anguiano y sus colaboradores: desvíos de recursos públicos por más de dos mil millones de pesos, peculado, ejercicio indebido de funciones, coalición de servidores públicos, gastos en alcohol, viajes y comidas no autorizados, y simulación de reintegros a fondos federales. Suman cuatro las acusaciones penales contra el gobierno de Anguiano, tres en manos de la PGR.

Si los enredos electorales y de gasto público de los gobernadores colimenses son complicados, las historias de defunciones son más convulsas. Jesús Silverio Cavazos Ceballos (2005-2010) llegó al poder después de que el priista Gustavo Vázquez Montes muriera en un inesperado accidente aéreo a solo dos años de empezar su gobierno. Vázquez Montes, como Peralta, tuvo que contender en dos ocasiones, tras la anulación de los comicios por mano negra del entonces gobernador Fernando Moreno Peña.

Cavazos se impuso como candidato del PRI en 2005, pero en 2010 fue ejecutado a tiros en un fraccionamiento residencial de la ciudad de Colima, mientras paseaba a su perro. Se convirtió en el segundo gobernador consecutivo al que la muerte le impidió terminar su mandato. Las indagatorias apuntaron como responsable al cártel La Familia Michoacana y también se acusó como coautor intelectual a un sobrino del ex gobernador Moreno Peña: Samuel Rodríguez Moreno.

Cosas del calor infernal de Colima. En 2016, Rodríguez Moreno fue abatido a tiros. Ya en 2015, otro sobrino de Moreno Peña había muerto a balazos y el propio ex gobernador recibió tres impactos de bala en un restaurante a la hora del desayuno.

«—Hace calor aquí —se lamentaba Juan Preciado, hijo de Pedro Páramo.

»—Ya lo sentirá más fuerte cuando lleguemos a Comala.»

Continúa el relato.

«—Aquello está sobre las brasas de la tierra, en la mera boca del infierno. Con decirle que muchos de los que allí se mueren, al llegar al infierno regresan por su cobija.»

Así describió Juan Rulfo, como profeta de ese infierno de muertes, el encantador pueblo de Comala, en Colima. ¡Vaya ficción tan rebasada por la realidad!

FIESTEROS

Los corruptos nuestros de cada día son conocidos por su inclinación a pellizcar con gula el erario para saborear lujos, viajes y caprichitos exóticos. Se conocen por su pereza y lujuria. Son proclives a la fiesta y reacios al trabajo arduo.

Legisladores, presidentes municipales y funcionarios de medio o grueso pelo han sido objeto de penosos episodios entregados a la jarra, al alcoholímetro o encomendados al hijo de Zeus, Dionisio, Dios del vino. Este es nuestro *top* de los «Reyes de la pachanga».

Mariachi al Senado

Jorge Luis Preciado, colimense que migró de muchacho a Estados Unidos sin documentos y volvió a su pueblo natal como empresario de bares de moral relajada, convirtió las oficinas de la Junta de Coordinación Política del Senado de la República en salón de fiestas. El primer día de sesiones de 2014, el buen marido, según denunció el diario *Reforma*, organizó un convite de cumpleaños para su señora esposa, a la que le llevó mariachis. En una terraza del Senado y al ritmo de «el mariachi loco quiere bailar» se llenaron y se vaciaron los Buchanan's, se sorbieron los tequilas y se dedicaron brindis a la festejada: Yahumira Chaviano. Los niños corrieron por el recinto como en kermés y hasta un puro encendió el coordinador de los senadores blanquiazules en el espacio libre de humo, a decir de la crónica del diario nacional.

Al festejo le siguió una serie de comunicados negando la fiesta y borrando huellas de la tarde de copas. El colimense y panista indicó que el festejo fue por La Candelaria, aunque ni un tamalito se ofreció.

El episodio fue solo una raya más al tigre albiazul. Siempre controvertido, Jorge Luis Preciado, logró, por ejemplo, el respaldo de su bancada como coordinador parlamentario tras una larga confrontación con los cercanos al senador Ernesto Cordero. Tan pronto se asumió como líder de la bancada, les hizo llegar un enorme bono.

Después fue candidato a gobernador de Colima; entonces tuvo uno que otro dislate. Días después de perder en las urnas por una insignificante suma de votos, se presentó en un evento con militantes en Tecomán, en apariencia pasado de copas. «A mí, Jorge Luis, me gusta la gente cabrona», precisó en ese momento. ¡Ah, cabrón, pues eligió bien su carrera este muchacho que se rodeó de políticos!

¡Ánimo, Montana! La fiesta de los Diputables azules

Por las mañanas discutían la reforma energética y por las noches «derrochaban recursos y energía con bailarinas de un *table dance* en una lujosa mansión de Puerto Vallarta» publicó Reporte Índigo el 11 de agosto de 2014. El medio digital, liderado por Ramón Alberto Garza, difundió imágenes de una noche de fiesta y lujuria de diputados del PAN que asistieron a la reunión plenaria de su partido en enero de ese año, en Vallarta. Las imágenes encendieron a la opinión pública, que ya tenía bajo la mira al coordinador parlamentario Luis Alberto Villarreal, por un escándalo de moches. En ellas se observa a legisladores como el antes citado o al subcoordinador de la bancada del PAN, Iván Villalobos, bien acompañados y posando las manos alrededor de la cintura y los glúteos de las bailarinas. En el video se escucha cómo, en una suerte de ataque de euforia, el guanajuatense Luis Alberto Villareal grita «¡ánimo Montana!» (posiblemente el nombre de su acompañante) mientras la pegaba a su cuerpo y la apretujaba en un movimiento estilo «la quebradita». También en el video aparecieron los diputados Martín López, Máximo Othón Zayas y Alejandro Zapata Perogordo. La pachanga, a decir de la publicación, se realizó en Villa Balboa, una lujosa mansión de Playa Venados, con «siete dormitorios frente al océano» y un costo aproximado de tres mil dólares diarios.

El video es contundente. En el reventón no solo sobran mujeres y legisladores que van de una habitación a otra, sino comentarios soeces: «¡El viagra se va a acabar!», «¿Cuánto dura el amor?... lo que dura, dura».

Aquel amor efectivamente duró unos minutos, en cambio, el cargo de estos ni tan mochos panistas con costo a los mexicanos, años.

Aunque en un principio el líder del PAN, Gustavo Madero, rehusó castigar a Villarreal y Villalobos, pocos días después, con el escándalo en pleno apogeo, renunciaron a sus cargos en la coordinación parlamentaria de su partido.

Pancho Cachondo

Pocos lo conocen como Francisco Solís Peón, pero todos en la política escucharon del polémico Pancho Cachondo, del PAN. Provocador y reventado, cualidades poco apreciadas en el panismo conservador. Oriundo de Yucatán, era asiduo a los *table dance* y a mucha honra lo exhibía. En 2002, esta afición por las mujeres en paños menores le ganó sanciones de su partido y finalmente la expulsión. La gota que derramó a los azules fue la presencia del Cachondo, diputado local en la Asamblea del D.F., en bares de bailes exóticos mientras su correligionario, Miguel Toscano, promovía una nueva ley de establecimientos mercantiles.

Fiel a su estilo escandaloso e impúdico, tras ser suspendido en sus derechos para contender por un cargo bajo las siglas de Acción Nacional, apareció posando desnudo para la revista *Cambio*. Entre el cuerpo pasado de cheves del legislador y la pequeña banderita del PAN que sirvió de taparrabos se llevó la expulsión.

En 2009, mientras contendía por el PSD a la delegación Cuauhtémoc, siguió explotando su marca: recorridos de noche en bares *non sanctos*, defensa a grupos minoritarios, apoyo a grupos transexuales y sexoservidores. Bromeaba siempre: «Desde que dejé el PAN perdí 40 kilos». Con su expulsión, el PAN perdió sus 100 kilotes.

Dime por qué, diputado

Senador, presidente municipal, diputado en un par de ocasiones y aspirante a la gubernatura de Guerrero, Felix Salgado Macedonio visitó constantemente las planas de diarios nacionales y locales, por sus desmanes locuaces y no por sus iniciativas o políticas públicas. Afín a las Harley-Davidson, le gustaba recorrer a toda velocidad y ¡sin casco! la costera Miguel Alemán en su moto «armadillo». El perredista originario de Acapulco, cantante con disco de platino y protagonista de la película *Guerrero* junto con Lina Santos, tuvo su ebrio-escándalo pachanguero en el año 2000.

«Ya estuvo, güero» le suplicaban los polis de la Ciudad de México al legislador costeño, que simplemente no se dio por aludido. Con escaso equilibrio pero hombría tequilera, exigía repetitivamente y como disco rayado: «suuueltameee, shueltame, chueltame». Y como no lo soltaban, Felix Salgado Macedonio se dejó ir con los puños hasta dejar a un joven oficial sin gorra y terminó en el suelo luego de lanzar un golpe a la nada. Sometido, remitido al ministerio público y aún alcoholizado fue entrevistado para la televisión. En 20 ocasiones repitió: «¿Por qué? ¿por qué me golpearon?, ¿por qué me secuestraron?..., ¿por qué? ¿por qué? ¿por qué?».

No hubo respuesta. Pero sí un apretón de manos y disculpas públicas por parte de Salgado Macedonio, otrora fundador del PRD, y que en 2012 compusiera la cumbia de López Obrador.

El fiestón duranguense

Durante días, todo Durango solo tuvo un tema de conversación: la fiesta del «gobernador» en febrero de 2014. Muchos fueron los privilegiados asistentes, cerca de cuatro mil personas. Conocidos y desconocidos, la crema, la nata y la leche cortada de Durango y México asistió al ágape de Ismael Hernández Deras, senador de la República por el PRI en ese momento, pero ex gobernador de la entidad norteña de 2004 a 2010. La prensa local fue la que dio cuenta del banquete para festejar los 50 años del político priista. En la ex Hacienda de Dolores, en el Mezquital, no solo asistieron los mandamases del tricolor local, sino el titular de la PGR, Jesús Murillo Karam, el líder sindical Joel Ayala, Vicente Fox y Martha Sahagún, del PAN, así como el arzobispo de Durango, Héctor González Martínez, escucharon y bailaron con música de La Banda Estrellas de Sinaloa, de Germán Lizárraga, y Patrulla 81, y viajaron al pasado con el intérprete Diego Verdaguer y el compositor Martín Urieta.

A petición de un legislador del Partido Verde Ecologista, se abrió una investigación por enriquecimiento ilícito contra el ex gobernador. Los diarios hablaban de un festín con un costo mayor a los 10 millones de pesos. Pero en una hora, y sin explicaciones de por medio, se dio por cerrada la indagatoria por actos de corrupción contra Hernández Deras. Lo bailado y lo libre nadie se lo quita, diría el clásico.

La caída verde

Conocido como el Niño Verde y famoso por su «me chamaquearon», Jorge Emilio González no ha logrado meterse en la mente del mexicano por su trayectoria, pero sí por sus resbalones, algunos literales, en la política. Un video de 2004, difundido por Carmen Aristegui, en el que se le ve negociar un soborno de dos millones de dólares con empresarios de Quintana Roo es el que lo lanzó a la infamia. Desde aquel día, el actuar del joven heredero de un partido político —apéndice del PAN en el 2000 y luego del PRI— no ha hecho más que echarle más sal a esa herida.

Su ex compañero de partido, Santiago León, mostró estados de cuenta de hoteles, bares y restaurantes de Europa en los que el Niño Verde pasó días de parranda en los años 2002 y 2003. Algunas cuentas rebasaban los mil euros.

En 2013 se convirtió en un huésped más de El Torito por conducir bajo los influjos embriagantes del alcohol.

El episodio que lo trae a estas páginas fue el patinón desde un balcón en Cancún. Ocurrió en el año 2011, en la Torre Emerald, departamento 19B, a su nombre, se señaló en un principio. Ofrecía una fiesta cuando una mujer de origen búlgaro, Galina Chankova Chaneva, cayó en plena madrugada desde el balcón. Las autoridades determinaron que se trató de un suicidio. El Niño Verde ha negado en todo momento su presencia en dicha fiesta y la propiedad del departamento. Así la vida loca del más verde político de nuestra generación.

BIENVENIDOS
A
DURANGO
AMPARO

NARCO
HOTEL CEREZO

PRISIÓN

* * * * *

Conocida en los años cincuenta como la tierra del cine por sus paisajes agrestes, óptimos para el rodaje de películas wéstern, Durango, el estado que nos diera al primer presidente de la era republicana —Guadalupe Victoria—, pasó de la ficción de las balaceras a los verdaderos pistoleros del México del narcotráfico.

Tierra de hombres fieros, como el héroe y villano revolucionario Doroteo Arango, fue también refugio de «El Chapo» Guzmán, el narcotraficante más buscado del siglo XXI.

El Triángulo Dorado, donde confluyen los estados de Durango, Chihuahua y Sinaloa, en la Sierra Madre Occidental, es sinónimo de infierno en tierra mexicana: pobreza, delincuencia y un frío que alcanza los 20 grados bajo cero en La Rosilla, en el municipio de Guanaceví, durante el invierno.

Territorio de alacranes, es también terruño de personajes venenosos para el ejercicio honesto de la política. No acababa la entrega y recepción de gobierno en noviembre de 2016, que encabezó Jorge Herrera Caldera (de 2010 a 2016), y al menos 25 de sus más allegados se infectaron de una fiebre judicial: amparos para resguardarse de cualquier orden federal en su contra.[1]

Quizá fue el veneno de la alternancia. El panista José Rosas Aispuro, actual gobernador y añejo rival de Herrera Caldera, abrió una carpeta de investigación por malversación de fondos estatales durante las administraciones priistas. Se detectaron irregularidades por más de 4 500 millones de pesos y un endeudamiento récord de casi quince mil millones de pesos, cinco veces más que al comenzar el sexenio en 2010, según las autoridades locales.

La serranía duranguense es imponente, como lo atestigua el Espinazo del Diablo, un legendario tramo carretero lleno de curvas que pasa junto a profundas barrancas y rodeado de espectaculares paisajes. Una topografía tan complicada presenta la tentación de ser sometida a fuerza de obras faraónicas, como el puente Baluarte y la supercarretera Durango-Mazatlán. Presumida como la obra de ingeniería más importante de su sexenio, el presidente Felipe Calderón, acompañado de Herrera Caldera, aplaudió «haber construido el puente con tirantes de acero más alto de todo el orbe». La Auditoría Superior de la Federación luego aclararía que el logro para el estado más pobre del norte del país había sido a costa de triplicar el presupuesto original del proyecto. Peor, no fue sino hasta dos años después de la pomposa inauguración del puente Baluarte que Juan Pueblo pudo cruzarlo como obra terminada.

Pero no son esos los únicos puentes de Durango que escandalizan. Los que parecen conectar la Iglesia con el narcotráfico también. En 2009, el arzobispo de Durango, Héctor González Martínez, hizo implotar a la par medios locales y nacionales con esta declaración: «Más adelante de Guanaceví, por ahí vive El Chapo; todos lo sabemos, menos la autoridad». Testimonio creíble, si nos atenemos al decir de la oposición respecto del gobierno del priista Ismael Hernández Deras, cuando se descubrió el mayor número de fosas clandestinas durante un sexenio, se contabilizaron cerca de tres mil muertes violentas y se multiplicaron las sospechas de complicidad con el narcotráfico. Hernández Deras libró además acusaciones por enriquecimiento ilícito y desfalco.

La rica diversidad duranguense se expresa en todos los frentes y a las pruebas se remite. Por ejemplo, con sus hermosos paisajes, desde La Comarca Lagunera hasta la Zona del Silencio, pasando por la sierra. En las artes, con la legendaria, talentosa y prolífica familia Revueltas. O en la sabiduría popular de su gente, con su mezcal, sonido de banda y pasito duranguense (en realidad, nació en Chicago, por los inmigrantes de este estado), botas y cinturones piteados, y sombreros. Con todo, Durango lucha por hacerse de un poco de buena fama, porque, con tanto caco echando mano al presupuesto, mala es la que carga.

[1] El ex gobernador solicitó tres amparos desde noviembre de 2016. La lista de funcionarios pasó de la treintena a la cincuentena, abarcando ya no solo a aquellos de alto nivel, sino a directores y subdirectores de área. El récord de amparos requeridos ante algún juez se lo llevó la ex encargada de Finanzas y Administración de Herrera Caldera, María Cristina Díaz (de ocho a diez, según la prensa local).

EL SAQUEO LEGALIZADO DEL GASTO PÚBLICO

Sueldos de dos kilos para arriba[1]

$4 658 775
Ministro presidente de la SCJN

$3 200 971
Presidente de México

$2 994 563
Consejero presidente del INE

$2 957 059
Presidente de la ASF

$2 905 378
Presidente de la CNDH

$2 401 209
Titular del INAI

$2 362 106
Comisionada presidenta de la Cofese

$2 209 364
Comisionado presidente del IFT

$1 884 312
Cada uno de los 128 senadores de la República

$1 460 550
Cada uno de los quinientos diputados federales (más sus bonos secretos)

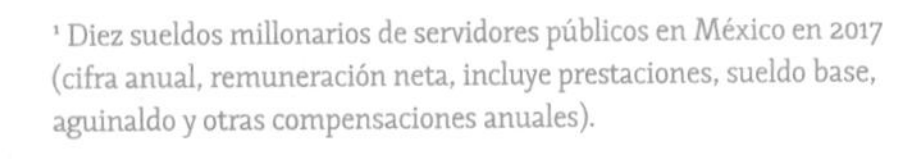

[1] Diez sueldos millonarios de servidores públicos en México en 2017 (cifra anual, remuneración neta, incluye prestaciones, sueldo base, aguinaldo y otras compensaciones anuales).

Alcaldes ganones

TLALNEPANTLA DE RÉCORD

- El alcalde de Tlalnepantla se convirtió en el jefe de un poder ejecutivo mejor pagado en el país en 2011.
- El priista Arturo Ugalde Meneses percibía, en 2011, un sueldo bruto mensual de 750 mil pesos.
- En diciembre de 2015, el priista Guillermo Alfredo Martínez recibió un sueldo mensual bruto de 746 575 pesos.

LA SUERTE DEL MUNICIPIO, EL GOBERNADOR LA QUISIERA...

- El alcalde de Agua Dulce, Veracruz, gana más que el gobernador Yunes Linares.
- Daniel Martínez González (PRI) gana al mes 104 366 pesos *vs.* Miguel Ángel Yunes Linares, 74 938 pesos.

OCHO ALCALDES DE MICHOACÁN POR ENCIMA DEL GOBERNADOR

- **Armando Carrillo (PRI)**
  124 318 pesos
  Lázaro Cárdenas
- **Salvador Ortega (PRD)**
  109 026 pesos
  Tiquicheo (uno de los municipios más pobres)
- **Víctor Manuel Manríquez (PRD)**
  Uruapan
  102 255 pesos
- **Baltazar Gaona Sánchez (PT)**
  96 066 pesos
  Tarímbaro
- **Alfonso Martínez Alcázar (independiente)**
  92 mil pesos
  Morelia

Mientras que el gobernador Silvano Aureoles (PRD) percibe un sueldo mensual neto de 88 823 pesos.

Pobre tú, que naciste encuerado

EL ALCALDE DE UN MUNICIPIO MUY POBRE QUE GANABA CASI COMO EL PRESIDENTE

En 2002, Javier Jerónimo Apolonio (PRI), alcalde de San Felipe del Progreso, Estado de México, uno de los municipios más pobres del país, tenía un sueldo mensual bruto de 180 mil pesos.

Dale, dale, dale . . . . , no pierdas el bono

PRESTACIONES, SEGUROS, BONOS

En 2017, los diputados federales aprobaron una percepción bruta anual de 1 942 911 pesos para cada uno, distribuidos así: 1 264 536 pesos corresponden a sueldos y salarios; 678 375 pesos, a prestaciones y seguros.

Del total de prestaciones, 302 882 pesos corresponden a seguros (de vida, de gastos médicos mayores y de separación); 140 504 pesos, a aguinaldo; 33 360 pesos, a despensa; 131 588 pesos, a otras prestaciones; 52 970 pesos, a aportaciones de seguridad social, y diecisiete mil pesos, a ahorro solidario (Afore).

EL «BONO SECRETO» DE 2016: en diciembre de dicho año, los diputados federales aprobaron un bono por 150 mil pesos a cada diputado y otros más, que en total sumaron alrededor de quinientos mil pesos.
Todo esto por trabajar 700 horas al año durante 195 días (jornada anual ordinaria).

LOS DIPUTADOS MEXICANOS SON LOS MÁS CAROS DE AMÉRICA LATINA

En México, un diputado gana casi dieciocho mil dólares *vs.* dieciséis mil dólares en Brasil.
Los congresos en América Latina sesionan en promedio 7.3 meses al año; en México, solo 6.5 meses.

MIENTRAS TANTO...

El resto de los mexicanos, trabajando. ¿Sabía que en promedio trabajamos al año 2 228 horas? Esto es más que cualquier otro trabajador de los países de la OCDE.

Ser presidente para vivir como rey

PENSIÓN VITALICIA MILLONARIA Y OTROS LUJOS

- Los ex presidentes de México gozan de una pensión vitalicia de 205 122 pesos mensuales, más seguridad social, seguro de vida y seguro de gastos médicos mayores. Derecho que es transferible a sus viudas, como en los casos de José López Portillo y Miguel de la Madrid.
- Les pagamos un séquito de cortesanos… o, como les dicen ellos, elementos de seguridad y personal administrativo.
- Los ex presidentes tienen derecho a 25 empleados administrativos y a 78 elementos de seguridad, cuyos sueldos, obviamente, salen de nuestros impuestos. También tienen a su disposición tremendas camionetas, cuyos modelos no bajan de los 750 mil pesos.

BIENVENIDOS
A
ESTADO DE MÉXICO
ATRACOMUCHO
TIERRA DE ENRIQUECIMIENTO
INEXPLICABLE
ATRACOMUCHO
PRI
666

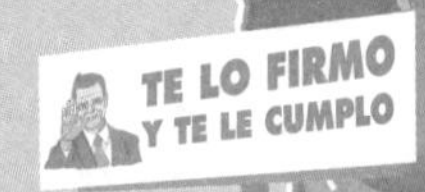
TE LO FIRMO
Y TE LE CUMPLO
OHL

CLUB DE GOLF
MALINALCO
VIP MEMBERS ONLY

* * * * *

Es el estado más poblado del país y el segundo con mayor densidad poblacional. En lo electoral, es el bastión del PRI. En lo político, el semillero del tricolor. El último resquicio de la hegemonía priista, también es la cantera en la que se forma una casta que merodea o controla el poder, al menos desde la Segunda Guerra Mundial.

Aquí tiene sus orígenes el poderoso (y, a pesar de ello, no reconocido oficialmente) Grupo Atlacomulco. Bajo el mando de Isidro Fabela, gobernador del Estado de México (1942-1945), nace esta cofradía mexiquense adicta también al poder económico. Uno de sus más relevantes representantes, el profesor Carlos Hank González, lo resumió a la perfección con su frase, que es verbo, «Un político pobre es un pobre político».

Aquí se vive la política ya no como trampolín de movilidad social, sino como catapulta de la acumulación. Y, para demostrarlo, están sus mandatarios de ascendencia directa en Atlacomulco: Fabela Alfaro, padre y fundador del músculo mexiquense; Alfredo del Mazo Vélez, socio de don Isidro en empresas encargadas de la construcción de obra estatal, desde carreteras, caminos y drenajes hasta escuelas; Alfredo del Mazo González, suspirante fallido a la presidencia y heredero de la gubernatura por línea consanguínea; Hank González —propiamente, adoptado por el municipio— montó un emporio del transporte gracias a una pipa donada por Pemex, según relata en sus páginas el diario *The Wall Street Journal*; Arturo Montiel, propietario de bienes raíces más allá de las fronteras y creador de un nuevo exhibicionismo del éxito político-empresarial; Enrique Peña Nieto, que, entre mansiones y clubes de golf, prometió, cumplió y a la presidencia llegó, y «Alfredito» del Mazo, quien, además de bienes al por mayor, es el segundo de la familia en heredar la gubernatura.

El Estado de México tiene una relación especial con las tradiciones, la magia y el misticismo. Está plagado de atractivos de reconocimiento internacional, como Teotihuacán, uno de los centros ceremoniales prehispánicos más famosos por su trazo urbano. También sus pueblos mágicos, llenos de historia y tradición, como Valle de Bravo o Metepec. El imponente Centro Ceremonial Otomí, construido en 1980 a una altitud de 3 200 metros para celebrar —entre otras cosas— la ceremonia del Quinto Sol. O los pequeños empresarios que ofrendan casas y que, de forma mágica, escalan a magnates globales, como Juan Armando Hinojosa (Grupo Higa) y Roberto San Román. Bueno, hasta empresas españolas como OHL se han anotado a las ceremonias del enriquecimiento, con la construcción de las carreteras más caras del país.

En Chapa de Mota, el Estado de México es testigo de cómo la naturaleza coquetea con el surrealismo. Ahí se puede apreciar un bizarro paisaje resultado de la mezcla de suelos y rocas de tonos rojos, anaranjados y marrones, espejos de agua y vigorosos pinos. Mientras que, en el campo político, las mezclas mexiquenses de política, poder e imagen han dado al país dos presidentes de la República. Ambos excepcionalmente guapos, jóvenes, con aires de modernistas, pero criados a la más antigua usanza priista: Adolfo López Mateos y Enrique Peña Nieto. Ambos, expositores de un modelo que institucionalizó el clientelismo electoral, despensas por un voto, apoyos por lealtades, credenciales por asistencias y el mercado más corrosivo para la democracia: la compra del voto.

Esta entidad, de más de dieciséis millones de habitantes, aglutina a escala micro los grandes problemas nacionales: delincuencia común, delincuencia organizada, desigualdad, marginación, violencia, el fenómeno de los femenicidios, mediciones truqueadas. Es símbolo, si recordamos el cuento de Augusto Monterroso, de que el dinosaurio no solo sigue vivo, sino que nació ahí.

LA CASTA DORADA

Aunque no conste en papel, no cuente con membresía o socios fundadores, no tenga monumentos ni edificios en los que se congregue su grey, no posea un reglamento o carta fundacional, y tampoco cuente con un código de ética o comportamiento, el Grupo Atlacomulco existe. Existe como cofradía de poder político y económico transexenal; como una influyente casta, con raíces en la comunidad de Atlacomulco y vínculos familiares entre sus miembros, o, en su defecto, padrinazgos y compadrazgos. Es la llamada casta dorada que hoy gobierna a México: de estirpe priista, poderosa, acaudalada, influyente y arraigada en el país.

Es una enredadera del sistema político nacional. Y aquí se la presentamos.

ENREDADERA:
DICHO DE UNA PLANTA DE TALLO VOLUBLE O TREPADOR, QUE SE ENREDA EN LAS VARAS U OTROS OBJETOS SALIENTES. PLANTA RASTRERA. PLANTA PARASITARIA

Isidro Fabela

PADRE FUNDADOR DEL GRUPO ATLACOMULCO

Primer gobernador mexiquense nacido en ese municipio (1942-1945).

Impulsó a **Adolfo López Mateos**, nacido en Atizapán de Zaragoza. Lo llevó al gobierno del Edomex, al Senado de la República y luego a la presidencia (1958-1964).

Alfredo del Mazo Vélez

SEGUNDO GOBERNADOR ORIUNDO DE ATLACOMULCO (1945-1951)

Quiso ser candidato a la presidencia, por su cercanía y compadrazgo con el presidente **Miguel Alemán Valdés.**

Salvador Sánchez Colín

SENADOR SUPLENTE DE ADOLFO LÓPEZ MATEOS (1946-1951)

Tercer gobernador nacido en Atlacomulco (1951-1957).

Carlos Hank González

CUARTO GOBERNADOR NACIDO EN ATLACOMULCO (1969-1975)

Sirvió y se sirvió de los presidentes **Gustavo Díaz Ordaz, José López Portillo y Carlos Salinas de Gortari.** Fue compañero de gabinete de **Raúl Salinas Lozano,** padre de Carlos y Raúl Salinas de Gortari. Cercano a **Roberto González Barrera «El Maseco».**

Alfredo del Mazo González

QUINTO GOBERNADOR DE ATLACOMULCO Y SEGUNDO DEL MAZO EN EL PUESTO (1981-1986)

Precandidato de **Miguel de la Madrid** a la presidencia y miembro del gabinete (Sener). «El hermano que nunca tuve», decía de él Miguel de la Madrid. Eligió por dedazo a su sucesor en el Edomex: **Alfredo Baranda García** (1986-1987).

Mario Ramón Beteta

(1987-1989)

Sin arraigo en el Estado de México, cercano a **José López Portillo.** Su falta de lazos políticos provoca su renuncia en 1989, luego de que el priismo mexiquense es derrotado por Cárdenas en las presidenciales. Lo corre Salinas.

Ignacio Pichardo

(1989-1993)

Secretario general de Gobierno con **Carlos Hank González.** Es nombrado gobernador por **Carlos Salinas de Gortari,** en sustitución de **Mario Ramón Beteta.**

Emilio Chuayffet

(1993-1995)

Se forma con **Alfredo del Mazo González.** Era secretario de Educación, Cultura y Bienestar Social del gobierno del Estado de México hasta 1987, cuando fue nombrado titular de la Secretaría de Gobierno de ese estado. Fue secretario de Gobernación con **Ernesto Zedillo** (1995-1997). Regresa con fuerza al gobierno como titular de la SEP, de la mano de otro mexiquense, **Enrique Peña Nieto.**

César Camacho Quiroz

(1995-1999)

Entra al gobierno mexiquense en 1984 con **Alfredo del Mazo.** Fue presidente municipal de Metepec. Sustituye a **Chuayffet** (por dedazo). Dirige el PRI gracias al nombramiento-dedazo de **Enrique Peña Nieto.**

Arturo Montiel Rojas
(1999-2005)
Es tío de **Enrique Peña Nieto.** Fue secretario particular de **Juan Monroy,** presidente municipal de Atlacomulco, hijo del presidente municipal y empresario **Gregorio Monroy** (don Goyo acompañó a Enrique Peña Nieto cuando se registró como precandidato a la gubernatura y dijo: «La familia Montiel lo apoya»). De su gobierno surgen los conocidos *golden boys,* **Luis Enrique Miranda Nava, Ernesto Nemer, Carlos Iriarte Mercado, Miguel Sámano** y **Ricardo Aguilar Castillo.**

Enrique Peña Nieto
(2005-2011)
Sexto gobernador nacido en Atlacomulco. Sobrino de **Arturo Montiel** y de **Alfredo del Mazo González.** Comienza su carrera al abrigo siempre de Montiel, pero en el gobierno y durante la campaña de **Emilio Chuayfett.** Lleva al gobierno a: **Luis Videgaray, Gerardo Ruiz Esparza, Aurelio Nuño, David Korenfeld, Alfredo Castillo y Alfredo del Mazo Masa.**

Alfredo del Mazo Maza
(2017-)
Nacido en Toluca. Tercer Alfredo del Mazo gobernador.

ATLACOMULCO ES UNA COFRADÍA DE HOMBRES (TIENEN ESPOSAS, COMPAÑERAS, PERO NO OCUPAN CARGOS).

ATLACOMULCO ES LLAMADO POR SUS HABITANTES «TIERRA DE GOBERNADORES».

TRECE ALCALDES DE ATLACOMULCO HAN LLEVADO EL APELLIDO MONROY.

GREGORIO MONTIEL MONROY FUE PRESIDENTE MUNICIPAL DE ATLACOMULCO; ES PADRE DE ARTURO MONTIEL.

ENRIQUE NIETO MONTIEL (ALCALDE DE 1953 A 1954) ES ABUELO MATERNO DE ENRIQUE PEÑA NIETO.

CAROLINA MONROY, ASPIRANTE A GOBERNAR EL EDOMEX Y EX SECRETARIA DEL PRI, ES PRIMA DE ENRIQUE PEÑA NIETO Y DE ALFREDO DEL MAZO MAZA.

ENRIQUE PEÑA NIETO ES PRIMO SEGUNDO DE ALFREDO DEL MAZO MAZA.

EL INFAMEVIT

Las casotas de los chorizo boys

Que no se diga que el gobierno de Peña Nieto no trabajó fuerte para dar vivienda. Claro, es obvio que no siempre se puede llegar a todos los rincones del país, así que había que empezar por algún lado y qué mejor opción que con los compadres y la familia. Así funciona el Infamevit, el único fondo que da viviendas millonarias a funcionarios públicos gracias a relaciones con los contratistas del gobierno.

N.1

Alfredo del Mazo

- SEGÚN DATOS DE BUZZFEED NEWS MÉXICO Y DEL REGISTRO PÚBLICO DE LA PROPIEDAD, EL COSTO REAL DE LA CASA ES DE 31.5 MILLONES DE PESOS.
- DEL MAZO ADQUIRIÓ LA CASA JUNTO CON CARLOS ENRIQUE MAZA URUETA, EN UN RÉGIMEN DE COPROPIEDAD EN EL QUE CADA UNO ES DUEÑO DE 50 POR CIENTO DEL INMUEBLE.
- TIENE ALREDEDOR DE 700 METROS CUADRADOS.

¿Se equivocó de precio? El día que arrancó la campaña electoral por el gobierno del Estado de México, Alfredo del Mazo presentó su declaración de la Ley 3 de 3, con una casita de 5.3 millones de pesos ubicada en Monte Cáucaso 1435, Lomas de Chapultepec, muy cerca del Paseo de la Reforma y de la tercera sección del Bosque de Chapultepec.

N.2

Peña Nieto

- LA CASITA TIENE 2 038 METROS CUADRADOS (LA PROPIEDAD MÁS BARATA EN ESE CLUB ES DE 210 METROS CUADRADOS Y TIENE UN PRECIO DE 3.5 MILLONES DE PESOS).
- LA CONSTRUCTORA RECIBIÓ CONTRATOS DEL GOBIERNO DEL ESTADO DE MÉXICO POR MÁS DE 107 MILLONES DE DÓLARES DURANTE EL SEXENIO DE PEÑA NIETO. ANTES SOLO HABÍA GANADO CONTRATOS MENORES.

Propiedad exclusiva en Ixtapan de la Sal. En enero de 2015, *The Wall Street Journal* reveló que, en los primeros meses como gobernador del Estado de México, Enrique Peña Nieto compró una propiedad en un exclusivo club de golf. El desarrollador del club es el empresario Roberto San Román Widerkehr, también dueño de Constructora Urbanizadora Ixtapan. Ojo, ¡esta no es la Casa Blanca! ¡Es otra!

Luis Videgaray

★ LA CASA EN MALINALCO TIENE 850 METROS CUADRADOS Y UN PRECIO DE 7.5 MILLONES DE PESOS.

★ LA COMPRAVENTA OCURRIÓ EN OCTUBRE DE 2012. VIDEGARAY DIO UN PAGO INICIAL Y BIENES RAÍCES H&G —LA EMPRESA DE HINOJOSA CANTÚ— LE CONCEDIÓ UNA HIPOTECA A 18 AÑOS.

★ OTRA INVESTIGACIÓN PERIODÍSTICA ENCONTRÓ QUE LUIS VIDEGARAY PAGÓ LA CASA CON TRES OBRAS DE ARTE Y UN CHEQUE DE QUINIENTOS MIL DÓLARES.

★ EL CHEQUE TIENE FECHA DEL 31 DE ENERO DE 2014 Y FUE COBRADO HASTA DICIEMBRE DE ESE MISMO AÑO, JUSTO UNOS DÍAS ANTES DE QUE *THE WALL STREET JOURNAL* REVELARA LA COMPRA MILLONARIA DE LA CASA.

★ LA CASA SE PAGÓ CUANDO VIDEGARAY YA ERA SECRETARIO DE HACIENDA FEDERAL.

★ VIRGILIO ANDRADE, COMPAÑERO DE UNIVERSIDAD Y COLEGA DE GABINETE, INVESTIGÓ LA TRANSACCIÓN Y NO HALLÓ CONFLICTO DE INTERÉS EN LA COMPRA DE ESTA CASA.

Casa Blanca de Malinalco. El 11 de diciembre de 2011, *The Wall Street Journal* reveló que Luis Videgaray compró un inmueble a una empresa de Luis Armando Hinojosa Cantú, dueño de Grupo Higa, gran beneficiario de obras públicas del gobierno del Estado de México y del gobierno mexicano, a cargo de Enrique Peña Nieto.

Otro vecino/funcionario/carnal en Lomas de Chapultepec. En abril de 2015, una investigación periodística de *Proceso* desveló que el funcionario —entonces subsecretario de Gobernación y ahora secretario de Desarrollo Social— estaba por construir una casa en Lomas de Chapultepec.

OHL

México re-conocido

BIENVENIDOS AL TRAMO CARRETERO MÁS CARO DE LA HISTORIA. PREPAREN SUS CUOTAS... DE BILIS Y FRUSTRACIÓN.

¿Qué es OHL?

Obrascón Huarte Lain (OHL) es una empresa española con más de cien años de existencia. Se le considera uno de los contratistas favoritos del gobierno del Estado de México desde los tiempos de Enrique Peña Nieto y, recientemente, del gobierno federal. OHL insiste en que gana de manera limpia los concursos de obra y que trabaja con gobiernos de todos los colores y signos.

En 2015 se filtraron a YouTube llamadas de José Andrés de Oteyza, entonces CEO de la empresa en México y ex secretario de Patrimonio y Fomento Industrial durante el sexenio de López Portillo, y de Sergio Hidalgo, ex director del SAE y del ISSSTE. En los audios —que los involucrados afirman que están manipulados— hablan de puras transas.

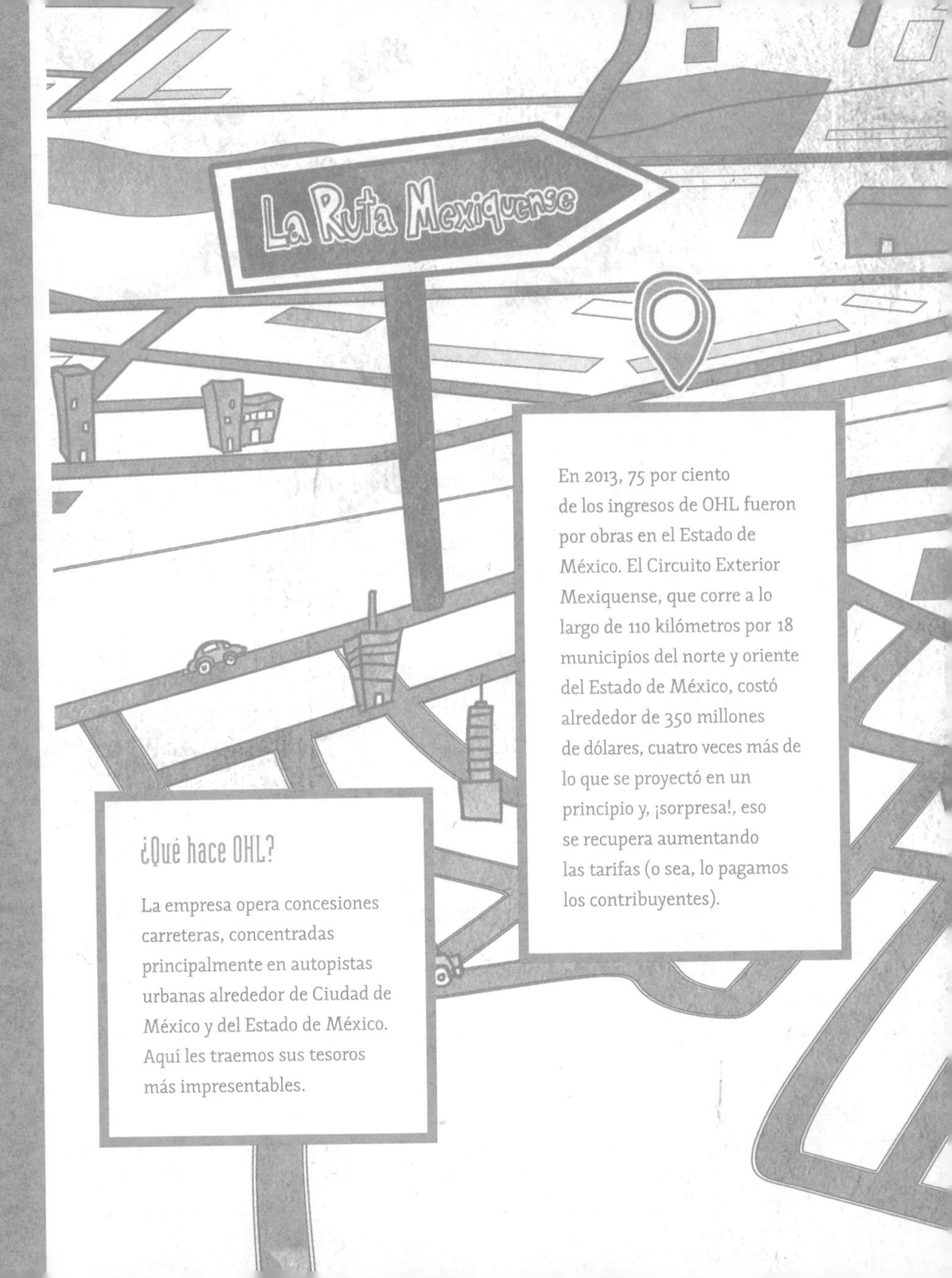

¿Qué hace OHL?

La empresa opera concesiones carreteras, concentradas principalmente en autopistas urbanas alrededor de Ciudad de México y del Estado de México. Aquí les traemos sus tesoros más impresentables.

En 2013, 75 por ciento de los ingresos de OHL fueron por obras en el Estado de México. El Circuito Exterior Mexiquense, que corre a lo largo de 110 kilómetros por 18 municipios del norte y oriente del Estado de México, costó alrededor de 350 millones de dólares, cuatro veces más de lo que se proyectó en un principio y, ¡sorpresa!, eso se recupera aumentando las tarifas (o sea, lo pagamos los contribuyentes).

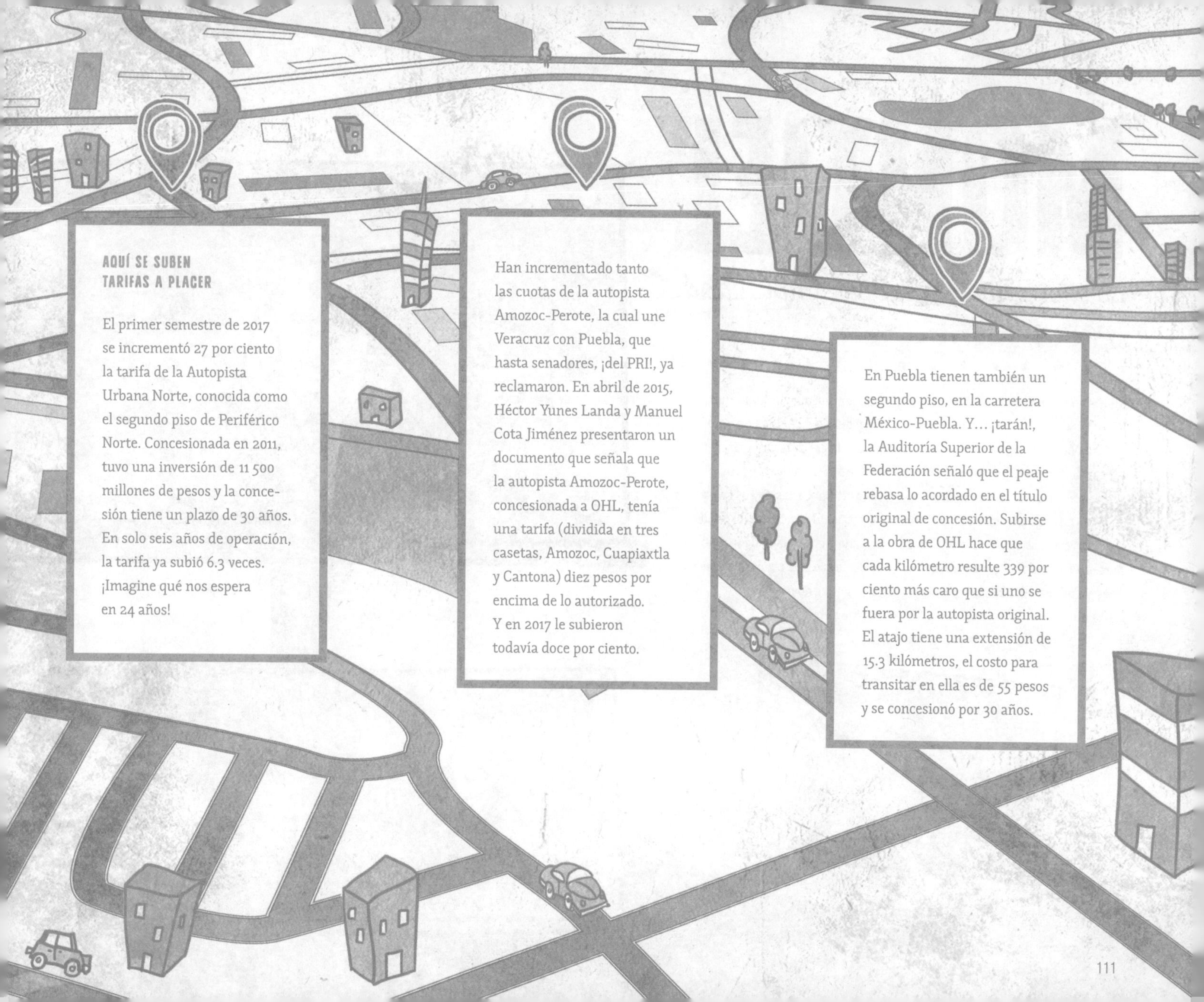

AQUÍ SE SUBEN TARIFAS A PLACER

El primer semestre de 2017 se incrementó 27 por ciento la tarifa de la Autopista Urbana Norte, conocida como el segundo piso de Periférico Norte. Concesionada en 2011, tuvo una inversión de 11 500 millones de pesos y la concesión tiene un plazo de 30 años. En solo seis años de operación, la tarifa ya subió 6.3 veces. ¡Imagine qué nos espera en 24 años!

Han incrementado tanto las cuotas de la autopista Amozoc-Perote, la cual une Veracruz con Puebla, que hasta senadores, ¡del PRI!, ya reclamaron. En abril de 2015, Héctor Yunes Landa y Manuel Cota Jiménez presentaron un documento que señala que la autopista Amozoc-Perote, concesionada a OHL, tenía una tarifa (dividida en tres casetas, Amozoc, Cuapiaxtla y Cantona) diez pesos por encima de lo autorizado. Y en 2017 le subieron todavía doce por ciento.

En Puebla tienen también un segundo piso, en la carretera México-Puebla. Y… ¡tarán!, la Auditoría Superior de la Federación señaló que el peaje rebasa lo acordado en el título original de concesión. Subirse a la obra de OHL hace que cada kilómetro resulte 339 por ciento más caro que si uno se fuera por la autopista original. El atajo tiene una extensión de 15.3 kilómetros, el costo para transitar en ella es de 55 pesos y se concesionó por 30 años.

MONTIEL

Los derechos humanos e impunidad, ¿para quién?

Su rostro tomó por asalto carreteras, avenidas e incluso caminos rurales. Arturo Montiel Rojas fue el primer precandidato presidencial de la historia moderna del país en restregar su foto en megaestructuras (pagadas con recursos públicos) por todas partes y sin pudor alguno. Corría 2005 y andaba feliz de precandidato, hasta que le estallaron las acusaciones por enriquecimiento inexplicable y desvío de fondos públicos. Se le cayó la candidatura presidencial, pero no se le cayó ni la cara, ni las cuentas bancarias de sus hijos, ni las casas. El caso Montiel quedó cerrado y el candado de impunidad colocó a su delfín, sobrino y sucesor en el gobierno mexiquense, Enrique Peña Nieto.

Cronología

1999: hijo pródigo de Atlacomulco e impulsado por el PRI, Arturo Montiel es elegido gobernador del Estado de México. Su triunfo en las urnas fue avivado por una campaña controvertida (e irónica a la distancia): «Los derechos humanos son para los humanos, no para las ratas».

JUNIO DE 2005: previo al arranque de su campaña para ser candidato del grupo de priistas que buscaba detener a Roberto Madrazo, el Tucom (Todos Unidos contra Madrazo),el gasto en difusión y comunicación institucional del Estado de México se dispara en más de 70 por ciento. El entonces vocero del PRD, Gerardo Fernández Noroña, presentó una denuncia por peculado, acusando al gobernador de desviar 8 050 000 pesos del erario para su promoción personal.

9 DE OCTUBRE DE 2005: Noticieros Televisa destapa la cloaca. En su programa matutino, Víctor Trujillo da a conocer que las autoridades investigan depósitos en efectivo por 35 millones de pesos, realizados en 2000 y 2001 por Juan Pablo y Arturo Montiel Yáñez, hijos de Arturo Montiel, que no reportaron al SAT.

También se denuncia la adquisición de diversas propiedades y terrenos por un valor de más de 110 millones de pesos en el Estado de México, Guerrero y Jalisco, así como condominios en el extranjero. Aquí, el valor de algunos de los bienes inmuebles:

- ATLACOMULCO
72.5 millones de pesos
- VALLE DE BRAVO, EL SANTUARIO
6 millones de pesos
- METEPEC
21 millones de pesos
- TONATICO
3.8 millones de pesos
- CAREYES
60 millones de pesos
- ACAPULCO
25 millones de pesos
- FRANCIA
1.8 millones de euros

19 DE OCTUBRE DE 2005: a solo 10 días de iniciada su precampaña por la presidencia de México, Arturo Montiel declina: «Es la decisión más difícil de mi vida, pero la más honorable para mí», sentenció. Lo de honorable resultó humor involuntario.

OCTUBRE DE 2005: investigaciones periodísticas revelan la actividad empresarial próspera de sus hijos Arturo y Juan Pablo. Se documenta que crearon cuatro empresas durante el sexenio de su padre.

- SERVICIO MEITRO, S.A DE C.V.
- TOLUCA AM TRACKING TECHNOLOGIES, S.A. DE C.V.
- SURTIDOS DE KARNE
- ARRENDADORA Y MAQUILADORA DE LA INDUSTRIA TEXTIL

DICIEMBRE DE 2005: la contraloría mexiquense absuelve al ex gobernador Montiel y a su esposa Maude Versini del delito de enriquecimiento ilícito y no hacen público el patrimonio de la pareja.

DICIEMBRE DE 2005: el diario *Reforma* muestra la propiedad de Juan Pablo Montiel, un condominio de lujo en el complejo Four Leaf Towers, en Houston. Valor de compra: 343 mil dólares

FEBRERO DE 2005: el gobernador Enrique Peña Nieto crea una comisión especial para investigar el enriquecimiento inexplicable de Arturo Montiel. En diciembre, la fiscalía reportó que no había elementos para acusar a Montiel. Se confirmó la máxima: «Si quieres un proceso inútil, crea una comisión».

2011 Y 2017: aunque se retiró de la vida pública, Arturo Montiel reapareció para apoyar a los candidatos del PRI a la gubernatura: Eruviel Ávila (2011) y Alfredo del Mazo Maza (2017).

BIENVENIDOS
A
GUANAJUATO
PAN
MEXICO WILL NO PAY

* * * * *

El más representativo de los estados que conforman el Bajío, tierra fértil y campeona inalcanzable en la exportación de hortalizas; poseedor de inconfundibles paisajes, como Vergel de Bernalejo o su cerro del Cubilete; festivo y tradicional, lo mismo da personajes folclóricos que alberga imponentes fiestas de fama mundial.

Tan internacional y aclamado como su Festival Internacional Cervantino fue Vicente Fox en el año 2000. Guanajuato nos dio el primer presidente de la alternancia para entrar al siglo XXI y las esperanzas de un México democrático, libre de corrupción. Después de 71 años en el poder, el PRI amenazaba con ser eterno, pero, a botazos y sombrerazos, este empresario convertido en político sacó a las tepocatas, alimañas y víboras prietas de Los Pinos.

Lenguaraz, ocurrente, echado pa'lante, el Presichente (como se le decía) no llenó las botas del Vicente Candidato. Sus promesas se desfondaron una por una. Ni peces gordos, ni quince minutos para resolver Chiapas ni tasas de crecimiento de siete por ciento. Entre tanta promesa incumplida, su lengua se enredó con la de la austeridad personal. En 2006, al terminar su periodo, no regresó a su humilde casa de clasemediero como prometió, sino a disfrutar un futuro garantizado para la pareja presidencial en su rancho San Cristóbal, municipio de San Francisco del Rincón, y bajo el auspicio del lujoso Centro Fox. Y ahora, además de la Feria de León —con su jugada, diría José Alfredo Jiménez—, en Guanajuato hay otras variedades que visitar, aunque mucho más costosas y solo para bolsillos privilegiados. El ex gobernador-ex presidente-panista-peñista-anticalderonista-antitrumpista-y-pro Marthita es el centro de atracción en el Bajío para quienes buscan cursos de imagen o pagan una conferencia magisterial. El rancho San Cristóbal consta de 300 hectáreas tapizadas de agaves, con riego, edificios nuevos, lago artificial y hasta una carretera construida con costo al erario. El gobierno de Guanajuato gastó diez millones de pesos para rehabilitar un tramo de tan solo un kilómetro que comunica la carretera León-Cuerámaro con la propiedad de los Fox-Sahagún.

Pero Fox no es la única variedad regional del (mal)ejercicio del poder. El actual gobernador, Miguel Márquez (2012-2018), se apunta también con sus propios escándalos. Abogado y hombre de fe, enlaza religión y política. En mayo de 2017, durante la celebración de los cien años de la aparición de la virgen de Fátima, Márquez encomendó Guanajuato al Sagrado Corazón. Aunque tiene menos tino para vincular ética y gobierno, como lo muestra su *Toyotagate*: a ocho columnas, el periódico *Reforma* (9 de junio de 2016) denunció que su gobierno había pagado 318 millones de pesos de sobreprecio por 294 hectáreas, que después fueron regaladas a la empresa automotriz Toyota para que se instalara en Guanajuato. En la cuna de la Independencia resultaron buenos para la especulación con terrenos.

Juan Manuel Oliva, uno de los más activos representantes de la derecha ultraconservadora organizada en El Yunque, habría usado a intermediarios para comprar a precios alzados 933 hectáreas de terrenos y revenderlos al estado, obteniendo ganancias millonarias. El escándalo alcanzó también al ex gobernador interino, Héctor López Santillana. En 2013, diputados del PRI interpusieron una denuncia por irregularidades en la compra de tierras en Salamanca por 1 602 millones de pesos para una refinería de Pemex que nunca se hizo.

Por si no le bastara a la mala fama de los albiazules en Guanajuato, el hijo pródigo de San Miguel de Allende, Luis Alberto Villarreal, apareció en el escándalo de «los moches». El que fuera jefe de la bancada panista en la LXII legislatura exigía dinero a cambio de partidas presupuestarias, según el relato de varios presidentes municipales.

Pobre Guanajuato, con dos hermosas ciudades Patrimonio de la Humanidad, pero unos gobernantes con los que ni en su partido político se quieren quedar.

LA FAMILIA FOX SAHAGÚN

Hasta que la Iglesia (sospechosamente) los separe

Vicente y la familia feliz

En 1995, Vicente Fox hacía campaña por segunda ocasión para la gubernatura de Guanajuato. Aparecía acompañado de su familia: Lilián de la Concha, su esposa, y sus cuatro hijos.

La polémica anulación matrimonial

El 19 de febrero de 2001, Vicente Fox, ya como presidente de México, tramitó ante la Iglesia católica la anulación de su matrimonio religioso con Lilián de la Concha, para casarse religiosamente con Marta Sahagún.

Lilián rompe el silencio

En noviembre de 2006, Lilián de la Concha reveló a Proceso que el juicio de nulidad era «una farsa», puesto que hasta el mismo papa Juan Pablo II se oponía a la disolución de su matrimonio con Fox. La Iglesia argumentaba que era una pareja bien consolidada, con cuatro hijos (que había adoptado el matrimonio): Ana Cristina, Paulina, Vicente y Rodrigo.

Marta y su familia infeliz

Desde 1973, Marta Sahagún estuvo casada con Manuel Bribiesca Godoy, con quien tuvo tres hijos.

La otra polémica anulación matrimonial

El 21 de agosto de 2000, Marta María Sahagún Jiménez inició el trámite, ante la Iglesia católica en México, para anular su matrimonio religioso con Manuel Bribiesca Godoy, después de 27 años.

Anulaciones atípicas

En diciembre de 2004, la Iglesia católica mexicana concedió la anulación matrimonial en tiempo exprés, aunque sin la firma de Manuel Bribiesca.

El expediente

En febrero de 2005, Proceso publicó un reportaje de Olga Wornat sobre la sospechosa anulación del matrimonio religioso entre Sahagún y Bribiesca, en el que participaron de manera decisiva el cardenal Norberto Rivera y el obispo de Ecatepec, Onésimo Cepeda. Se presume que hubo algún privilegio, por la posición política de la interesada.

La Iglesia cede

El 18 de mayo de 2007, después de seis años y siete meses, la Rota Romana anuló el matrimonio religioso entre Fox y De la Concha.

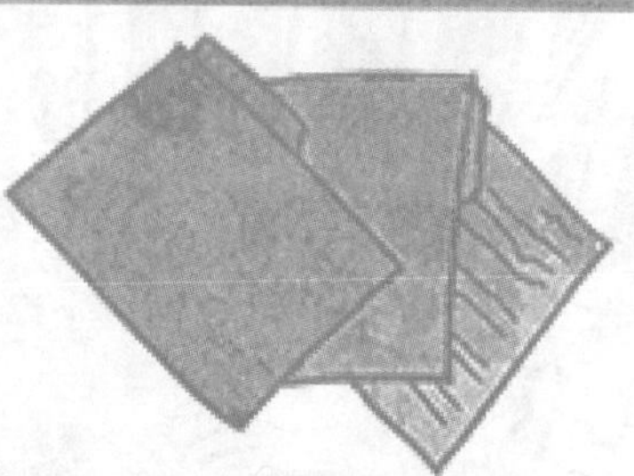

El expediente

En noviembre de 2008, una investigación de Anabel Hernández, publicada por Reporte Índigo, dio a conocer parte del expediente C.S. 50/01, de 37 páginas. El dictamen concedió la anulación matrimonial a Fox, pero determinó que Fox padece «serios trastornos sicológicos», es narcisista e histriónico (o histérico). La sentencia, no obstante, afirma que el diagnóstico en ningún momento descalificaba a Fox para gobernar, solo para el matrimonio católico.

Anulación sospechosa

Desde que se concedió la anulación del primer matrimonio de Vicente Fox ha pesado sobre él la sombra de que refleja los acuerdos entre la clase política y la Iglesia.

La demanda

Marta Sahagún demandó a Proceso y a Wornat por invadir su privacidad. En octubre de 2009, la revista Proceso fue exonerada del pago de una indemnización por daño moral a Sahagún. Wornat no promovió el amparo en el plazo estipulado, por lo que, para resarcir el daño, debía pagar a la afectada quinientos mil pesos.

La otra anulación sospechosa

No puede obviarse que la anulación del primer matrimonio de Marta Sahagún coincidió con su relación con Vicente Fox y el tiempo en el que ambos vivían en Los Pinos.

La boda sorpresa con Martita

Vicente Fox y Marta Sahagún se casaron ante la autoridad civil en julio de 2001, ante el juez y tres testigos, en Los Pinos. En julio de 2009, lo hicieron por la Iglesia, en supuesto secreto, con la presencia de «algunos miembros de la familia». Ciertos medios de comunicación pusieron en duda que Fox hubiera conseguido el permiso especial de la Iglesia para casarse, y comentaron que el enlace religioso podría ser inválido por haberse efectuado en un lugar privado.

BIENVENIDOS
A
GUERRERO
43
CON TODOS

★ ★ ★ ★ ★

Corría la década de los años cincuenta, Frank Sinatra invitaba a volar a la Acapulco Bay en su canción «Come, Fly With Me» (Ven, vuela conmigo). Y es que «la bahía más bella del mundo», como todos la conocían, era un imán para el *jet set* internacional. Artistas de Hollywood, como Ava Gardner, Rita Hayworth, John Wayne; astronautas vueltos celebridades, como Neil Armstrong; millonarios y aristócratas del mundo, como Niarchos y Aristóteles Onassis, Loël Guinness o el barón Enrico di Portanova; figuras nacionales, como María Félix, Dolores del Río y Agustín Lara, todos desfilaban por la pequeña bahía de Langosta, la de Caleta y la de Caletilla, recorrían los fraccionamientos y casonas de Las Brisas, Pichilingue y el Guitarrón, se hospedaban cerca de La Quebrada, visitaban Puerto Marqués. Acapulco era *Casi el paraíso* de Luis Spota, con todo y príncipes al estilo Ugo Conti, su personaje central, pero estos de sangre azul de verdad. Acapulco puso en el mapa mundial a Guerrero y de paso a México.

Sin embargo, los años dorados perdieron su brillo para dar paso a la descomposición. El hermoso puerto no salió de la mirada internacional, sino que cambió sus razones para atraerla. Aún es noticia, pero, en vez de lumbreras y ricachones, los que se llevan las planas son balaceras y matones.

En los últimos años, Guerrero ha roto todos los límites de lo creíble. Cierto, Acapulco siempre fue una pequeña y frágil fantasía en un amplio y devastador contexto. Ya desde los años sesenta, en la Costa Grande de Guerrero germinaba la semilla de movimientos guerrilleros que acentuarían la reputación de bronco del estado. Las disputas en la sierra o en la montaña resueltas a balazos, sin otra ley que la de las armas. En ese escenario, Lucio Cabañas, el maestro normalista de la Escuela Rural «Isidro Burgos» de Ayotzinapa (la de los 43 estudiantes desaparecidos en 2014), asesinado en 1974, llamaba a la nueva revolución. Aunque las sierras guerrerenses atestiguaron la más cruda violencia con propósitos de exterminio contra los insurgentes, la paz ahí no regresó. Subsiguió el Ejército Popular Revolucionario (EPR), con secuestros y atentados, y las matazones se regaron como la pólvora de sus rifles. La matanza de Aguas Blancas fue el punto de quiebre: el asesinato de 17 campesinos por fuerzas policiales estatales en junio de 1995. El horror frente a la violencia de Estado llevó a la renuncia *voluntaria* a Rubén Figueroa Alcocer, cuya dinastía —con pistoleros y caciques incluidos— gobernaba la entidad como feudo desde al menos tres décadas atrás. Lo sustituyó Ángel Heladio Aguirre Rivero (1996-1999). Ironías del destino: Aguirre también abandonó la gubernatura (2011-2014) en medio de un escándalo de sangre. Casi como en una confirmación involuntaria de que los cambios de colores no modifican las raíces de las mafias, Aguirre no cayó como el priista que fue toda su vida, sino como gobernador electo de una alianza encabezada por el PRD. Se vio obligado a renunciar frente a la desaparición forzada de 43 estudiantes normalistas en Iguala con la participación de un narcoalcalde, José Luis Abarca, y en medio de un escándalo que solo sabe escalar en sus responsabilidades hasta lo más alto.

Tierra Caliente, región famosa por su distintiva música con sonidos de violín y tamborita, es hoy campo de batalla de narcotraficantes. Disputas por el llamado oro rojo, la goma de amapola, tienen a esta región en vilo. La alegría de los trazos en madera de las artesanías de Olinalá palidece frente a la más lacerante y dolorosa pobreza de México, que prevalece atrincherada en la montaña de Guerrero, en el municipio de Metlaltónoc y en Cochoapa el Grande.

Territorio clave para la guerra de Independencia, este estado toma su nombre del prócer Vicente Guerrero. Arropada entre sus costas, sus montañas y sus gravísimos problemas, es tierra ávida de un «abrazo de Acatempan» que reconcilie a la sociedad, que se duele víctima de corrupción, crimen e impunidad. Y entre sus tragedias, una que la consume, la de sus estudiantes desparecidos.

★ ★ ★ ★ ★ ★ ★ ★ ★ ★ ★ ★ ★ ★ ★ ★ ★

LA NOCHE ETERNA

26 y 27 de septiembre en Iguala, Guerrero (Corrupción, política y narco)

★ ★ ★ ★ ★ ★ ★ ★ ★ ★ ★ ★ ★ ★ ★ ★ ★

Guerrero es una región de brutalidad silenciosa (o ignorada). En ciertas zonas de ese estado las muertes violentas alcanzan tasas promedio de 63 personas por 100 000 habitantes. 10 veces más que el promedio mundial y hasta 3 veces más que el promedio nacional.

Iguala ocupa un lugar muy peculiar en la geografía económica, por ahí circula una de las mercancías más preciadas en los Estados Unidos: el opio (la base para la heroína), que deja a su paso toneladas de dinero pero también una secuela de sangre y destrucción.

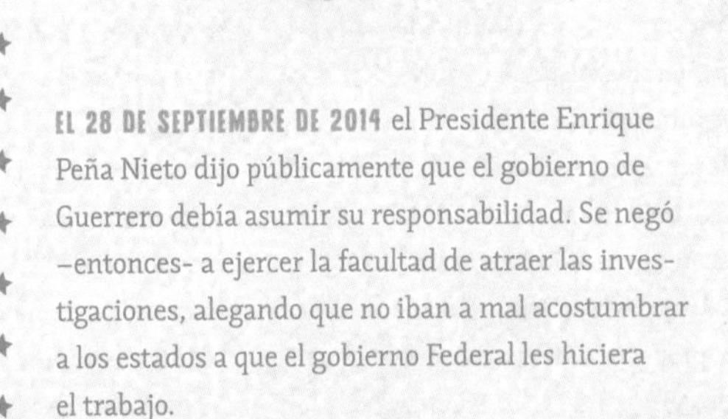

LA NOCHE DEL 26 DE SEPTIEMBRE DE 2014, un grupo de estudiantes tomó por la fuerza 5 autobuses de pasajeros. Su propósito era retenerlos y usarlos en las manifestaciones de la celebración del 2 de octubre en la Ciudad de México. En respuesta se vino una reacción desproporcional por parte de las policías de Iguala y Cocula. También con ataques de la policía estatal y federal, bajo la vigilancia del propio Ejército. El resultado: 9 personas muertas, 43 más desaparecidas.

EL 28 DE SEPTIEMBRE DE 2014 el Presidente Enrique Peña Nieto dijo públicamente que el gobierno de Guerrero debía asumir su responsabilidad. Se negó –entonces– a ejercer la facultad de atraer las investigaciones, alegando que no iban a mal acostumbrar a los estados a que el gobierno Federal les hiciera el trabajo.

EL 14 DE OCTUBRE DE 2014, José Luis Preciado, entonces coordinador del PAN en el Senado anunció que su bancada solicitaba formalmente la desaparición de poderes en Guerrero, por la incapacidad de Angel Aguirre para gobernar. El 23 de octubre, se recibió la renuncia formal del gobernador a la titularidad del gobierno y el mismo 24 se formalizó en el Congreso local.

El 26 y 27 de septiembre de 2014, en la ciudad de Iguala, Guerrero, se vivió una jornada de violencia extraordinaria en contra de estudiantes de la Normal Rural de Ayotzinapa.

EL 4 DE NOVIEMBRE DE 2014, el alcalde de Iguala, José Luis Abarca y su esposa María de los Ángeles Pineda son detenidos en la Ciudad de México. Se encontraban fugitivos desde el 30 de septiembre de ese mismo año y son la base de la acusación del gobierno, como máximos responsables de la desaparición de los estudiantes.

EL 27 DE ENERO DE 2015, el ex procurador Jesús Murillo Karam presentó su teoría del caso y el fundamento de su acusación. En castellano puro, hizo públicas sus conclusiones que bautizó como 'la verdad histórica'. Dicha verdad estipuló que los estudiantes fueron incinerados con llantas y leña en el basurero de Cocula.

EL 6 DE SEPTIEMBRE DE 2015, una comisión (el Grupo Internacional de Expertos Independientes de la Comisión Interamericana de Derechos Humanos) presentó un informe con recomendaciones al Estado mexicano sobre la investigación del caso Ayotzinapa y refutando la "verdad histórica" que dio a conocer la PGR.

EL 9 DE FEBRERO DE 2016 el Equipo Argentino de Antropología Forense anuncia que de acuerdo a sus investigaciones se puede sostener que no hay evidencia científica ni biológica de la quema de cuerpos en Cocula.

14 DE SEPTIEMBRE DE 2016 renuncia Tomás Zerón, Director de la Agencia de Investigación Criminal y creador de la teoría de la quema de cuerpos en Cocula. Durante su gestión hubo polémicas por la aparición de evidencia mal registrada, la visita ilegal a escenas del crimen y la interrogación de acusados sin la presencia de abogados.

EL 28 DE AGOSTO llegó el nuevo mecanismo de acompañamiento al caso de la Comisión Interamericana de Derechos Humanos. En un comunicado informó que casi 3 años después, el gobierno mexicano no ha sido capaz de resolver el paradero de los estudiantes desaparecidos.

EL 10 DE JULIO DE 2017 se descubre que el teléfono usado por los expertos del GIEI fue infectado por Pegasus, un software de vigilancia y espionaje únicamente vendido a gobiernos.

BIENVENIDOS
A
HIDALGO
#YAMECANSE

Progresa
SEDESOL

Oportunidades

PROSPERA
PROGRAMA
DE INCLUSION SOCIAL

* * * * *

Es tierra de agaves monumentales, de sabor a pulque y curados, de rojizos y aromáticos chinicuiles en agosto, de hongos silvestres que seleccionan con arte ancestral las nanacateras (recolectoras agrícolas) otomíes y de barbacoas en hoyo envueltas en pencas de maguey tatemadas.

Pachuca, la capital del estado, es una ciudad colonial de caminos reales. Un pueblo minero que durante los años de la conquista fue sinónimo de riqueza y prosperidad para la Corona española. Tierra, por ende, explotada hasta agotarla. Y con voracidad equiparable a la de Pedro Romero de Terreros, uno de los hombres más acaudalados de la Nueva España, surgen nombres ilustres hidalguenses que empañan con mala fama al estado durante el siglo XX, como el general Corona del Rosal, gobernador de 1957 a 1961. Dicen las malas lenguas que hacía negocios con una eficiente y expedita calculadora mental de cuotas y aportaciones en efectivo. Si desarrollar Bosques de las Lomas en Ciudad de México implicaba fraccionar 2.5 millones de metros cuadrados, el general exigía 25 millones de pesos (alrededor de dos millones de dólares de esos tiempos) en efectivo, en una maleta que se entregaría en el Aeropuerto Internacional de Ciudad de México, según relato informal de empresarios. También de mañas era el arquitecto Guillermo Rossell de la Lama, gobernador de 1981 a 1987, que de manera jocosa fue apodado Clavel de la Lana. Corrían leyendas sobre sus desplantes violentos en los círculos del poder. Cercanísimo al ex presidente José López Portillo, logró que su hijo mayor se convirtiera en uno de los constructores consentidos del gobierno, por haber tenido obra por doquier.

Otros gobernadores insignes (es un decir) son Murillo Karam, Osorio Chong y Francisco Olvera. En su paso por el gobierno de Hidalgo, dejaron cuentas alegres... para los amigos. Al viejo estilo priista, al finalizar sus mandatos hicieron la clásica distribución de notarías entre amigos cercanos, parentela y los funcionarios. Pero, hasta en eso hay rangos. Francisco Olvera Ruiz, sucesor de Osorio Chong, fue quien llevó la práctica a una categoría de descaro. Colocó a más de una docena de miembros de su gabinete y del PRI al mando de notarías solo 17 días antes de abandonar el cargo. Olvera Ruiz también fue conocido por su devoción guadalupana: en mayo de 2014, una investigación del Instituto Mexicano para la Competitividad (IMCO) reveló que en la nómina educativa del estado de Hidalgo había registros de 1 440 maestros con la misma fecha de nacimiento: 12 de diciembre de 1912. Por la coincidencia del día de su nacimiento se les conoció como los Lupitos hidalguenses. Le costaban al país 31 807 948.31 pesos al trimestre.

En Tula de Allende reinan aún las ruinas arqueológicas de los pueblos toltecas de Tollán Xicocotitlán. Ahí estaba asentado en siglos pasados el poder político de los valles centrales de México. La historia es necia y se repite, el estado de Hidalgo nace de la necesidad de debilitar al de México y se erige sobre territorios mexiquenses. Ese equilibrio precario de fuerzas también marcó este sexenio. Por un lado, el *chorizo power*, encarnado por los dos Luises: Videgaray y Miranda; por otro, *the barbacoa crew*, personificado en el secretario Miguel Ángel Osorio Chong y Jesús Murillo Karam. Ya se sabe que el procurador Murillo Karam no tuvo final feliz. «Se cansó» y le dio por rebautizar a la impunidad como «verdad histórica» en el caso de los 43 estudiantes normalistas de Ayotzinapa desaparecidos. A Osorio Chong le cayó una variación de la maldición de las casas, que parece afectar a todo el peñismo. Una investigación periodística de 2015 indicó que el secretario habitaba una casa en la residencial colonia Bosques de las Lomas, cuya renta le pagaba a un contratista del gobierno de Hidalgo y que su esposa tanteó comprarla, aunque al final no cerró la operación.

Así las noticias de los ex gobernadores de esta tierra que lleva el nombre del cura que nos diera patria.

LOS BELLOS FARANDULEROS DE LA POLÍTICA

Al arrancar la década de los noventa, nació uno de los himnos que marcaría la historia de la música del fin del siglo pasado: «I'm too Sexy» (soy demasiado sexy), una sátira con voz profunda de la banda británica Right Said Fred sobre los hombres más inclinados al cuidado de su cuerpo que al de su cerebro. Fue el preludio de una moda que llegaría un poco más tarde: los metrosexuales.

Por esa misma época, un joven abogado de la UNAM nacido en Zempoala, Hidalgo, consolidaba su carrera política: Omar Fayad Meneses. Talentoso, construyó una carrera ascendente en materia de seguridad que lo llevaría a la Segob, la Policía Federal Preventiva, Aduanas, el Senado de la República y la Cámara de Diputados, antes de ser elegido como gobernador de Hidalgo en 2016. Fayad fue pionero de un modelo de hacer política, «los guapos en el poder», citando a Rubén «El Feo» Mendoza. Sí, el mismo que perdió la gubernatura del Estado de México frente al muñecazo de revista Enrique Peña Nieto. Sí, el que hoy es emblema de un nuevo grupo de hombres de la política, cuya imagen y vínculos con artistas de la televisión los han llevado a ser nota en el mundo del espectáculo.

En el año 2001, el diputado federal Omar Fayad aparecía en los programas de revista de mayor audiencia nacional, la prensa del corazón y, literalmente, se metía en los corazones de miles de amas de casa mexicanas adictas a las telenovelas,

tomado de la mano de su prometida Victoria Ruffo, protagonista de *La fiera* y quizá la actriz más querida de los noventa. La celebración del matrimonio congregó a una multitud de fanáticos a las afueras de la parroquia de San Agustín, en el Distrito Federal, que acompañó, sin invitación de por medio, a su actriz preferida en la ceremonia que ofició monseñor Onésimo Cepeda y en la que Carmen Salinas, actriz convertida en legisladora, fuera dama de lazo. Horas después, en el Hotel Nikko de Polanco, la pareja artístico-política celebró rodeada de personajes de la farándula mezclados con los del poder. No era nuevo, pero tampoco había ocurrido algo de ese calibre. Así, en el mismo recinto brindaron Elba Esther Gordillo, Francisco Labastida Ochoa, los gobernadores Arturo Montiel y Jesús Murillo Karam, Beatriz Paredes y Jeffrey Davidow (ex embajador de Estados Unidos en México) junto a los amos del oropel: Ernesto Alonso, Fernando Colunga, Juan Osorio, Salvador Mejía, Verónica Castro y Mitzi, el diseñador del vestido incrustado con piedras brillosas.

Pionero, le decíamos. El hidalguense fue de los primeros políticos en dar el brinco de los periódicos de la nota dura a las portadas de revistas rosas y chismes del espectáculo, con una audiencia hasta diez, si no es que cien veces mayor.

Guapo, con nariz griega, copete de cuatro centímetros de alto, bronceado entre dorado y cobrizo, patillas escrupulosamente acicaladas, un *look* casual de chamarrita y pantalón de mezclilla, y cuerpo estilizado, Omar Fayad podría considerarse un verdadero metrosexual y padre de la metropolítica.

A más de 15 años de su matrimonio con Victoria Ruffo, su rostro no muestra el paso del tiempo. Es un político de portada. Tan atractivo como exitoso. Hombre del Estado que tuitea y postea fotos con una familia del Canal de las Estrellas. Encontró la fórmula que replicarían cientos de suspirantes al poder electoral: político de masas no es el que llena plazas, es el hombre casado con una artista y adorado por muchedumbres telenoveleras.

FÓRMULA PARA GOBERNAR

RATING TELEVISIVO = POPULARIDAD EN LA URNA

SEGUIDORES DEL «MODELO FAYIDO»

ENRIQUE PEÑA NIETO Y ANGÉLICA RIVERA, conocida y adorada por las masas por sus papeles como La Gaviota y La Dueña (villana protagónica).

MANUEL VELASCO Y LA REINA DE LAS NOVELAS JUVENILES ANAHÍ. Rebelde + verde = Chiapas se rebela y cambia a verde

MARCELO EBRARD Y MARIAGNA PRATS. El político, del brazo de la ojiverde, realizó campaña para ser jefe de Gobierno capitalino en 2006. La relación duró lo que el voto en la urna. No terminaron el sexenio juntos, pero Marcelo se quedó prendado de las revistas de sociales y anunció su siguiente matrimonio en la publicación *Quién*, durante su precampaña por la presidencia de México en 2012.

SANTIAGO CREEL Y EDITH GONZÁLEZ. La Aventurera de Carmen Salinas le restó más votos de los que le dio por tratarse de una relación prohibida o fuera del matrimonio.

CÉSAR NAVA Y PATRICIA SIRVENT «PATYLU», aunque este caso también fue un Waterloo para el secretario particular de Felipe Calderón, que con el fin de cristalizar su amor se divorció de una panista de estirpe y abolengo ultraconservador.

GERARDO ISLAS, DEL PANAL (PARTIDO POLÍTICO NUEVA ALIANZA), Y SHERLYN MONSERRAT GONZÁLEZ DÍAZ.

BIENVENIDOS
A
JALISCO

ME VALE MADRES

GOBER PIADOSO

PUERTO VALLARTA

ATENTAMENTE
EL NARCO

★ ★ ★ ★ ★

Los símbolos de la Perla Tapatía son sinónimo de México en el mundo: mariachi y tequila como cara ineludible —o estereotipo— de lo mexicano una vez que se cruzan nuestras fronteras. Es también inevitable evocar al charro mexicano, Jorge Negrete, y al himno que nos hace muy machos (para honra o deshonra): ¡Ay Jalisco, *no te rajes!* Y es que este estado del Bajío occidental del país no se raja. Próspera y con vitalidad, Guadalajara es la segunda metrópoli del país. En Sayula florece con empuje la agroindustria de berries. Crece vigoroso el sector electrónico en sus parques industriales. Desborda el fervor del turismo religioso en Los Altos.

Pero otros florecimientos jaliscienses no tienen nada de honrosos. Desde los años ochenta, sus narcos no se agachan y cada día se engallan un poquito más. Puerto Vallarta, con playas blancas y paradisíacas sobre el Pacífico mexicano, se transformó de refugio de turistas y migrantes estadounidenses, que echaban raíz en México para su retiro y vejez, en guarida de narcos. Y desde ahí vino el campanazo de que México estaba cambiando. Fue en la discoteca de moda, Christine, una madrugada de noviembre de 1992, en un ataque por un ajuste de cuentas entre «El Chapo» Guzmán y «El Güero» Palma en contra de los hermanos Arellano Félix. Por si había dudas de lo que venía, en 1993, en el aeropuerto de Guadalajara, fue asesinado el cardenal Juan Jesús Posadas Ocampo por fuego cruzado entre cárteles. Ya para 2015, el cártel de Jalisco derribaba un helicóptero Cougar del ejército y paralizaba el estado con narcobloqueos en las autopistas.

Jalisco tiene también sus corruptos lejos de la esfera del narcotráfico. En 1992, Guadalajara vivía su peor tragedia con la explosión del colector oriente, que mató a 106 personas, hirió a 1 400 y despedazó 14 kilómetros de calles y barrios del sector Reforma, por negligencia de la autoridad. El episodio trágico costó *solo* ocho meses de prisión al presidente municipal de Guadalajara, Enrique Dau, y otros cuatro funcionarios de Pemex.

Y en medio de esta maraña de corrupción local, la crisis económica de 1994 y la creciente violencia, de pronto el PRI vio perder su hegemonía en el estado. El panismo se colocó en el gobierno durante dieciocho años (de 1995 a 2013). Pero, sin importar el color, sus políticos de nuevo cuño han sido verdaderos «jarritos de Tlaquepaque», como canta el dicho popular: sentidos, frágiles y susceptibles.

Francisco Ramírez Acuña (PAN) no se tentó el corazón mocho para repartir salvajes *estate quietos* a jóvenes. Los primeros que erizaron la piel de este jarrito de Tlaquepaque fueron los *altermundistas*, que irrumpieron en las calles de Guadalajara durante la III Cumbre Iberoamericana de Jefes de Estado y de Gobierno, en 2004. Fuerza bruta, por cubrirse como cuatreros. Después siguieron los del *tlajamulcazo*, una ofensiva con exceso de fuerza contra chavos que se divertían en un *rave*, justificada, a decir del gobernador, por ser drogadictos.

De la mano dura se pasó al irritable Emilio González Márquez (PAN). Lengualarga y mala copa, se hizo famoso por sus legendarios «me vale madre» y «¡chinguen a su madre!», con los que contestó a los cuestionamientos de *algunos poquitos* sobre su inclinación a favorecer con dinero del estado las instituciones afines a sus creencias religiosas. Menos conocido es el endeudamiento en que dejó a la entidad. Total que los desplantes y las finanzas rotas no fueron suficientes para lograr su expulsión del PAN. Sí lo fue, en cambio, apoyar a candidatos de Movimiento Ciudadano, porque una cosa es dilapidar el presupuesto, pero andar apoyando a los de otros partidos, eso sí no.

Bueno, hasta el priista Aristóteles Sandoval, que se perfilaba como presidenciable y réplica de Enrique Peña Nieto al arranque de su gobierno, mostró su flaqueza de jarro de Tlaquepaque. Sandoval se quebró al ponerle un flojo alto a su padre —juez en el Poder Judicial— cuando apareció en grabaciones favoreciendo al PRI, en las elecciones de 2015. Le exigió su retiro temporal de la magistratura, pero no lo tocó con las de la ley electoral. Actualmente, papá Leonel, como se le conoce, aún es magistrado de la Séptima Sala en materia civil, a pesar de que se le escuchó en audios filtrados garantizar que el Tribunal Electoral estatal estaba con el PRI.

Conclusión: los políticos tapatíos no aguantan nada. No sirven para usar la fuerza pública, para gastar el presupuesto o para bloquear las acciones ilegales de la familia. Por hordas, se ve desfilar a propios y extraños en el restaurante Garibaldi de Guadalajara, para degustar la típica carne en su jugo, y a cientos más para enchilarse y ensuciarse con las tortas ahogadas de la emblemática cadena Tortas Toño. Como su comida, la grilla tapatía es manchada y picosa.

JORGE EMILIO GONZÁLEZ MÁRQUEZ
Gran feria del disparate

Todos los puestos

Nació el 12 de noviembre de 1960, en Lagos de Moreno, Jalisco. Es contador público por la Universidad de Guadalajara. Se unió al PAN en 1992 y en 1995 fue regidor de Guadalajara; en 1997, diputado; después, presidente estatal del PAN; en 2003, presidente municipal de la capital jalisciense y, en 2007, gobernador del estado.

Villa Panamericana elefante blanco

El gobernador Aristóteles Sandoval dijo en una conferencia de prensa que la Villa Panamericana costó 1 100 millones de pesos, que se fueron a la basura. Explicó que eran mil viviendas sin permiso de construcción y ubicadas en una zona de reserva ecológica.

Donar sin rendir cuentas

Durante su administración, González Márquez realizó donaciones a la Iglesia católica: originalmente eran cien millones de pesos para construir el santuario de los Mártires de Cristo, pero, por la controversia, la Iglesia renunció a los donativos, por lo que solo alcanzó a recibir nueve millones de pesos que supuestamente devolvió. También le donó a la golfista Lorena Ochoa 15.5 millones de pesos para su torneo mundial; al piloto Sergio «Checo» Pérez, 17.5 millones de pesos, y al pugilista Saúl «el Canelo» Álvarez, 9.8 millones de pesos.

¡No se pierda! Borracheras y disparates

EL 23 DE ABRIL DE 2008, bajo una evidente influencia etílica y cuestionado sobre sus dádivas piadosas, el gobernador Etilio, perdón, Emilio González Márquez dijo: «A mí me vale madre lo que algunos periódicos digan, la gente votó por mí… Digan lo que quieran, perdón, señor cardenal, pero ¡chinguen a su madre!».

EN OCTUBRE DE 2010, en la inauguración de la segunda Cumbre Iberoamericana de la Familia, aseveró: «Para mí, matrimonio si es un hombre y una mujer. Qué quieren, uno es a la antigüita y uno es así. Al otro todavía, como dicen, no le he perdido el asquito».

¡Por única ocasión! Indulgencias del siglo XXI

- La Ruta del Peregrino les costó a los jaliscienses alrededor de cincuenta millones de pesos, pagados con el erario de un Estado laico.
- De 2007 a 2008, la Secretaría de Desarrollo Humano donó más de tres millones de pesos a organizaciones civiles de corte religioso.
- El Fondo de Apoyo a Comunidades para Restauración de Monumentos y Bienes Artísticos de Propiedad Federal (Foremoba) se usó para la restauración de iglesias.
- El gobierno de González Márquez donó casi cuatro millones de pesos para la apertura de dos nuevos museos de arte sacro en Jalisco.

¡Santos despojos!, pensarán algunos al terminar la lectura de esta feria disparatada.

BIENVENIDOS
A
MICHOACÁN DE OCAMPO
Michoacán va
por más
silvano

★ ★ ★ ★ ★

A la par de la furia de su majestuoso volcán, el Paricutín, Michoacán ha estallado en fuego durante las últimas dos décadas. Desde el año 2000, el magma que incendia esta entidad del centro-oeste de México es la crueldad con sus descabezados y ejecutados, sus narcogobernadores, los atentados con granada en pleno festejo de la patria, el nacimiento y la propagación de autodefensas, la guerra entre y contra los cárteles, y un incontable número de pequeñas convulsiones que han mantenido el estado entre la parálisis y el vilo.

La geografía agreste y accidentada de Michoacán ha favorecido el cultivo de drogas. En Tierra Caliente, que conecta la parte sur con Guerrero y la parte norte con Jalisco, se encuentran los más prósperos cultivos de amapola y campos de marihuana del país. Así ha sido al menos desde hace casi medio siglo. Pero, desde el año 2000, cuando Los Zetas echaron raíces en la zona con la producción de metanfetaminas, Michoacán no ha conocido la paz. El cártel de los Valencia dio paso al del Nuevo Milenio y se desató una lucha a muerte y sangre con el cártel de Sinaloa. La corrupción y violencia del narcotráfico envenenaron los municipios del sur y centro del estado, así como su puerto, Lázaro Cárdenas. La vida diaria quedó supeditada a la voluntad del narcotráfico, el cual, asediado por la guerra que declaró con vestimenta de soldado Felipe Calderón, optó por diversificar sus actividades. El resultado: extorsión, secuestro, trata, derecho de piso y un caos teñido de miedo del que surgieron poblaciones armadas, unas al servicio de la Familia Michoacana —con tintes religiosos y de pertenencia local—, otras como autodefensas.

Lugar de costumbres, Michoacán ha dado al mundo los sabores de sus cocineras tradicionales, a quienes —con sus corundas, uchepos y churipos— se considera Patrimonio Cultural Intangible de la Humanidad. En política también hay arraigo. En Jiquilpan, a finales del siglo XIX, nació el general Lázaro Cárdenas del Río, cuyo apellido se convirtió en patrimonio electoral para los políticos de la región. Cuauhtémoc, hijo mayor del general que expropió el petróleo e impulsó la reforma agraria, gobernó de 1980 a 1986, bajo las siglas del tricolor, mientras que Lazarito, el nieto, lo hizo 16 años después con el PRD. Así, la izquierda convirtió el legado cardenista en una franquicia que le permitió hacer de Michoacán un enclave electoral.

Sin embargo, precisamente en los años del perredismo empezó la decadencia del estado. A Leonel Godoy (2008-2012) no solo le explotaron dos granadas en su primer festejo del grito de Independencia como gobernador, sino que le estalló el escándalo de su medio hermano prófugo, Julio César. El entonces diputado federal fue acusado de estar al servicio de La Tuta, Servando Gómez Martínez, líder del cártel de la Familia Michoacana. Pero este perredista, buscado por la Interpol, no fue el único que tuvo tratos con La Tuta. La lista es larga, incluyendo hasta al propio hijo de Fausto Vallejo, sucesor de Leonel Godoy en el gobierno, y a varios tricolores más. Jesús Reyna, quien suplió a Vallejo como gobernador por enfermedad, está en prisión, acusado de colaborar con el crimen organizado.

El principal productor mundial de aguacate en el mundo y escaparate internacional de cultura por su festival de cine en Morelia ha sido también número uno en experimentos fallidos de la política. En 2014, Alfredo Castillo fue nombrado comisionado especial de Michoacán: bombero o apaga fuegos del presidente Peña Nieto, experto en todo y nada (presidente de la Conade, procurador del Consumidor, procurador del Estado de México, investigador de la explosión en la Torre Pemex, futbolero). La experiencia resultó en un verdadero desastre. Castillo se fue —exhibiendo el único talento público que se le conoce: la incompetencia— tras un escándalo y dejando un mar de sospechas a su paso. La Comisión Nacional de los Derechos Humanos acusó a las autoridades bajo su mando de realizar ejecuciones extrajudiciales durante un enfrentamiento en Apatzingán. Aquella comisión para Michoacán fue una pésima decisión para enfrentar un problema, pero, también, un retrato de la pesada transformación que se vive en el estado. Uno que se enciende cada noviembre con velas, ofrendas y cempasúchil para escenificar la más ancestral y bella ceremonia de muertos en Pátzcuaro, Tzintzuntzan, Janitzio, Jarácuaro, Ihuatzio y Tzurumútaro, pero que se ha llenado de difuntos que lo enlutan los 365 días del año.

MXTv

VIDEOESCÁNDALOS DE LA TUTA

THE MASTER OF PUPPETS

★★★★★

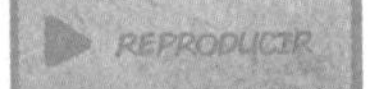

Originales de la Tuta

TÍTULO:

Rodrigo, ¿en qué andas metido?

INFORMACIÓN DE RESEÑA:

Recién salido bajo fianza, después de ocho meses en prisión por su relación con el crimen organizado, se difundió un video de Rodrigo Vallejo (hijo del gobernador): hablan del control del C4, del hermano menor (no hay que meterse con él), de los Calderón.

TÍTULO:

Borrosos recuerdos

INFORMACIÓN DE RESEÑA:

La cuenta de Facebook de la policía comunitaria de Tepalcatepec difundió un video de una presunta reunión entre Servando Gómez Martínez, La Tuta, líder de Los Caballeros Templarios, y el ex secretario de Gobierno y ex mandatario interino de Michoacán, Jesús Reyna García.

Le dicen La Tutoteca. Es una colección de videos de los encuentros que sostuvo Servando Gómez Martínez, conocido como La Tuta, líder del cártel de narcotráfico Los Caballeros Templarios, con figuras de la política y farándula de Michoacán. Algunas de estas grabaciones se difundieron en redes sociales. Aparecen alcaldes, diputados, empresarios y periodistas de Michoacán.

La perversidad del titiritero La Tuta radicó en su manejo de los videos. Los filtraba poco a poco, conforme aumentaba la persecución en su contra. Los de mayor revuelo fueron las grabaciones con el hijo del ex gobernador, Fausto Vallejo, y con quien fuera su secretario de Gobierno, Jesús Reyna, y quien le sucedió en el cargo durante cinco meses.

Lo que se conoce hasta ahora es posiblemente tan solo parte de la historia. Para algunos lo más grave no son los videos que se han divulgado, sino los secretos que aún guarda La Tutoteca.

BBC Mundo en español, noviembre 2014.

UNA COPRODUCCIÓN ORIGINAL DE

Los Caballeros Templarios y La Familia Michoacana

CON EL APOYO DEL

desgobierno federal

Con las actuaciones especiales de:

JESÚS REYNA
Ex gobernador interino de Michoacán (abril-octubre 2013)

JOSÉ TRINIDAD MARTÍNEZ PASALAGUA
Líder transportista (presidente de la Comisión Reguladora del Transporte de Michoacán), ex diputado local priista (2008)

RODRIGO VALLEJO MORA
Hijo del ex gobernador Fausto Vallejo

ARQUÍMIDES OSEGUERA SOLORIO
Ex alcalde perredista de Lázaro Cárdenas (2012)

DALIA SANTANA PINEDA
Ex alcaldesa priista de Huetamo (2012)

ELISEO CABALLERO
Periodista, corresponsal de Televisa

JOSÉ LUIS DÍAZ PÉREZ
Periodista, director de la agencia Esquema

Porque viste The master of puppets (La Tutoteca) pueden interesarte:

El desastre del Comisionado Castillo

La prisión del Doctor Mireles

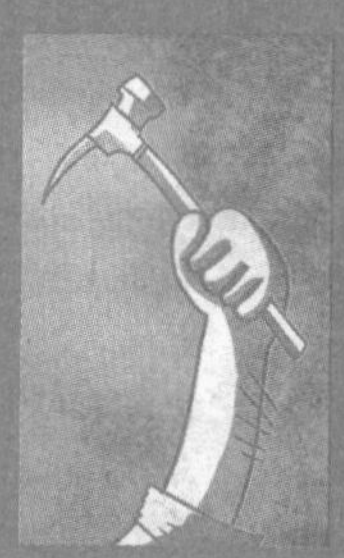

El pueblo se arma hasta los dientes

Las autodefensas michoacanas

ESCÁNDALOS *electorales*

Los procesos electorales en México son cosa aparte. Aquí, los conteos de votos lo mismo desafían la aritmética que la geografía. El tamaño de las urnas es pura referencia, la física no les impide que entren más votos, y el dinero a los partidos les alcanza más que a Bartola, la de los dos pesos.

Al relajo electoral le entran todos, los partidos políticos, los gobiernos, los empresarios, los sindicatos, los bancos, las asociaciones civiles y hasta las iglesias. Es de no creer el merequetengue que se arma con tal de no soltar el presupuesto, con enredos de financiamiento, cheques millonarios, sistemas de cómputo. De todo ese batidillo, le presentamos aquí estos casos que han sido juzgados y considerados escándalos electorales.

Pemexgate

EN EL AÑO 2000, cuando Luis Téllez encabezaba el Consejo de Administración de Pemex, los amos de esa paraestatal autorizaron que se transfirieran dos préstamos a su sindicato (el STPR). Dos chequecitos, uno de 460 millones de pesos y otro de 640 millones, sumaron 1 100 millones de pesos.

Ese fue el principio, porque de ahí vino una cadena de investigaciones, arrestos y sanciones.

EN OCTUBRE DE 2001, la Secodam interpuso una denuncia formal ante la PGR en contra de Carlos Romero Deschamps y Ricardo Aldana, ambos del sindicato petrolero, y de Rogelio Montemayor, Carlos Juaristi y Juan José Domene, de la paraestatal.

A PRINCIPIOS DE 2002, la Comisión de Fiscalización del Instituto Federal Electoral (IFE) interpuso una denuncia ante la Fiscalía Especializada para la Atención de Delitos Electorales (FEPADE), por la utilización de recursos federales (1 100 millones de pesos) para financiar la campaña presidencial de Francisco Labastida.

EN OCTUBRE DE 2002, elementos del U.S. Marshall de Houston, Texas, arrestaron a Rogelio Montemayor (que era director de Pemex cuando se dieron los préstamos) y lo extraditaron a México.

En marzo de 2003, el IFE impuso la mayor multa de la historia de México a un partido político, el PRI, por mil millones de pesos.

A puro abono chiquito, en enero de 2006 el PRI anunció que había terminado de pagar la multa tras realizar 32 pagos (¡¡¡sí, de nuestros impuestos!!!).

EN MAYO DE 2005, la Secretaría de la Función Pública (SFP) sancionó con 2 842 299 492 16 pesos al ex director de Petróleos Mexicanos, Rogelio Montemayor Seguy, y a cinco ex funcionarios de la paraestatal. En la prensa hay información que señala que nunca pagaron la multa, porque se ampararon.

Amigos azules con dinero

EL 21 DE JUNIO DE 2000, Enrique Jackson Ramírez, entonces diputado priista, detonó el escándalo en la tribuna con datos precisos sobre transferencias desde el extranjero a la asociación civil Amigos de Fox, creada a finales del año 1997.

Sí, señor, el candidato de las botas y las tepocatas metido en un lío de cheques y transferencias. Una investigación del IFE demostró que el dirigente de Amigos de Fox, Lino Korrodi, había involucrado en la triangulación de los recursos a sus más cercanos colaboradores, incluso a su propia familia. Aunque los panistas celebraron la primera alternancia, nunca se hicieron cargo del mugrero financiero que los llevó al poder. Como dijo el entonces consejero electoral del IFE, Jesús Cantú, el PAN intentó eximirse de toda responsabilidad y culpar a Korrodi de todas las ilegalidades.

EL 10 DE OCTUBRE DE 2003, el Consejo General del IFE resolvió la sanción por seis votos a favor y tres abstenciones. La resolución fue ratificada poco tiempo después por el Tribunal Electoral.

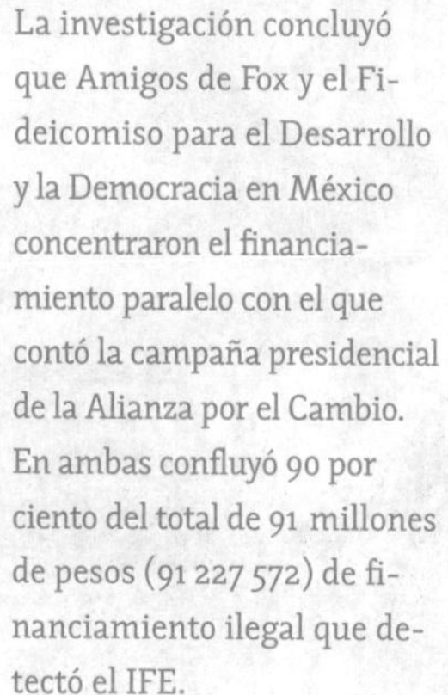

La investigación concluyó que Amigos de Fox y el Fideicomiso para el Desarrollo y la Democracia en México concentraron el financiamiento paralelo con el que contó la campaña presidencial de la Alianza por el Cambio. En ambas confluyó 90 por ciento del total de 91 millones de pesos (91 227 572) de financiamiento ilegal que detectó el IFE.

LAS MULTAS IMPUESTAS: por 399 millones de pesos al PAN y por 99 millones de pesos al PVEM. ¡Adivinaron! Otra vez de nuestros impuestos.

El peligro para México

EN 2006, durante los tres meses previos a la jornada electoral para elegir presidente de México se transmitieron anuncios publicitarios que presentaban a Andrés Manuel López Obrador como un peligro para México.

Ya él se había puesto de pechito regalando la frase del famoso «Cállate, chachalaca». El punto es que, aunque estaba prohibida la contratación por particulares, estos anuncios fueron pagados principalmente por el Consejo Coordinador Empresarial (CCE). En octubre de 2008, el Tribunal Electoral del PJF resolvió que el CCE, con el aval del PAN, PRI y PVEM, violó en 2006 la Ley Electoral.

El tribunal ordenó al IFE multar al PAN y a Alianza por México (PRI-PVEM), por haberse beneficiado de dicha campaña. Al final, el IFE determinó realizar solo una amonestación pública al PAN, PRI y PVEM.

Monexgate

El grupo comercial Inizzio, así como la importadora y comercializadora Efra no solo comparten dueños y domicilios fiscales, también caracerísticas muuuy raras. Son dos empresas fantasma que canalizaron dinero a la campaña presidencial de Enrique Peña Nieto. Esto fue un secreto a voces que tanto el PAN como la coalición de izquierda denunciaron durante la campaña electoral de 2012. A la autoridad, sin embargo, descubrir ese meollo le requirió una investigación de varios años. Ya saben, la justicia pronta y expedita (se vale reír).

EN FEBRERO DE 2015, el Tribunal Electoral del PJF se limitó, básicamente, a retomar los resultados de la investigación de la Unidad de Fiscalización del IFE y a darlos por válidos.

EN AGOSTO DE 2015, una comisión investigadora del caso por parte de la Cámara de Diputados entregó su informe final. De acuerdo con los cálculos de la comisión, la campaña de Peña Nieto habría rebasado trece veces el tope de gasto fijado en 300 millones, ya que habría gastado cerca de cuatro mil millones de pesos.

EL 5 DE SEPTIEMBRE DE 2017, cinco años después de las primeras indagatorias, el INE aprobó sancionar al PRI y al Partido Verde con una multa de 98 479 000 de pesos por el uso de tarjetas Monex para dispersar recursos y omitir gastos de campaña.

BIENVENIDOS A MORELOS

* * * * *

Cuentan los lugareños que sus jardines verde botella y sus bugambilias rosa encendido atrajeron no solo a multimillonarios nacionales, sino también extranjeros. Se dice, por ejemplo, que la heredera de las tiendas Woolworth, la mayor minorista en los años sesenta, tenía ahí un palacete; que el sha de Irán fue, con todo y su perro gran danés, por temporadas largas en varias ocasiones; que en el centro de Cuernavaca tenían casas impresionantes don Emilio Azcárraga Vidaurreta y don Bruno Pagliai, dueño de Tamsa (Tubos de Acero de México). También cuentan que por ahí de los setenta, casi ochenta, los ricos mexicanos compraban casas de descanso en Palmira —la zona de barrancas donde ocurrió el socavón del Paso Express, en julio de 2017— o en Los Limoneros, uno de los fraccionamientos que desarrolló Agustín Legorreta, el gran banquero mexicano.

Morelos, y en particular la ciudad de la eterna primavera, Cuernavaca, fue el primer destino mexicano para el retiro de ricachones gringos y europeos. Desde mediados del siglo xx fue refugio de fin de semana de billonarios para gozar del «mejor clima del mundo», según decía el rey de los helicópteros, «El Conde» Corradino Agusta, dueño de una empresa de aeronáutica y una casa portentosa en la que él y su esposa descansaban al menos dos meses al año. Llegaban en un jet Gulfstream, junto con *valet*, camareros, cocinero y hasta el perico, para departir durante su estancia en Cuernavaca.

Pero no solo el *jet set* internacional sintió atracción por la *bella vita* que ofrecía la ciudad de jardines acicalados, los narcos mexicanos —ricotes también— quisieron su rebanada del paraíso primaveral y montaron ahí su residencia a principios de los noventa.

Su presencia, al muy poco tiempo, descompuso todo. Morelos quedó postrado por secuestros y escándalos de políticos metidos en el crimen organizado desde los tiempos en que gobernó Jorge Carrillo Olea, ex funcionario de la Dirección Federal de Seguridad. Así, de ser el escenario en el que escritores de la onda mexicana como José Agustín o José Emilio Pacheco escribían novelas, con el majestuoso Tepozteco como telón de fondo, se convirtió en escena del crimen: balaceras, cirujanos muertos en tambos rellenos de cemento, narcos arrestados o asesinados, funcionarios públicos encarcelados.

Delincuentes de todos los ramos sentaron reales en el estado de Morelos. El Señor de los Cielos, Amado Carrillo, tuvo su residencia en Tetecala, antes de ser hallado muerto en la plancha de un hospital de Ciudad de México en 1997. El Azul, Juan José Esparragoza, se asentó en Jonacatepec, mientras que el jefe de jefes del cártel de Sinaloa, Arturo Beltrán Leyva, fue abatido por la Marina en un conjunto de lujo de Cuernavaca, en 2009.

Los dos secuestradores mexicanos más sanguinarios de las últimas décadas son originarios de Morelos: Daniel Arizmendi, «El Mochaorejas», y su sucesor Andrés Caletri.

Emulando las hermosas enredaderas que ahí florecen, en Morelos crimen, corrupción y gobierno se entrelazan. A finales de los noventa, el jefe del grupo antisecuestros estatal y el encargado de la policía judicial cayeron presos por sostener vínculos con el crimen organizado.

Años después, en 2004, ya con un gobierno del PAN, la historia se repitió casi idéntica: el gobernador Sergio Estrada Cajigal, con fama de donjuán por pasear a sus *doncellas* en el «helicóptero del amor», fue sujeto también de juicio político, tras el arresto de dos altos mandos policíacos de su administración.

Tierra fértil, ahí florecen hasta los escándalos. Para el año 2012, Tres Marías era conocido no solo por sus quesadillas, sino por la balacera que protagonizaron policías federales en contra de una camioneta en la que viajaban diplomáticos estadounidenses. Mientras que, en 2015, acercarse a Huitzilac equivalía a tentar a la muerte de frente.

En lustros, el edén de fin de semana dio paso a la violencia y corrupción de entre semana. Literalmente, Morelos, con todo y su eterna primavera, su Cocoyoc y Tequesquitengo —tan socorrido por los chilangos—, su Autopista del Sol y su cercanía a Ciudad de México, se hundió.

El socavón del kilómetro 95A del Paso Express es una metáfora de su actualidad. El hoyo no toca fondo aún, como los escándalos de sus políticos y criminales.

EL SOCAVÓN DE LA CORRUPCIÓN

Esta es la historia horrorosa y tenebrosa de un secretario inamovible (buujú, buaajá)

SU NOMBRE: Gerardo Ruiz Esparza, conocido como el Jerry o el Inamovible.

SU CARGO: secretario de Comunicaciones y Transportes, y la *Secretaría de la Tajada*, según fuentes inexistentes.

SU PATRÓN: Enrique Peña Nieto, OHL, HIGA (bueno, estas últimas son de nuestra propia cosecha).

1

En 2017 protagonizó el triste episodio del socavón que enterró sueños, vidas y aspiraciones de muchos, pero no del Jerry.

2

Él hacía muy feliz un *periscopeo*, luciendo qué maravilloso era su Paso Express a prueba del clima, tiempo y desgaste.

3

El 5 de abril de 2017, sonriente (y prepotente), con la obra a medio terminar (faltaban señalizaciones, entrega al gobierno de Morelos y un largo etcétera), posó junto al presidente Enrique Peña Nieto y los gobernadores Graco Ramírez y Héctor Astudillo para la foto de la inauguración del mentado Paso Express... Hay que cacarear el huevo, ¡faltaba más! ¡Cof, cof...! Nótese que todos iban bien coordinados, de blanco y engalladitos, presumiendo la única maravilla carretera del año.

Como es costumbre en toda cultura entregada al *besamanos presidencial*, a lo largo del Paso Express (que costó un friego de lana por encima de lo presupuestado y que pagamos con *nuestros impuestos*) se puso la bonita manta para agradecer a Peña Nieto por la obra.

5

A los dos meses pasó lo que tenía que pasar, cuando hay corrupción.
Se abrió la tierra... y dos personas cayeron vivas en el socavón de cinco metros de profundidad y siete de ancho.

* * * * * *

6

Ruiz Esparza ni se despeinó; tuiteó: «Rescatamos el auto. Lamentablemente los dos ocupantes fallecieron».
Un elefante habría tenido más sensibilidad, ¡para cortarse las venas!

7

El luto invadió a una familia. Murieron en el boquete (de la *corrupción* y de los *amiguismos*, decimos nosotros), por asfixia, Juan Mena López y Juan Mena Romero, padre e hijo. Salieron temprano rumbo al trabajo y usaron el auto para evitar los contratiempos por las lluvias.

* * * * * *

8

El «sensible» Jerry siguió con comentarios burdos y ofensivos: calificó la muerte de los Mena López como un «mal rato» y el incidente como «gajes del oficio».

9

Los porristas del gobierno quitaron la manta. No sea que, si había que darle las gracias al presidente por la obra, entonces habría que culparlo por la desgracia.

* * * * * * * * *

10

El inamovible Jerry arremetió contra la lluvia y culpó de paso a la basura. Se negó a renunciar si no se lo pedía su jefe, el presidente. ¡Faltaba más!

* * * * * * * * *

11

Ante la indignación popular el chivo expiatorio fue el delegado de la SCT en Morelos, José Luis Alarcón Ezeta.
El 1 de agosto, la Secretaría de la Función Pública abrió procedimientos administrativos contra tres empleados de la SCT. Nada contra Ruiz Esparza, el mejor pagado de la dependencia, pero que no es corresponsable de lo que hagan sus subalternos.

12

El 10 de agosto, peritos independientes dieron a conocer los resultados de su dictamen sobre las causas del socavón: *fallas en el diseño y la supervisión de la obra.* ¡Pero no se señaló un responsable! Ah sí, la alcantarilla.

* * * * * *

13

La historia continuará... (para nuestra desgracia).
Las empresas que diseñaron el Paso Express, Aldesa y Epcor, participan en la construcción del nuevo Aeropuerto Internacional de Ciudad de México, que ni está en la ciudad, ¡puf! Hasta en algo así de elemental mienten... Imagine el socavón en el que México se hunde.

ALCALDE EN PRIMAVERA

(o lo que viene siendo un «burro» —de trabajo— en la alcaldía de Cuernavaca)

Posición principal

Ídolo nacional, tepiteño, futbolista, el 10, actor de telenovela, conductor, golpeador de periodistas, goleador, galán de guapotas y famosas, mitotero, mediocampista, medio administra Cuernavaca.

Posición secundaria

Presidente municipal de Cuernavaca

Pie

Ambidiestro

Club actual

Sport City Loreto, y cuando puede se acerca a las oficinas de la alcaldía de Cuernavaca.

Triunfos

- Tres copas del mundo.
- Seleccionado nacional: Francia 1998, Japón 2002, Sudáfrica 2010.
- Dos clásicos políticos morelenses: duelos a muerte con Graco Ramírez, su archirrival.
- Primer encuentro: estira y afloja entre el gobierno estatal y el municipal para instalar el mando único policial. Ganó de chiripa el amarillo y autoproclamado «presidenciable» Graco Ramírez. Hubo mando único, pero luego se fue.
- Segundo *round*: la acusación de la fiscalía estatal a Cuauhtémoc Blanco como presunto autor intelectual del asesinato de un empresario y organizador de la Feria Cuernavaca 2017. Goliza del jorobadito y ex americanista, que salió bien librado de la imputación.
- Un gol semanal a la presidencia municipal, por aquello de jugar futbol en días laborales.
- Un pepino al PSD por aquello de «Me importa un pepino y me voy».

Ideología

- Polidiestro (el que lo lance como candidato está bueno).
- Contendió por la alcaldía de Cuernavaca bajo las siglas del PSD.
- El 11 de julio de 2016 rompió sus vínculos con los hermanos Julio César y Roberto Yáñez, virtuales dueños del Partido Socialdemócrata.
- El 14 de marzo de 2017 se puso la camiseta del PES (Partido Encuentro Social).

Frase que lo define

«De distribuir balones en la cancha a repartir besos en campaña.»

Temofestejos

CELEBRACIÓN CELAYISTA
Pretender orinar el poste de la portería emulando un perro.

CELEBRACIÓN MUNICIPALISTA
Tomar como días de descanso los laborales. La prensa local ha denunciado que rara vez se presenta en la oficina.

CELEBRACIÓN AZTECA
Ya como alcalde, a dar patadas en la cancha. El 5 de marzo de 2016 se despidió del América en el estadio Azteca, frente a trescientos mil aficionados. Varios denunciaron actos anticipados de campaña, como cuando se despidió del Puebla y buscaba la candidatura del PSD.

Evolución en el mercado:

2.5 MILLONES DE EUROS

2 MILLONES

1 MILLÓN

150 MIL

350 MIL

(Para ser candidato, dicen en el partido)

2005	2008	2010	2014	2015
Tiburones Rojos	Santos Laguna	Tiburones Rojos	Puebla FC	PSD

¡Oh sí! El programa Punto de Partida, de Denise Maerker, difundió un reportaje en el que mostró un contrato por el monto antes citado.

Roberto Carlos, ex secretario del ayuntamiento de Cuernavaca, declaró: «Nos cobró siete millones de pesos por participar como candidato a la presidencia municipal de Cuernavaca, en el año 2015».

Jugadas estelares

LA CUAUHTEMIÑA: brinquito sin soltar el balón.

LA ALCALDIÑA: brinquito sin soltar el hueso. Dejó el PSD, pero contenderá para gobernador con el PES.

LA GRAQUIÑA: desbordar por las bandas al gobernador y exasperar al perredismo.

LA PRIMAVERIÑA: contender por Cuernavaca con documentos cuestionados y una residencia casi imposible de probar.

Habla de la patada. Aquí una colección de sus frases desastrosas desde que se lanzó a la política:

«Estudien y prepárense. Ustedes son importantes para sus padres.»
Discurso de solo 55 segundos ante universitarios al arrancar la campaña.

«Yo no me voy a hacer pendejo como lo hacen todos los políticos.»

«No vengo a vender espejitos, vengo a ayudarles, estar con ustedes, necesito su apoyo. Apoyen al PRD, que somos los jóvenes...»
Abucheo y risas; «PSD», le aclaran los presentes.

«Yo no necesito dinero. Gracias a Dios el dinero me lo chingo trabajando, cabrón. Rompiéndome la madre. ¿Sabes para qué? Para ayudar a mi familia.»

«Nos dejaron encuerados, pero hay que chambear.»
Tras salida del mando único de Cuernavaca.

«Se me hace una injusticia robarle a la gente, pero es más injusto robarle a la gente más necesitada. Yo escucho a los más necesitados, porque soy como ellos.»
Durante su primer informe derramó además algunas lágrimas, cansado de enfrentar un intento de revocación de mandato y destitución por no acreditar la residencia en Cuernavaca, según los diputados que lo acusaron.

BIENVENIDOS
A
NAYARIT

NAYAR
UNA
1
DE LAS ZONAS
MÁS POBRES
DE MÉXICO

SÍ ROBÉ, PERO POQUITO

CANDIDATO INDEPENDIENTE

PRESA EL CAJÓN

★ ★ ★ ★ ★

Previo a la constitución de 1917, esta entidad era mejor conocida como el séptimo cantón de Jalisco. Sí, pues Nayarit tiene solo 100 años de fundado. Muchos dicen que vivir a la sombra de los tapatíos cimentó esa apatía existencial que mantiene a Nayarit indiferente frente al correr de la vida nacional. En broma, los nayaritas cuentan que los pobladores de este estado, atrapado entre Jalisco, Sinaloa y Durango, el Pacífico y sus islas Marías, festejaron la llegada de los españoles en 1521 y se enteraron de que México tuvo una revolución hasta 1920.

El acontecer del país ha transcurrido prácticamente ajeno a la vida política, económica y corrupta del estado. Incluso mantuvo oculta, por años, una de sus joyas más preciadas: la playa escondida. La imagen de ese trozo de paraíso circular rodeado de un mar turquesa no llegó a los ojos de millones de mexicanos sino hasta que las redes sociales, con el Instragram y el Facebook de cuentas extranjeras, lo exhibieron.

Similar revelación tuvieron los escándalos políticos nayaritas. Gracias a YouTube, los memes y los tuitazos supimos de su estrella más famosa, Hilario Ramírez Villanueva, Layín, el alcalde que robó «poquito». Ojo, no es que no haya habido corruptos, pero eran «discretos», como todo en Nayarit. La notoriedad nacional apenas ha sido alcanzada por el locuaz y viral Layín, por el «Diablo» Veytia, procurador detenido en Estados Unidos, y por el rapaz Roberto «Sasa» Sandoval.

Como alcalde de San Blas, Layín puso de cabeza las finanzas del municipio: se detectaron irregularidades y cuentas por aclarar por más de 225 millones de pesos durante su gestión. Y aunque la cifra es de armas tomar, tomar y bailar es lo que lanzó a Layín como rey de las plataformas sociales. En una fiesta popular de 2015 levantó la falda y mostró los chones de su compañera de baile, una mujer probablemente 20 años menor; en 2016 le arrojó billetes a una multitud congregada en un festejo patronal, que coreó «Layín para gobernador»; les pagó a artistas como Los Tigres del Norte y Julión Álvarez por ofrecer conciertos gratuitos, y le regaló un auto Spark, de 135 mil pesos, a Rubí, la quinceañera más famosa de México.

Las borracheras de fama en redes sociales llevan al atrevimiento. En 2017, Layín se convirtió en candidato independiente, faceta que será recordada por su circo de incoherencias en el debate entre aspirantes a la gubernatura, al llegar en estado inconveniente y tarde.

Pero las desgracias de Layín palidecen frente a las acusaciones que encaran Roberto Sandoval y su fiscal de hierro, Edgar Veytia. A meses de finalizar su gobierno, el Sasa tocó su muro, como apodan los maratonistas el último trecho de la carrera. Todo se vino abajo en la recta final de su administración. Y las cifras de menor inseguridad, de obras sin precedentes en un sexenio, de mayor transparencia fueron arrolladas por la acusación de Estados Unidos contra Veytia. Detenido en marzo de 2017, en San Diego, California, El Diablo, como llaman los nayaritas al fiscal, enfrenta cargos por importar, fabricar y distribuir heroína, metanfetaminas, marihuana y cocaína. Meses después, las autoridades estadounidenses le retiraron la visa al aún gobernador. De súbito, los nayaritas fueron centro de atención mediática nacional y comenzó un escrutinio en medios locales y nacionales en torno a la forma de vida del Sasa, sus caballos, sus lujos y hasta las fiestas del hijo futbolista. A pesar de ello, las acusaciones legales solo vinieron de Estados Unidos, mientras que, en México, el «político priista» de nuevo cuño, diría EPN, contó con un visado de impunidad.

ROBERTO SANDOVAL CASTAÑEDA,

alias Sasa

Nació el 15 de noviembre de 1969 en Tepic, Nayarit. Ingeniero. Fue diputado local (2005-2008), presidente municipal de Tepic (2008-2011) y gobernador de Nayarit por el PRI (2011-2017).

* * * * * * * * * * * * * * *

ÉDGAR VEYTIA,

alias el Diablo o Lic. Veytia

Nació en Tepic, Nayarit. Licenciado en Derecho. En 2008 fue director de Tránsito y Vialidad de Tepic, en 2010 secretario de Seguridad Pública de Tepic y en 2011 subprocurador de justicia del estado. En febrero de 2013, el Congreso estatal lo designó como fiscal de Nayarit para un periodo de siete años.

* * * * * * * * * * * * * * *

HILARIO RAMÍREZ VILLANUEVA,

alias El amigo Layín o Layín

Empresario. Dueño de una empacadora de mango en Huaristemba, Nayarit. Presidente municipal de San Blas, Nayarit: de 2008 a 2011, por el PAN, y de 2014 a 2016, como independiente.

Locuras

INVESTIGACIONES PENALES. Aunque se hace el loco, Sandoval no puede negar que, en junio de 2017, la Subprocuraduría Especializada en Investigación de Delitos Federales de la PGR le abrió una carpeta de investigación por probable enriquecimiento ilícito.

Loco, loco se enriqueció otro poco… al llegar al cargo de gobernador. Sandoval aseguró tener solo una casa de dos millones de pesos. Poco tiempo después presumió, en medios de comunicación, un rancho de diecisiete hectáreas ubicado en Aután, San Blas.

LOCOS POR LAS COMPRAS. La prensa señala que funcionarios del gobierno de Sandoval utilizaron sus cargos para asignar, al menos, 15 contratos a empresas de ellos mismos y sus familias. Los fallos suman, al menos 121 820 000 pesos.

El método se conoce como «hacerle al tío Lolo»: ellos fundaban las empresas, concursaban, decidían y se quedaban con el presupuesto público. Los reportes periodísticos acusan que la red estaría compuesta por Gianni Ramírez, secretario de Obras Públicas; Juan Ignacio Ávila Ruiz, subsecretario de Obras Públicas; Fred Alberto Bernal Aguirre, director de Infraestructura Urbana y Vial, y Luis Arciniega Alvarado, alias «El Yogui».

NI LOCO A ESTADOS UNIDOS. En 2017, el gobierno estadounidense le retiró el permiso de entrada a quien aún era gobernador de Nayarit.

NARCOFISCAL GENERAL DEL ESTADO. En marzo de 2017, todavía como fiscal general del estado de Nayarit, Édgar Veytia fue detenido en San Diego, California, por presunto tráfico de droga. Estados Unidos lo acusa de conspirar para distribuir e introducir droga a ese país, de acuerdo con un documento de la Corte del Distrito de Nueva York.

VIOLENTO POR ENCARGO. Al menos 10 personas comparecieron ante diputados del Congreso local de Nayarit para exigir que se investiguen diversos crímenes graves de los que fueron víctimas, entre ellos tortura, despojo, secuestro, fraude. Todos fueron presuntamente cometidos por el ex fiscal, Édgar Veytia, quien además es señalado por la prensa local de brindar protección al cártel Jalisco Nueva Generación, liderado por Nemesio Oseguera Cervantes «El Mencho», en el Bajío. El 20 de diciembre de 2013, la revista *Proceso* informó sobre extorsiones, despojos, robos, levantones y secuestros de los que eran objeto los dueños y concesionarios de terrenos en Nayarit, por parte de los sicarios de esa organización. Según algunos de los afectados, Veytia los encabezaba.

Locuras

SOLO UN LOCO DICE LA VERDAD. En julio de 2014, durante un mitin, Layín aseguró haber «robado poquito»: «¿Que le robé a la presidencia? Sí le robé, sí le robé, pero poquito, porque está bien pobre. Nomás le di una "rasuradita"».

DE REMATE. Declaró a la cadena Univisión que a diario reparte entre 20 mil y 30 mil pesos, «pa' regalarlos a todos los niños».

Diciembre de 2014: en la plaza pública de San Blas, durante el encendido del árbol navideño, el edil tiró un bolo de 50 mil pesos para los asistentes.

LOCA CALENTURA. En febrero de 2015, durante su fiesta de cumpleaños —que tuvo un costo de 15 millones de pesos—, le levantó la falda en tres ocasiones a una joven con la que bailaba sobre el escenario.

Septiembre de 2016: reparte billetes de 20 y 50 pesos durante una fiesta patronal en Ahuacatlán, como recompensa a los que asistieron a saludarlo.

Abril de 2017: niega ser protegido de Édgar Veytia, ex fiscal nayarita detenido en Estados Unidos y acusado de tener vínculos con el narcotráfico.

BIENVENIDOS
A
NUEVO LEÓN
CERESO
TOPO CHICO
0238
RODRIGO
MEDINA
2017
CANDIDATO
INDEPENDIENTE
TOPO CHICO
PAPÁ MEDINA
CORREDOR
HIPOTECARIO

★ ★ ★ ★ ★

Corrían los años treinta, tiempo de crisis y de entreguerras en el mundo, y en México la industria siderúrgica despegaba a todo vuelo. El presidente, el general Lázaro Cárdenas, se dio una vuelta por Monterrey para limar asperezas con los grandes empresarios del momento: Eugenio Garza Sada, del Grupo Monterrey, que controlaba desde la Cervecería Cuauhtémoc hasta un banco; los Zambrano, en Cemex; Roberto Garza Sada, en Vitro, y un rosario de hombres exitosos, poseedores de grandes fortunas y una mística casi protestante: trabajo, parsimonia (o tacañería, como los *buleamos* en el resto de la República), recato.

El general Cárdenas fomentaba lo que los regios llamaban «una guerra de clases», aunada a políticas de corte socialista.

—Don Joel, me dicen que aquí hablan muy mal de mí —dijo Cárdenas.

—Con todo respeto, señor presidente, nuestras máquinas trabajan tan fuerte que no nos permiten ni oír ni transmitir rumores.

Este diálogo entre el presidente y Joel Rocha Barocio, exitoso fabricante y distribuidor de muebles, resume la ética de los regios de entonces: trabajo duro, lejos de la grilla.

Por más de siglo y medio, a Nuevo León lo han distinguido la industria y el comercio en México, pero, sobre todo, ser una entidad autónoma del gobierno federal. El dinero no venía de contratos con el gobierno y no se mamaba de la ubre presupuestal. Mantenían una relación distante y eran un contrapeso al poder político del régimen revolucionario.

Hasta que eso... se jodió.

Después de la presidencia de Echeverría, los empresarios de Monterrey se acercaron al presidente José López Portillo, por medio de Bernardo Garza Sada. El poder político y el económico se mezclaron en una suerte de declive mutuo. Los hijos de los hombres austeros y trabajadores cayeron en excesos o en la política. El muy controvertido alcalde Mauricio Fernández, del PAN (2009-2012 y 2015-2018), nieto de don Roberto Garza Sada, creció entre lujos y safaris, opulencia y dispendio, como lo muestra el documental *El alcalde*.[1] Es conocido por su turbio grupo de choque (o grupo de matones, en varios reportes de prensa): Los Rudos. Así se enfrentó al narcotráfico que se instaló en San Pedro Garza García, el municipio más rico de todo el país. Con Los Rudos y muchas sospechas, Fernández gobierna donde viven los dueños de Femsa, Alfa, Vitro, por citar empresas que representan casi una quinta parte del PIB nacional. Otro panista de origen empresarial y con pifia nacional es Fernando Canales Clariond, primer gobernador panista de Nuevo León, de 1997 a 2003, y secretario de Estado en tiempos de Fox, que acuñó uno de los dichos más vanos de la política nacional para justificar el desempleo: «Que a nadie nos dé pena, [...] sucede hasta en las mejores familias».

Pero nadie dañó más al PAN que el alcalde de Monterrey, Fernando Larrazábal, con el escándalo que subsiguió al mortífero ataque en el Casino Royal por parte del crimen organizado y las denuncias en su contra por enriquecimiento ilícito y su cercanía a los casinos.

En términos de corrupción en el nivel de gobernador, dos priistas se pintan solos: Sócrates Rizzo y Mauricio Medina. Rizzo abandonó el cargo en medio de acusaciones por tráfico de influencias, funcionarios encarcelados y la sospechosa muerte de un prominente abogado. Era considerado una marioneta de Carlos Salinas de Gortari, siempre cercano a Nuevo León, donde se encuentra su rancho en Agualeguas (con pista de aterrizaje propia) y en el que realizó su huelga de hambre antes de autoexiliarse por las acusaciones de corrupción en contra de su familia.

Medina era mejor conocido como un clon de Enrique Peña Nieto, pero toda aspiración de lanzarse por la grande la aniquiló su padre, que acumuló propiedades como quien suma puntos en la tarjeta de crédito.

Hoy, Nuevo León se dice independiente. Llegó en 2015 el primer gobernador sin partido. Aunque lo cierto es que el afamado Bronco apenas le ha dado rienda suelta al escándalo y, por andar de dicharachero, se la pasa confesando sus limitaciones.

Pareciera el deseo de los regios volver a la añeja distancia que hubo frente al poder político. El problema es que lo único imposible en esta vida es la eternidad y volver al pasado.

[1] *El alcalde* (The Mayor), de Carlos F. Rossini, Emiliano Altuna y Diego Enrique Osorno.

DIRTY CASINO
APUESTO TODOS MIS QUESOS
En agosto de 2011, la violencia y el crimen organizado azotaban Nuevo León. En el Casino Royale, en Monterrey, casi a las 4 p.m., diecisiete miembros de Los Zetas dispararon contra el establecimiento, lo rociaron con gasolina y le prendieron fuego, porque el dueño se negaba a pagar el «derecho de piso».

En total, 52 personas murieron intoxicadas por el humo; las salidas de emergencia estaban selladas. El casino tenía los permisos para operar, a pesar de no contar con las instalaciones adecuadas.

CHEESEGATE
Meses después, *Reforma* publicó unos videos, tomados por las cámaras de vigilancia de varios casinos, en los que Manuel Jonás Larrazábal «El Quesero», hermano del presidente municipal panista de Monterrey, Fernando Larrazábal, recibía dinero en efectivo.

Cuando el escándalo estalló, Larrazábal alegó que era dueño de un restaurante de comida oaxaqueña; durante su defensa dijo que él solo vendía quesos y que a eso se debían los pagos grabados en los videos.

En noviembre de 2011, Manuel Jonás Larrazábal recibió el auto de formal libertad, después de que pagó por recibir el perdón. El abogado de Larrazábal comentó que su cliente pagó por la reparación del daño 1 135 000 pesos y 30 mil dólares .

Al salir los videos, Fernando Larrazábal se deslindó de su hermano. En 2012, este político compitió por una diputación federal y ganó. Fue diputado federal de 2012 a 2015. También libró el proceso de expulsión del PAN.

FIN... Y TODOS FUERON FELICES E IMPUNES.

LOS ~~MIDAS~~ MEDINA

Los Medina de Nuevo León tienen poderes: *lo que tocan lo convierten en lucrativos negocios inmobiliarios*. Ponen un dedo acá y aparece una casa en San Pedro Garza García, Nuevo León; posan el dedo allá y emerge una propiedad en los Unaited Estates. En total, una riqueza inmobiliaria que equivaldría *a mil millones de pesos*, de acuerdo con estimaciones de Aldo Fasci, ex líder local del PRI y ex subprocurador estatal. También tienen corazón campesino y compran terrenos como si fueran hombres de campo o ejidatarios.

Todo empezó en 2005. El 12 de septiembre, Alejandro Medina, hermano del gobernador de Nuevo León, Rodrigo Medina, constituyó *River States, una pequeña empresa en San Antonio, con un capital de diez mil dólares* en una casa humilde, en el 101 de la calle Sunflower. Mientras Rodrigo Medina era gobernador, la compañía creció sin parar.

En el olimpo de los políticos que lucran, pocos tienen el poder de la plusvalía como los Medina. De acuerdo con información pública de la Oficina de Impuestos del condado de Bexar, la última adquisición que hicieron en San Antonio fue una *residencia con valor de casi 737 mil dólares, unos 11.5 millones de pesos*, en el exclusivo fraccionamiento The Dominion. Este es el desarrollo privado con mayor plusvalía de San Antonio.

En 2015, el PAN acusó a Medina Ainslie, padre del gobernador, de acumular *siete propiedades en San Pedro*, tres de ellas en la calzada del Valle, en uno de los sectores con mayor plusvalía del estado, con *un precio comercial de trescientos millones de pesos*.

En abril de 2015, una ejidataria denunció la venta con engaños de 2 430 hectáreas a un intermediario de Medina Ainslie, de sus hijos, Alejandro y Humberto, y del candidato del PRI a la alcaldía de Guadalupe, Francisco Cienfuegos. Una semana después de la denuncia, Grupo Reforma publicó que el padre del mandatario, su esposa, María Rebeca de la Cruz, así como sus hijos, Alejandro y Humberto, obtuvieron en 2013 más de *doscientas hectáreas del Ejido Mina, haciéndose pasar como «campesinos» y «avecindados»*. Esos terrenos serán mágicamente transformados en una ciudad judicial, gracias a la inversión pública.

Los Medina tocan un humilde sueldo y surge una potente empresa inmobiliaria transnacional. El padre (Humberto Medina Ainslie) y el hermano (Alejandro Medina) del gobernador *crearon al menos doce empresas en Texas para sus inversiones millonarias*. Medina Ainslie lo hizo solamente como asesor jurídico del ex gobernador Natividad González Parás, de 2003 a 2009, con un sueldo de 97 mil pesos mensuales. En 2009, González Parás lo nombró notario, pero logró convertir sus humildes ingresos en millonarias propiedades.

BIENVENIDOS
A
OAXACA
CNTE
¡UPSSS!

★ ★ ★ ★ ★

Es literalmente dueño de al menos medio siglo de nuestra historia. Tanto el héroe nacional por antonomasia como el villano favorito de la historia de los libros de texto nacieron en esta región. Oaxaca es tierra de contrastes. En el aislamiento y marginación de la Sierra Norte zapoteca nació el primer presidente de origen indígena de México, Benito Juárez, mientras que en los Valles Centrales, zona rica en cultura y centro económico de la entidad, creció Porfirio Díaz, el dictador.

Gobernaron juntos casi 10 lustros y definieron, básicamente, el derrotero de la nación. A Juárez le debemos la consolidación de la República y las leyes de Reforma, mientras que, a Porfirio Díaz, la mayor obra de infraestructura ferroviaria y carretera en décadas.

En los contrastes de estos personajes está atrapada Oaxaca. Es el corazón cultural del país y, a la vez, el epicentro de la marginación nacional: siete de cada diez oaxaqueños son pobres, tres de cada diez no tienen suficiente para comer, dos de cada diez no tienen acceso a la salud; la mitad de los adultos de Oaxaca no terminó la primaria.[1] El nivel de injusticia en el estado llevaría a suponer que Oaxaca nos ha dado también los líderes sociales de los siglos XX y XXI, pero no. Después de Juárez, la nada o, mejor dicho, lo peor: José Murat, Ulises Ruiz, Gabino Cué. La triada de «reyesitos» o monarcas de pacotilla del siglo XXI que, lejos de llevar bienestar al estado más conocido de México más allá de sus fronteras, lo estancaron y, en algunos rubros, lo empeoraron.

De 2000 a 2014, según cifras del Coneval, aumentaron las personas que viven en pobreza, sin embargo la fortuna personal de la familia Murat es tal que incluso mereció una primera plana en el influyente *The New York Times*, bajo el encabezado «The Mexican Power Brokers» (los mercaderes del poder en México). La investigación periodística da cuenta de propiedades en la llamada capital del mundo, donde hizo estudios de maestría el hoy gobernador Alejandro Murat, y otras más en Utah y Texas. Los inmuebles, que suman millones de dólares, están a nombre de las conyugues o, incluso, se alteró el apellido Murat a M. Casab. En su declaración 3 de 3, el Muratito, como llaman al heredero en el gobierno, señaló que compró un terreno en Ciudad de México cuando apenas tenía ¡¡¡11 años!!!

Los escándalos no solo han mancillado el apellido Murat. Su sucesor, Ulises Ruiz, acumula acusaciones ante autoridades locales y federales, mientras que al menos tres colaboradores de alto rango de su administración han sido investigados y castigados (a la mexicana y con la ferocidad de unas inhabilitaciones o penas menores) por enriquecimiento ilícito y peculado.

El mismo futuro se ciñe sobre el gobernador del cambio, Gabino Cué. Prometedor de este, lo único cierto es que pudo cambiar de residencia a una de extremo lujo, según reportes de *Reforma*. Lo demás quedó igual: la forma de gobernar, riqueza para los cuates y pobreza para Oaxaca.

A pesar de ello, los sabores, los colores y los olores de México parecen surgir de esta región sureña. Artistas de la talla de Toledo y Tamayo, moles de boda, negros y coloraditos, telares de cintura exquisitamente elaborados, 80 por ciento del mezcal que se exporta y el espectáculo folclórico más grande de América, la Guelaguetza, tienen su origen en Oaxaca. La Guelaguetza, en particular, tiene en realidad un significado de vida para los zapotecos: la ida y vuelta de favores. En los pueblos, la gente lleva una lista: el guajolote para el mole de la boda de Chona, las flores de la fiesta de José, etcétera. La lista es un compromiso de reciprocidad a futuro. Y, al parecer, los pendientes del mañana de sus gobernantes son una enorme deuda que aún espera el destino.

[1] Coneval. Oaxaca ocupaba el primer lugar de rezago social del país en el índice de 2015. <http://www.coneval.org.mx/coordinacion/entidades/Oaxaca/Paginas/Indice-de-Rezago-Social-2015.aspx>; <http://www.coneval.org.mx/coordinacion/entidades/Oaxaca/Paginas/pobreza-2014.aspx>.

TRES
REYESITOS

Su majestad

JOSÉ NELSON MURAT CASAB

(1998-2004)

Apodos:

El Talibán. En pláticas de mezcal, palenques o fiestas de pueblo lo conocen como Murata o Muratón.

Atributos e imagen popular:

Gallo de pelea, pandillero, pendenciero, bebedor. Proclive a los excesos (esto nunca se ha probado, pero así vive en el imaginario de sus ex gobernados).

Poderes:

TRANSMUTACIÓN. Es el último gran líder de la Sección 22, de maestros disidentes de Oaxaca.

TELETRANSPORTACIÓN. Durante el sexenio de Vicente Fox organizó un plantón oaxaqueño en la plancha del zócalo capitalino. Facilitó el transporte, compró tiendas de campaña y hasta puso su módulo de atención en la plancha de la Constitución, hasta obtener 3 600 millones de pesos para construir una carretera.

LONGEVIDAD. Se le ha dado, más de una vez, por políticamente muerto, pero siempre revive en el PRI.

Habilidad:

PACTAR (el Pacto por México es, en parte, obra de su autoría, aunque pactar no equivale a progresar).

Mayor legado:

El autoatentado. En 2004, el gobernador participó en el montaje de un supuesto ataque en su contra, tras una noche que, se dijo, fue de parranda. Las primeras horas tras el incidente, en apariencia pasado de copas, Murat se dijo víctima de un intento de asesinato y denunció la muerte de uno de sus escoltas. Posteriormente se supo que el escolta no era tal y que los impactos al parabrisas del auto en el que viajaba el gobernador venían desde el interior del vehículo. La PGR determinó que los escoltas del gobernador no solo fueron responsables de esos disparos, sino de 36 más en la escena del crimen. La muerte del policía bancario Rufino Zárate, que cayó en ese extraño autoatentado, sigue impune y no fue investigada. Murat, por su parte, denunció un «grotesco complot» de Fox.

Herencia:

El trono oaxaqueño, en línea directa, a su hijo Alejandro. Propiedades en Nueva York, Utah y otros destinos de Estados Unidos, según revelaciones del diario estadounidense *The New York Times*.

El Bárbaro

ULISES RUIZ ORTIZ

(2004-2010)

Apodos:

El ex gobernador de Oaxaca adolece de apodos, pero le sobran adjetivos. Muchos se pronunciaron en la radio cuando los maestros tomaron las estaciones locales. Otros más los rescatamos de columnas, protestas callejeras y hasta de las filas de su propio partido, el PRI.

Omitimos los más usados en los pasillos de la política, y dejamos Bam Bam (hijo de Pablo Mármol, de Los Picapiedra), o (D)URO, por sus iniciales.

Los seguidores de Gabino Cué lo llamaban Carnicero de Chalcatongo.

Atributos e imagen popular:

Contaba con un nivel de aceptación razonable hasta que se enfrentó con el magisterio oaxaqueño. El desalojo por parte de la policía estatal bajo su mando, el 14 de junio de 2006, en el zócalo de la ciudad de Oaxaca, fue el principio de la caída de su prestigio como gobernador. Se le acusó de uso excesivo de la fuerza, de violar los derechos humanos de los maestros y de perseguir a los jefes del movimiento magisterial oaxaqueño. La presión de organizaciones no gubernamentales y de la prensa se atizó con la muerte de un periodista extranjero, que cubría las protestas y los paros que tenían sumida en la quiebra a la ciudad. Aun así, y a pesar de un gran repudio popular, se aferró al cargo y terminó su mandato. ¡Ah, bárbaro!

Poderes:

CINISMO. Cuentan los habitantes de Oaxaca que en sus recorridos por la ciudad toleraba abucheos e insultos con una inquebrantable sonrisa y sin bajar la mirada.

FUERZA BRUTA. Uso del garrote y poca zanahoria.

Habilidad:

EQUILIBRISTA. No cayó del cargo ni en los momentos más críticos de la crisis y el enfrentamiento con la Sección 22.

Guerras:

Con José Murat. Con el «nuevo» PRI.

Herencia:

Una auditoría a su gestión encontró desvíos por cuatro mil millones de pesos e impuso sanciones a una treintena de funcionarios. Pero los «peces gordos de la corrupción siguen impunes», publicó en 2012 la revista *Proceso*.

El Príncipe

GABINO CUÉ MONTEAGUDO
(2010-2016)

Chiste local:
¿De qué se ríen los oaxaqueños cuando les preguntan sobre el gobierno del cambio? Pues de que no pasó nada, porque Gabino «hasta el cambio se chingó».

Apodo o mote:
Robino, la decepción.

Atributos e imagen popular:
Increíble pero cierto: en el índice de maldad popular de sus ex gobernadores (encuesta sin rigor científico a taxistas), los oaxaqueños suelen ubicar a Gabino como el peor de todos. Será por desilusión ante el cambio o porque la vara fue ubicada demasiado alta, pero Gabino dejó el cargo con una bajísima aprobación popular.

Su secretario de Salud, Germán Tenorio, está en la cárcel por quebranto al erario o llevarse poco más de 1.050 millones de pesos.

Poderes:
EDIFICADOR. El diario *Reforma* reportó que Gabino Cué se construyó una mansión de siete millones de dólares en una colonia exclusiva de Oaxaca. La casa, en el fraccionamiento Puente de Piedra, en la calle Puente del Obispado s/n, fue diseñada por el arquitecto Renato Elizondo, que decoró las oficinas del gobierno con cargo al erario, según el informe de prensa.
VISIÓN PANORÁMICA. Una investigación periodística reveló que Gabino Cué despachaba en un espacio de la Torre Omega, en Polanco, con vista al castillo de Chapultepec y cuya renta excedería los doscientos mil pesos mensuales.

Habilidades:
DECORATIVO. Se paró junto al comisionado de la Policía Federal, Enrique Galindo, cuando aceptó que sus elementos iban armados durante el operativo de desalojo de la carretera Oaxaca-Puebla a la altura de Nochixtlán. Se reportaron seis muertos y más de cien lesionados.
ADORNO. Desapareció el IEEPO... Por medio de un decreto y acompañado (si no es que cargado) por el vocero de la Presidencia y el secretario de Educación Pública federal, anunció, en julio de 2015, que el estado recuperaba la rectoría de la educación en Oaxaca... por un breve momento. Alejandro Murat, su sucesor, recontrató a los maestros despedidos.

Legado:
Endeudamiento injustificado del estado. La deuda de Oaxaca, según datos de la SHCP, se triplicó de 2010 a 2016, de 4 615 millones de pesos a 12 756 millones.

Desvíos. La Auditoría Superior de la Federación denunció penalmente ante la PGR a Oaxaca, por el desvío de fondos educativos. Se detectaron 9 806 pagos indebidos a comisionados, que sumaron 54.7 millones de pesos.

BIENVENIDOS
A
PUEBLA
JUST FOR
MEN
ORIGINAL FORMULA
HUACHICOLERO

★ ★ ★ ★ ★

«Pipopes» de *pieza poblana perfecta*, dicen con socarrona soberbia los habitantes de esta ciudad colonial, exquisita y, sí, de fama mamona. Y no es que uno quiera encajarse con el prejuicio aquel de *pinche poblano pen…*, pero reconozcámoslo: algo tienen de especiales y engreídos los hombres y las mujeres de este estado que fue cuna de los personajes más ricos de México.

La ciudad de Puebla tuvo gran auge durante los albores del siglo xx. Llegó una vigorosa comunidad española dedicada al comercio, así como libaneses consagrados a los textiles. Una mezcla única que trajo el ceceo al parque España —donde practican tenis los de origen ibérico—, los tacos árabes con trompo y, sobre todo, trabajo y empuje. Por eso, parece más fácil hablar de Puebla en pasado, como lo hace su *aristocracia* decadente, que vive volcada en sus viejas glorias: «Mi familia era, mi familia tenía», hasta convertir a Puebla en la entidad del tuve y fui, y no del soy y seré.

Guillermo Jenkins, un migrado estadounidense, construyó una fortuna que fue el paraguas para el florecimiento de otros empresarios, como Manuel Espinosa Yglesias, dueño y fundador de Bancomer; Rómulo O'Farril, fallecido en 1981, que creó Telesistema Mexicano, hoy Televisa, y don Gabriel Alarcón, a cargo del negocio de cines en México. Pero lo de Jenkins es más que leyenda. Es un legado de lo lucrativo que resulta balancearse en la línea entre lo lícito y lo ilícito. Se asentó en Puebla en 1905 y se convirtió en el más acaudalado empresario del capitalismo salvaje del México moderno. Tan salvaje que el origen de su fortuna fue un autosecuestro. Con dinero mal habido, y a la sombra del poder político, William Jenkins gestó la más importante fortuna de los años cincuenta: «Contrató a sus propios pistoleros para acosar a sus vecinos propietarios y convencerlos de venderle sus haciendas (azucareras). Su pistolero de mayor confianza fue un tal Alarcón y con él mantuvo una cadena de cines. Tuvo otro socio, Espinosa... Además, Jenkins fue amigo cercano del presidente Manuel Ávila Camacho».[1]

Maximino, el hermano de Manuel Ávila Camacho, gobernó Puebla y construyó la leyenda negra del poder político estatal. Hizo del gobierno un feudo, en el que los padres de las niñas más hermosas de la entidad optaban por mandarlas a Ciudad de México, un convento o lejos, por el pánico de que Maximino llegara cabalgando a todo trote y las secuestrara a media noche.[2] Maximino ayudó al viejo Jenkins a hacerse de tierras para los plantíos de caña en Izúcar de Matamoros. Desde entonces surge la definición más simple de la corrupción en México: complicidad entre el gobierno y el sector privado.

El paladar poblano tiene un idilio con lo exquisito. Sobre la calle 6 Oriente se degusta la tradición más dulce de Puebla. Está La Gran Fama, con sus macarrones y tortitas de Santa Clara, y cientos de comercios que venden jamoncillos, moles y el tradicional rompope de las monjitas. Bajo en alcohol, el rompope se degusta por toda la familia sin importar la edad. No como el vergonzoso episodio del coñac, mucho más fuerte, y del «góber Precioso», que manchó a Puebla con estampas de pedofilia.

Ante la mirada silenciosa e imponente de sus volcanes, el Popo y el Izta, Puebla ha visto cómo se asientan los principales armadores de autos del mundo, la Automotriz Volkswagen y recientemente Ciudad Modelo Audi. Pero, el capital y el emprendimiento son extranjeros. Al parecer esa es su condena: los foráneos. Como Rafael Moreno Valle, un forajido que impulsó sus ambiciones presidenciales desde el estado que solo lo vio nacer, pues su vida se desarrolló en otra parte.

En Puebla se festeja por todo lo alto el 5 de mayo, conmemoración que sus migrantes llevaron de México a Estados Unidos, pero no deja de ser paradójico que se celebre con algarabía el triunfo de una batalla cuando se perdió la guerra.

[1] Andrew Paxman (2016), *En busca del señor Jenkins; dinero poder y gringofobia en México*, Debate/CIDE, México; prefacio, página 11.

[2] Ángeles Mastreta (1985), *Arráncame la vida*, Seix Barral, México.

★ ★

RAFA, EL ESPECTACULAR

★ ★

«Rafael Moreno Valle.
La fuerza del ~~cambio~~» Varo

«EL AUTOR MEXICANO CON MÁS ESPECTACULARES QUE LECTORES.»

BEST SELLER... **EN SU FAMILIA.**

ACLAMADO POR LA CRÍTICA:

«Su pluma es tan prolífera como el salario de su amanuense...»
JUAN RULFINO

«Su talento no tiene parangón; guapo, listo..., ¡es m'hijo!»
MAMÁ BURRÓN

«Obra demencial..., solo un loco recorrería las páginas de este panfleto político-electoral.»
MARIO BARGAS LOSA

HARVARD | BUSINESS | SCHOOL

RAFAEL MORENO VALLE
HAS SUCCESSFULLY COMPLETED
FINANCIAL INSTRUMENTS AND MARKETS
MAY 5 - 8, 2004

IN WITNESS WHEREOF
THE OFFICIAL SIGNATURE AND SEAL
ARE HERETO AFFIXED

DONE AT BOSTON, MASSACHUSETS
FACULTY CHAIR

Rafael Moreno Valle

GOBERNADOR DE PUEBLA, 2011-2017

Aspirante presidencial, 2011 y contando.
Signo: Cáncer, con ascendente en Elba Esther Gordillo.
Partido(s): PRI, PAN o el que lo lance a la grande.

¡No se pierda también de este autor!

RAFA ENDEUDADOR

Dejó pasivos por más de 47 mil millones de pesos, pero reportó solo ocho mil millones.Comprometió todo el dinero del impuesto sobre nómina por ¡50 años!

DE 30 MIL A 50 MIL PESOS AL MES POR RENTA DE UN ESPECTACULAR (CIPOP).

RAFA ENCARECEDOR

Sus obras más emblemáticas en el gobierno tuvieron sobreprecios. Tres mil millones de pesos detectó la Auditoría Superior de la Federación por estos rubros:

- **Museo Internacional del Barroco,** costó 1 019 millones de pesos más.
- **Segundo piso autopista México-Puebla,** su costo respecto al proyecto inicial se multiplicó por tres.
- **Estadio Cuauhtémoc,** costó dos veces más de lo que se planteó.
- **Proyecto Arqueológico Cholula,** irregularidades por 139 mdp.
- **Línea 2** del Sistema de Transporte Articulado.

RAFA OMNIPRESENTE

Gastó 809 millones de pesos en comunicación social y publicidad, lo que equivale a 369 mil pesos diarios, igual a 4 600 salarios mínimos al día (revista *Expansión*). Publicitó de manera ilegal, en 26 estados de la república, sus informes de gobierno de 2012 y 2014. En 2012 compró un total de 52 horas y 43 minutos de los llamados «cine minutos», o anuncios para salas de cine del país —excepto en ¡Puebla!—. En 2014 inundó 25 estados con 2 758 *spots* de radio y televisión (Fundar y Artículo 19).

RAFA EMBAUCADOR

El gasto de Moreno Valle en espectaculares, vallas, andadores de metrobús y hasta taxis no es fiscalizable por el INE. No es funcionario público y la promoción de un «libro» no se contabiliza como gasto de campaña.

MORENO VALLE APARECIÓ TAMBIÉN EN ESPECTACULARES COMO PORTADA DE LAS REVISTAS *QUIÉN, CENTRAL* Y *VÉRTIGO*.

Come frutas y verduras. Esta publicidad causa dilemas al INE y daños al hígado, al erario público y al salario de los mexicanos.

EL GÓBER PRECIOSO

ÉRASE UNA VEZ UN LEJANO REINO EN EL QUE HABÍA UN POLÍTICO QUE TENÍA MUCHOS AMIGOS PODEROSOS QUE LE PEDÍAN FAVORES SUCIOS, COSAS TRUCULENTAS, FEAS, INCONFESABLES. UN POLÍTICO QUE SE TAMBALEÓ, PERO AL QUE SOSTUVO LA SUCIEDAD DEL PODER. ESTA ES SU HISTORIA.

Digamos que nuestro personaje se llama Mario Plutarco Marín Torres, que nació el 28 de junio de 1954 en Nativitas Cuautempan, Puebla, y que es licenciado en Derecho por la BUAP. Mario Marín (así le vamos a decir) probó muy joven el brebaje del poder al que se hizo adicto. Los libros del reino dicen que fue subsecretario y secretario de Gobierno (1993-1999), presidente municipal (1999-2002) y gobernador de Puebla, de 2005 a 2011.

Mario Marín estaba en la cumbre del poder cuando en el reino estalló uno de los escándalos más serios en la política mexicana. Corría diciembre de 2005 y, por órdenes de Marín, policías judiciales de Puebla arrestaron a la periodista Lydia Cacho… ¡¡¡en Cancún!!! La trasladaron a la capital poblana en medio de una persecución judicial llena de anomalías y fue internada en el penal de San Miguel, en Puebla.

El arresto de Lydia Cacho fue un favor de Marín a uno de sus poderosos amigos, Kamel Nacif Borge, «el rey de la mezclilla», quien acusó a Cacho de difamación y calumnias por involucrarlo en la red de pornografía infantil y pederastia dada a conocer en el libro *Los demonios del Edén. El poder que protege a la pornografía infantil*. Semanas después del arresto de Cacho se filtraron grabaciones entre Kamel Nacif y Mario Marín, en las que ambos se felicitaban por los abusos cometidos contra Cacho. La llamada estuvo llena de expresiones lamentables y en ellas el empresario acuñó la frase célebre; «Tú eres mi góber precioso».

La injusticia cometida contra Lydia Cacho y el contenido de los audios desataron olas de presión nacional e internacional. Entre ellas, una marcha del silencio en Puebla, que se llevó a cabo el 28 de febrero de 2006.

El contenido de las filtraciones teléfonicas que incriminaban a Marín fue tal que el reino estaba conmocionado. Se creó una comisión especial para investigar si habían ocurrido violaciones graves a los derechos de Lydia Cacho. Entonces sucedió otro escándalo: en noviembre de 2007, la Corte votó seis votos a favor y cuatro en contra de que hubiera una conspiración entre Marín y Nacif para violar los derechos de Cacho y que lo que le ocurrió no fue grave.

Pero Mario Marín había dejado muchos enemigos por todas partes. En 2010, Carmen Aristegui dio a conocer unos audios que reveleban que Mario Marín habría incurrido en el delito de estupro, al sostener en 1999 una relación con una joven de 16 años, conocida como Jessica Z.

Una historia así no podía acabar sin una cuestionada riqueza. Medios locales acusan a Mario Marín García, primogénito del ex gobernador de Puebla, de ser prestanombres del padre y tener propiedades en Austria y Estados Unidos. Y colorín colorado, esta historia de impunidad —por el momento— se ha acabado.

BIENVENIDOS
A
QUERÉTARO
LICITACIÓN
CANCELADA
MIGA

* * * * *

Declarado Patrimonio de la Humanidad por la UNESCO, en 1996, el centro de Querétaro es conocido como el máximo tesoro colonial de México. Recorrer sus calles es un viaje sin escalas a la Nueva España y a su cruzada evangelizadora: están los conventos de Santa Clara, del Carmen y San Ignacio Loyola, y el majestuoso templo de Santa Rosa. El siglo XVI dejó su huella con el acueducto, testigo de un estado próspero y pujante. Querétaro fue el granero de la Corona española y, al pasar los años, se convirtió en región textilera, comercial e industrial.

En el cerro de las Campanas fue fusilado el emperador Maximiliano de Habsburgo y en la casa de la Corregidora se bosquejó la Independencia mexicana en «reuniones literarias» que convocaba doña Josefa Ortiz de Domínguez.

La aristocracia mexicana, si existe, tiene raíces en Querétaro. Y ese orden dinástico, a decir de los lugareños, impera en la política estatal. Los mismos apellidos se reciclan en el poder generación tras generación. Los Ortiz Arana, los Loyola Vera, los Calzada. Una oligarquía católica y *prianista* reina este oasis barroco desde hace medio siglo.

La esposa del gobernador Francisco Domínguez Servién es nieta de un ex gobernador priista. Por su parte, Domínguez Servién derrotó en las urnas al priista Roberto Loyola Vera, hermano del primer gobernador panista Ignacio Loyola Vera (1997). Mauricio Ortiz Proal, ex líder de los tricolores, es hijo del dos veces candidato a gobernador Fernando Ortiz Arana. El ex gobernador José Calzada Rovirosa (2009-2015) es hijo de otro ex mandatario, Antonio Calzada Urquiza (1973-1979).

En pocas palabras, el gobierno ha funcionado como una empresa familiar. Pocos escándalos han emergido de sus confines, pero, cuando saltan, delatan la avidez terrateniente de sus gobernantes.

Porque aquí podrán gobernar pocas familias, pero cada una con muchas propiedades. Poco después de dejar el cargo, en diciembre de 2009, *Reforma* reveló que el ex gobernador panista Francisco Garrido Patrón (2003-2009) adquirió inmuebles en el Club Campestre y en Corregidora por un valor catastral de diez millones de pesos durante su sexenio. La suma rebasaba los alcances de su salario público, aunque dijo que contaba con otros ingresos adicionales que no quiso transparentar. Roberto Loyola Vera tampoco quiso hacer pública su declaración patrimonial durante la campaña de 2015, pero se supo que, como en la época de los hacendados, poseía trece propiedades a su nombre y diecisiete al de su esposa. Perdió la elección.

El jefe Diego, líder *(a)moral* del PAN y queretano consentido, fue acusado en 1996 por haberse beneficiado, en el sexenio de Carlos Salinas de Gortari, con un terreno en Punta Diamante, Acapulco, valuado en 30 millones de dólares. Fernández de Cevallos defendió el origen lícito de esos terrenos —sin mostrar documentos—, mientras que el rumor, que quedó y manchó al abogado, fue que los 52 mil metros cuadrados eran el pago por legitimar la llegada de Carlos Salinas a la presidencia.

El acopio de casas ha sido, al parecer, el escudo de armas de los de sangre azul queretana. El líder nacional del PAN, Ricardo Anaya, apodado «Joven Maravilla», cayó de la gracia de miles de simpatizantes en su precandidatura presidencial tras la publicación de dos investigaciones periodísticas de *El Universal*. El diario denunció que la familia de Anaya se daba una vida de lujos en Atlanta, rentando una casota y con gastos anuales de cuatro millones y medio de pesos, y que impulsó el enriquecimiento de su parentela durante sus catorce años como servidor público. La familia de su esposa pasó de poseer seis inmuebles, con un valor de 21 millones de pesos, a 33, valuados en 308 millones de pesos.

El convento de las monjas capuchinas en la ciudad de Querétaro es sede del Museo de la Restauración. Ahí es posible conocer la historia de un estado que destacó por el altruismo de sus misioneros. Las capuchinas vivían en la más absoluta pobreza: sus constituciones les prohibían poseer bienes raíces. Muy lejos de esos votos de austeridad se hallan los políticos que hoy buscan votos en la entidad.

★ ★ ★ ★ ★ ★ ★ ★ ★ ★ ★ ★ ★ ★ ★ ★

LOS DUEÑOS

★ ★ ★ ★ ★ ★ ★ ★ ★ ★ ★ ★ ★ ★ ★ ★

En el México de las telenovelas, las historias de amor llegan al tuétano de nuestro pueblo. En el corazón de la gente están aún los diálogos de la Dueña. Se trataba de una protagonista fuera de lo común: una mujer poderosa, dura, herida, pero que aprendió a llevar sola las riendas de su vida. Era terrateniente La Dueña, pues.

Y, como ficción y realidad se entrelazan, posteriormente Angélica Rivera, protagonista de La novela antes citada, se reveló como dueña de un microfundio conocido como «la Casa Blanca».

Y no está sola. Otras muchachas y muchachos de la política han construido un idilio con las propiedades. Aquí, una selección.

Alejandra Barrales
(presidenta del PRD)

La presidenta nacional del PRD y ex dirigente del sindicato de sobrecargos también tiene gustos volados. Una indagación del periodista mexicano Julio C. Roa, junto con Univisión Investiga, detectó que posee un departamento en el polvoso y rural condado de Miami, Florida, valuado en 14.3 millones de pesos, a nombre de la empresa Maxba Development Incorporated (propiedad de Barrales). A decir de la política capitalina, esa chocita es suya, pero la paga con una hipoteca a la cual le restan 28 años.

José Manuel Saiz Pineda
(ex secretario de Hacienda en Tabasco)

Pobre trabajador del campo burocrático tabasqueño, prueba viviente de que las finanzas campesinas pueden hacer realidad en un sexenio el sueño de construir una vivienda. Ahora es un humilde propietario azucarero. Sí, tiene una mansión en Sugar Land —considerada la tercera mejor ciudad para vivir en Estados Unidos—, condado de Fort Bend, Texas, valuada en dos millones de dólares. Aunque también posee un pequeño fundo rústico en el 255 de la calle 74 East, Nueva York, a cuatro cuadras de Central Park, con un valor de 5.3 millones de dólares. El muchacho que trabajó para el encarcelado gobernador Andrés Granier (PRI) también le entró a las carretas y yuntas, con todo y familia. A su esposa, Silvia Beatriz Pérez Ceballos, le fue confiscado un lote de automóviles valuado en ocho millones de dólares.

César Nava
(ex secretario particular Felipe Calderón)

Una nota del diario *Reforma* de 2010 informó que el político panista y secretario particular compró un departamento de 335 metros cuadrados en Polanco. El latifundio cuenta con tres recámaras, terraza, cocina, sala y comedor. Según la revista de espectáculos *Nueva*, costó quince millones de pesos y se adquirió en cuatro pagos. En su momento, el Comité Ejecutivo Nacional del PAN difundió una nota aclaratoria en la que afirmó que «el costo de la operación» fue de 7 250 000 pesos. Cómo olvidar que, en 2013, a César Nava lo denunció Pemex por un presunto fraude cuando era director jurídico de la petrolera (2001-2003).

Fernando Castro Trenti
(embajador de México en Suiza)

Techo y herramienta de trabajo prometió la Revolución. Campesino y pescador, Fernando Jorge Castro Trenti, candidato del PRI, PT y PVEM al gobierno de Baja California en 2013, tiene —según acusaciones del PAN y el PRD— un yate que se encuentra en una bahía de California. ¿Qué pescador no merece una choza? Castro Trenti tiene dos casas en Tijuana, un terreno en Ensenada, una residencia en San Diego, California, y otra en el Paseo de la Reforma. Todo suma un monto superior a los siete millones de dólares.

Miguel Ángel Yunes
(gobernador de Veracruz, PAN)

Tiene más propiedades que el nopal. Cada día le hallan más. Diversas investigaciones periodísticas afirman que es avecindado ejidal de cinco departamentos en Polanco, con valor total de 140 millones de pesos. Es comunero en Lomas de Chapultepec, con una casita de 28 millones de pesos, y beneficiario de vivienda de interés social en Paseo de las Palmas, Lomas de Chapultepec, por quince millones de pesos; también tiene vivienda rural en una residencia en Boca del Río, por 35 millones de pesos, y hasta es granjero internacional, con un departamento en Florida por un millón de dólares, además de otros dos departamentos en Nueva York, con valor total de 3.8 millones de dólares. Sus hijos, argumenta el político jarocho, son grande empresarios… ¡ah!, y políticos también.

BIENVENIDOS
A
QUINTANA ROO

* * * * *

Cancún es un espejismo. O, por qué no decirlo con sus letras, Cancún *no* es México. El paradisíaco destino de playa más visitado por los extranjeros, desde hace al menos tres décadas, tiene demasiada mano metida. El sitio más popular de Quintana Roo fue creado desde un escritorio del Banco de México en 1968, con el nombre Programa Integral de Centros Turísticos, para impulsar la industria turística mexicana por órdenes del entonces presidente Gustavo Díaz Ordaz.

A mediados de los setenta, Cancún, Isla Mujeres y Chetumal casi no figuraban en el mapa nacional. Contaban con poco más de 40 mil habitantes y nadie escuchaba hablar del Caribe mexicano, y menos de la Riviera Maya. Quintana Roo —cuyo nombre se debe al poeta y escritor Andrés Quintana Roo, que nació en Mérida, Yucatán— era una zona constituida por ciénagas, manglares, selva virgen y playas inexploradas; era un territorio federal (no un estado) y, en términos políticos, como destino se le consideraba un castigo. De súbito todo cambió. En enero de 1970 llegaron los primeros técnicos de Infratur; para 1974 inauguraron los primeros hoteles y el aeropuerto internacional de Cancún y surgió Fonatur; el 8 de octubre de ese año nació como estado.

Así, el nombre de Quintana Roo es indisociable del turismo. Primero con Cancún y ahora con la Riviera Maya, que comprende desde Holbox, Playa del Carmen y Tulum hasta la Reserva de la Biosfera Sian Ka'an. Esta pequeña franja de costa es el centro turístico más redituable de México y anzuelo para extranjeros y capitales ávidos de una mordida del paraíso.

Pero, en contraste con sus aguas cristalinas de tonos turquesa, la industria turística y el poder político han creado un turbio y espeso panorama. El nacimiento de este imponente conglomerado hotelero fue a costa de los manglares y de la selva. Destruir la naturaleza fue el costo de edificar un edén para visitantes con altos ingresos. Después, la putrefacción política. Como muestra, quintanarroense es el primer gobernador encarcelado por narcotráfico en el ocaso del siglo XX: Mario «El Chueco» Villanueva Madrid, del PRI. Fue acusado de facilitar el trasiego de drogas colombianas a Estados Unidos, a donde fue extraditado en 2010. La justicia mexicana lo condenó por los delitos de asociación delictuosa, contra la salud y lavado de dinero. El Chueco siempre se dijo perseguido político.

Magneto de divisas, este centro turístico del Caribe es a la vez imán de decadencia: consumo de drogas, narcomenudeo, prostitución y trata de mujeres. Sara Latife Ruiz Chávez, que aspiró a la secretaría del PRI junto a Enrique Jackson, se vio envuelta en un escándalo de trata cuando *Reforma* dio a conocer que era dueña de un téibol de Cozumel.

El alcalde del PRD en Cancún, Greg Sánchez, fue detenido por supuestos vínculos con el narcotráfico, en medio de su campaña política por la gubernatura. El expediente contra quien fuera alcalde de Cancún de 2008 a 2010 le achacaba la propiedad de 32 inmuebles por un valor cercano a los mil millones de pesos.

El Caribe mexicano fue navegado por piratas. La región era un botín para el atraco salvaje de embarcaciones. Antecedente histórico de un método que se sofisticó en el siglo XXI con los llamados «piratas de Borge», según una investigación publicada por Grupo Expansión y Mexicanos contra la Corrupción y la Impunidad, en julio de 2016. Documentaron el desvío de dieciséis mil millones de pesos por una red de al menos 50 personas, que «habrían saqueado el tesoro de Quintana Roo a una velocidad de 1.2 kilogramos de oro de 24 quilates por hora a valores presentes del metal». Desde entonces, el epítome del desfalco lleva el nombre de Roberto «Beto» Borge, detenido en Panamá a mediados de 2016.

Pero este rincón sureño de nuestro país resguarda el patrimonio de la cultura maya con vestigios extraordinarios, como la fortaleza de Tulum, la ciudad de Cobá y Kohunlich, entre otros. Si nombre es destino, Kan Kun tiene varios posibles significados: «abundancia de bajos», «olla de culebras» o «serpiente de oro», pero puede optar por olla de culebras en honor de la especie rastrera que ha gobernado por décadas la novel y artificialmente creada perla caribeña.

JULIO DE 2016: *Expansión* y Mexicanos Contra la Corrupción y la Impunidad (MCCI) desenmascararon un entramado de complicidades durante la administración de Roberto Borge, gobernador de Quintana Roo (2011-2017), con el que se despojó de hoteles, terrenos y dinero de cuentas bancarias a empresas y particulares por medio de juicios laborales a modo.

Esta red maneja un sistema de fraudes masivos y despojos de casas, departamentos de lujo, edificios y terrenos a particulares, para apropiárselos o venderlos a la mitad de su valor. El esquema de despojo también opera mediante el congelamiento y retiro de dinero de cuentas bancarias.

La estrategia está montada *en juicios laborales falsos o amañados por medio de las Juntas de Conciliación y Arbitraje, o mediante compras irregulares avaladas por el Registro Público de la Propiedad y del Comercio* de la entidad y al menos una *notaria pública a partir de juicios civiles exprés*.

Los compradores de esos inmuebles a precio bajísimo son funcionarios municipales y políticos del PRI y el Partido Verde.

Más casos

Tras la publicación del hallazgo, más testimonios salieron a la luz. Destaca el despojo a Nestlé, a Alejandro Ramírez, director general de Cinépolis, y a Julieta Sánchez Jarero, a quien le quitaron una vivienda que adquirió con sus ahorros.

El robo del tesoro quintanarroense

Expansión y MCCI siguieron con la investigación y descubrieron que, además, Borge y sus piratas habrían desfalcado al estado con *al menos dieciséis mil millones de pesos durante 2015 y 2016.*

Esta red de más de 50 personas —la mayor parte formada por ex funcionarios—, con mayor o menor participación, y en algunos casos omisión, malbarató miles de hectáreas de terrenos millonarios a precios muy por debajo de los reales, simuló apoyos a campesinos para desviar recursos, pagó obras inexistentes, incompletas o con sobrecosto, contrató servicios que no se realizaron y benefició con contratos y predios a empresarios, amigos y familiares allegados a sus círculos de poder.

El lunes 5 de junio, la Procuraduría General de la República dio a conocer que el ex gobernador priista de Quintana Roo, Roberto Borge, fue detenido en Panamá con propósitos de extradición.

BIENVENIDOS
A
SAN LUIS POTOSÍ
INEGI
TÓXICO
PAN
SAN XAVIER

★ ★ ★ ★ ★

Su tesoro es, sin duda, la Huasteca potosina: cascadas que desbocan sobre aguas cristalinas, tan transparentes que invitan a dar el salto, como a diario lo hacen turistas y aventureros adictos a la adrenalina en Tamul o en las cascadas de Pago-Pago. San Luis Potosí es sinónimo de conexión. Conectarse con la naturaleza para descender más de 560 escalones a las entrañas de la tierra y observar el espectáculo del Sótano de las Golondrinas, con sus aves acostumbradas a seguir el rastro de la luz y emerger en un cielo tan azul y decorado con nubes de algodón que pareciera una realidad ficticia, como los paisajes y las construcciones de Xilitla.

También de realidad ficticia es Gonzalo N. Santos, su personaje histórico más reconocido en los anales de la corrupción mexicana. Oscuro como las profundidades de las cuevas de Mantetzulel, es el cacique revolucionario por antonomasia y el verdadero padre del adagio «Un político pobre es un pobre político», aunque se le achaque al profesor, y símbolo del priismo de Atlacomulco, Carlos Hank González, que de tanto repetirlo y ejercerlo lo hizo suyo.

San Luis Potosí colinda con siete estados y es literalmente el corazón que bombea la sangre industrial de México hacia puertos, fronteras y centros productivos del país, como lo entona el charro inmortal Jorge Negrete en su tarareo del legendario «ay la ra la, ay la ra la», en su canción «San Luis Potosí».

Yo soy de San Luis Potosí, es mi barrio San Miguelito,
del centro de México soy, soy por Dios corazón solito.

Nuevo León, Querétaro, Guanajuato, Tamaulipas, Zacatecas, Hidalgo y Veracruz lo abrazan. Por ello, en el centro del estado se instalaron las principales armadoras de autos del mundo: General Motors, Ford (con sus titubeos nada felices en tiempos de Trump) y, próximamente, BMW.

No solo las armadoras sacan ventaja de esta ubicación: para desgracia de este estado, que conjunta casi todos los ecosistemas nacionales en su extensión territorial, en él se acuartelaron los más importantes cárteles del narcotráfico de México. Los crímenes de alto impacto maltratan a la población y la economía de San Luis Potosí, que se ha convertido en un centro medular de distribución de droga del centro al norte, a Manzanillo o a Tamaulipas. Con la droga se instaló la violencia y la extorsión en las cuatro regiones de la entidad.

Y la corrupción, por su parte, maltrata la memoria política del movimiento navista, uno de los legados más importantes en la lucha por la democracia, encabezado por el doctor Salvador Nava Martínez. Poco ayuda en ese escenario el cúmulo de escándalos que vienen de las administraciones de Marcelo de los Santos y de Fernando Toranzo. Un dato: la Encuesta Nacional de Calidad e Impacto Gubernamental del INEGI pone a San Luis Potosí como la entidad más corrupta. Una historia: un video publicado por *Pulso Diario de San Luis*, en 2017, presenta al líder del congreso Enrique Flores Flores, del PAN, videograbado mientras explica una red de corrupción entre diputados del PRI, PVEM y PRD, y la Auditoría Superior del estado. El panista renunció a su cargo y partido, mas no al fuero. (Si pendejo no es, disculpe el francés.) El caso se llevó entre las patas hasta al auditor superior estatal.

Cosa seria es también el alcalde cacique,1 Ricardo Gallardo Juárez, un perredista que es presidente municipal desde 2015 y, a decir de la prensa local y nacional, una fichita o el próximo Abarca. Las acusaciones en su contra son pesadas y pintan de negro el historial corrupto de San Luis Potosí.

Ojalá que, así como las aves que habitan el Sótano de las Golondrinas buscan la luz cada día y ofrecen el más extraordinario espectáculo de la naturaleza de México, salgan a la luz pública los desvíos y las complicidades que han opacado el panorama del ombligo nacional.

[1] «Alcalde cacique», Carlos Salazar para *Reporte Índigo*, 29 de junio de 2017: «A Ricardo Gallardo Juárez, presidente municipal de San Luis, no sólo se le atribuyen conductas como hostigamiento a sus rivales políticos, amenazas a sus críticos, represión, extorsión a empresarios y desarrolladores en la ciudad; también se le achaca el repunte de los niveles delictivos en el municipio y sobre su administración pesa la sospecha del desvío de recursos y la opacidad en los procesos de licitación».

REC
RED DE MOCHES
EN SAN LUIS POTOSÍ
La neta yo no quiero meterme en este
pedo, pues sí, porque tú eres amigo.

Estalla otro videoescándalo. En junio de 2017, el diario *El Pulso*, de San Luis Potosí, develó un video en el que se muestra una red de extorsión y chantaje en el Congreso estatal, la cual involucra a todos los partidos políticos e instituciones estatales.

La mecánica del moche consistía en pedir a alcaldes potosinos una «comisión» de al menos diez por ciento a cambio de limpiar sus cuentas públicas y auditorías. De esta forma, los alcaldes aseguraban que no se les fincaría responsabilidad tras las auditorías y una reducción en las observaciones a sus cuentas.

Todo se reveló, pues Crispín Ordaz, alcalde del municipio de Ébano, San Luis Potosí, videograbó una conversación que sostuvo con el coordinador de la bancada del PAN y entonces presidente de la Junta de Coordinación Política del Congreso del estado, Enrique Flores.

En el video se constata que la cúpula del Congreso —legisladores del PRI, PAN, PRD y PVEM, miembros de la comisión de vigilancia y titulares de la mesa directiva, así como de la Junta de Coordinación Política— y funcionarios de la Auditoría Superior del estado participaban en la operación.

La grabación fue extraordinariamente reveladora. El video, de poco más de cinco minutos, mostró a Enrique Flores hablando con su interlocutor (el acalde de Ébano).

«—Bautista, Lupe Torres y Manuel Barrera están haciendo los bisnes en la auditoría. Aquí entro yo en la ecuación, pero contigo no. Y de hecho yo no pido lana, pero ellos sí te van a pedir lana por dejarte limpio, que no debas nada, que no tengas pedo, pero me dicen que pases por lo menos el diez por ciento de lo que debes».

El diputado panista le repite a su interlocutor que puede «mandar a la chingada» a los legisladores citados, pero le advierte que es más conveniente que pague. Le subraya que puede tener su cuenta sucia si decide no pagar, o limpia si accede.

«—Esa es la ventaja de los cuatro millones de pesos. Sí es quitarse de un pedo; sí estás limpio de polvo y paja —señala Flores».

«—¿Y ellos lo arreglan con...? —pregunta Crispín Ordaz».

«—Haz de cuenta que te dan un premio al mejor alcalde del mundo —le responde el legislador panista».

El alcalde de Ébano denunció penalmente, ante la Procuraduría de Justicia del estado, a Enrique Flores y a los que resulten responsables por extorsión, amenazas, cohecho y ejercicio indebido de la función pública.

Inmediatamente después de la revelación de los videos, activistas y ciudadanos impidieron la sesión del Congreso de San Luis Potosí, para exigir que fueran separados de sus puestos los diputados Enrique Flores, Óscar Bautista, Guadalupe Torres y Manuel Barrera. Por «razones de salud», José de Jesús Martínez Loredo presentó su renuncia al cargo de titular de la Auditoría Superior de San Luis Potosí y los diputados Enrique Flores Flores (PAN), Óscar Bautista Villegas (PRI) y José Guadalupe Torres (PRD) pidieron licencia. El diputado Manuel Barrera Guillén (PVEM), también implicado, no solicitó licencia.

El 13 de junio de 2017, el PAN anunció que el Comité Ejecutivo Nacional (CEN) comenzaba la expulsión de Enrique Flores de las filas del partido por «conductas indebidas». El PRI hizo lo propio: Martín Juárez Córdoba, dirigente estatal, dijo que el tricolor no toleraría actos que traicionen la confianza de los ciudadanos, sin importar el partido al que pertenezcan los implicados, y exigió al Congreso una investigación a fondo.

BIENVENIDOS
A
SINALOA
CANDIDATO INDEPENDIENTE
DEFENSA DE LA TIERRA

Fordes
C.D.S

★ ★ ★ ★ ★

Estado agrícola, pesquero y turístico, debe su fama mundial a algo menos honroso: es sede del cártel de droga más sanguinario de México. Sinaloa ha abarrotado las planas de diarios nacionales e internacionales con relatos del narcotráfico mexicano. Muchas de estas historias han brincado a la pantalla grande con documentales aclamados por la crítica, como *Narcocultura*.

Su personaje más visible es Joaquín Archivaldo Guzmán Loera, «El Chapo», héroe local, el hombre más buscado por la DEA durante décadas y enemigo número uno de la ciudad de Chicago. El Chapo convirtió el narcotráfico en una empresa transnacional tan redituable que la revista *Forbes* lo colocó en su lista de los multimillonarios del mundo.[1]

Tierra de corridos y de tambora, de aguachile de camarón, chilorio y tacos gobernador —en alusión a Francisco Labastida, primer candidato priista en perder una elección presidencial—, Sinaloa ha visto nacer a variados e idolatrados personajes: el santo de los narcotraficantes, con capilla en Culiacán, Jesús Malverde; Lola Beltrán, nacida en Rosario, la «reina de la canción ranchera», y el ya mencionado Chapo, que nació en La Tuna, en la Sierra Madre Occidental. En esa larga lista destacan dos personajes a quienes la muerte sorprendió de forma trágica: Pedro Infante, el ídolo del pueblo y originario de Guamúchil, y Manuel Clouthier «Maquío», símbolo de la lucha por la democracia en México y muerto en un accidente cuestionado.

Con una vida política intensa, Sinaloa lleva una paradoja en su historia: el estado conoció muy tarde la alternancia. No fue sino hasta 2010, cuando Mario López Valdez «Malova», llegó al gobierno gracias a una alianza PAN-PRD. El colmo: se trata de un priista disidente que solo unos meses antes renunció a su militancia tricolor. En 2016, tras un gobierno opositor sin resultados, el PRI volvió al poder. Salió caro el caldo y simplemente no hubo albóndigas de alternancia.

El gobierno de Malova enfrenta una decena de investigaciones por el presunto desvío de cerca de dos mil millones de pesos y dejó como herencia un escandaloso aumento en el endeudamiento estatal por trece mil millones.

Las acusaciones contra el malovismo señalan desfalcos en las cuotas de trabajadores del Issstesin, elaboración de facturas apócrifas y desvío de recursos, entre otras. Su secretario de salud, Ernesto Echeverría, es señalado como uno de los responsables de la corrupción del gobierno panperredista; así el *Noroeste* documentó que «asignó contratos por casi 90 millones de pesos a empresas que él mismo fundó, representó legalmente y que pertenecen a la red de sus padrinos políticos, la familia Salido».

A estas recientes acusaciones se suman las de siempre en un estado narcotizado: casi cada candidato a gobernador, alcalde y hasta jefe de manzana es manchado con una foto que lo liga al narcotráfico. Así le ocurrió al político-empresario del PRI, Jesús Vizcarra,[2] y a Malova. A Jesús Aguilar Padilla, gobernador de 2005 a 2010, el PAN lo acusó de enriquecimiento ilícito a raíz de la compra de casas en el conjunto residencial La Primavera, en el desarrollo turístico El Tambor y en Yameto, Culiacán, entre otras, con un valor mucho mayor que sus ingresos en el servicio público.

Se considera que Sinaloa es una de las zonas más peligrosas del país. El asesinato de Jesús Javier Valdez (aún impune), fundador de *Ríodoce*, sacudió al país, porque puso de manifiesto no solo que el narco aún mandaba en Culiacán, sino que el periodismo resulta, en México, casi tan riesgoso como ser sicario.

Ulama, el juego de pelota prehispánico que se practica aún en Sinaloa, sobrevive como testigo de la cultura mesoamericana de siglos pasados. Una cultura añorada, en la que ni el narco ni la corrupción se habían adueñado del estado.

[1] Lista de los billonarios del mundo 2012: Joaquín Guzmán Loera, narcotraficante, CEO del cártel de Sinaloa, «https://www.forbes.com/profile/joaquin-guzman-loera».

[2] Diciembre de 2009, Reforma difunde una fotografía de Jesús Vizcarra junto al capo Ismael «El Mayo» Zambada, en el rancho Puerto Rico.

EL CHAPO Y EL CÁRTEL DE SINALOA

Se busca y se busca y se vuelve a buscar

El cártel de Sinaloa, la organización de narcotráfico más grande y poderosa del hemisferio occidental, en realidad es una alianza de algunos de los capos más importantes de México. Su líder es el mítico Joaquín Archivaldo Guzmán Loera, alias El Chapo.

Antecedentes

Los orígenes del cártel no son de Sinaloa, sino de Jalisco, y se vinculan a nombres como Pedro Avilés, quien posteriormente invitó al negocio a Joaquín Guzmán. Cosas de la vida, era un amigo de su hijo.

En esta organización destacan nombres de famosos líderes, como Rafael Caro Quintero, Miguel Ángel Félix Gallardo y Ernesto Fonseca Carrillo. Los hermanos Arellano Félix establecieron una base de operaciones en Tijuana. La familia de Carrillo Fuentes se trasladó a Ciudad Juárez. El Chapo y su socio, Héctor Luis Palma Salazar, permanecieron en el área de Sinaloa.

Primera fuga de El Chapo (2001)

A causa de enfrentamientos con sus antiguos socios, Guzmán huyó hacia Guatemala, donde fue arrestado después de un accidente aéreo, el 9 de junio del año 1993. Entonces, fue extraditado de Guatemala a México, donde estuvo en prisión hasta que en 2001 escapó del reclusorio federal de Puente Grande. Dicen..., ¡dicen que en un carrito de lavandería!

Más de 70 empleados del penal fueron arrestados y se procesó a cerca de 60, incluido el director en funciones del reclusorio, Leonardo Beltrán Santana, quien recibió una sentencia de dieciocho años de prisión, pero salió libre en 2010 tras purgar nueve años, por buena conducta.

Un hombre clave en esta primera fuga fue Dámaso López Núñez, alias «El Licenciado», quien se desempeñaba como subdirector del penal de Puente Grande, Jalisco, con un salario de 9 400 pesos. Las investigaciones oficiales aseguran que El Licenciado se encargó de operar la red de servidores públicos que facilitaron la fuga.

El poder y la fama a salto de mata

Los siguientes trece años, El Chapo no solo permaneció prófugo, sino que logró extender sus operaciones en el mundo. Los brazos de El Chapo se extendieron a América Latina, Estados Unidos, Europa, Asia y Oceanía; un total de 54 países, de acuerdo con organismos internacionales.

En junio de 2012, *The New York Times* publicó que El Chapo y su organización criminal tenían ingresos anuales por cerca de tres mil millones de dólares, cifra equivalente a lo que ganaba en ese momento la empresa Facebook. En 2012, El Chapo apareció por cuarto año consecutivo en la lista de multimillonarios de *Forbes*, con una fortuna estimada en mil millones de dólares.

Segunda fuga de El Chapo (2015)

El 22 de febrero de 2014, El Chapo fue arrestado por las autoridades mexicanas en Mazatlán, Sinaloa, en un operativo coordinado entre la Marina y el gobierno de Estados Unidos.

Sin embargo, El Chapo consolidó su estatus como la mayor leyenda criminal el 11 de julio de 2015, cuando escapó de El Altiplano, cárcel de máxima seguridad ubicada en el Estado de México. Guzmán Loera desapareció después de ingresar al área de regaderas de la prisión, donde habitualmente realizaba su aseo personal, y salió por un túnel excavado por debajo del penal de máxima seguridad, ¡de 1.5 kilómetros de largo!, que iba desde la regadera de su celda hasta una casa construida en la periferia de la prisión.

En junio de 2016, el Juzgado Cuarto de Distrito de Procesos Penales Federales, con sede en Toluca, dictó de nueva cuenta auto de formal prisión a once ex servidores públicos por su probable responsabilidad en la segunda fuga de El Chapo.

Reaprehensión y extradición a Estados Unidos

El Chapo fue recapturado el 8 de enero de 2016, por elementos de la Policía Federal en el motel Doux de Los Mochis, Sinaloa, en un operativo en coordinación con la armada de México. El 19 de enero de 2017 se extraditó a Estados Unidos.

El Departamento de Justicia de Estados Unidos anunció la acusación formal por diecisiete delitos relacionados con el narcotráfico y el lavado de dinero contra Joaquín «El Chapo» Guzmán Loera, ante la Corte Federal del Distrito Este del estado de Nueva York.

BIENVENIDOS
A
SONORA

★ ★ ★ ★ ★

Aquí radica el México de los sonidos del silencio. En sus arenas de oro, en perpetuo y caprichoso cambio, es posible escuchar la desolación. Solo en Sonora se puede apreciar el espectáculo natural de las dunas de la Reserva de la Biosfera El Pinacate y Gran Desierto de Altar. El ingreso es por la carretera de Sonoyta, pasando Puerto Peñasco, una callada comunidad pesquera que fracasó como proyecto de gran turismo a pesar de los esfuerzos de varios gobernadores.

En esta zona del país amanece más temprano y los primeros rayos de luz develan con dramática belleza la Sierra Blanca y el escudo volcánico de lava de El Pinacate.

Recorrer el desierto, entre saguaros, ocotillos, palos verde, gobernadoras, reptiles, iguanas (o cachoras) y *chuk'kualas* es atestiguar la brutal lucha por la supervivencia. El desierto es eso: la ley del más apto.

Y en política esa batalla descarnada ha sido también la norma en Sonora. De Magdalena de Kino, tierra habitada originalmente por los indios pápagos y los akimel o'odham, era Luis Donaldo Colosio, el candidato del PRI que no pudo subsistir al feroz juego de la sucesión presidencial.

También de Sonora es el campeón de la supervivencia del viejo PRI, Manlio Fabio Beltrones. Tras la muerte de Colosio, asumió el control de los gobernadores que respaldaron la llegada de Ernesto Zedillo Ponce de León a los Pinos, en 1994, y es de los pocos políticos vivos que pueden presumir (u ocultar) que tuvieron un cara a cara con Mario Aburto, el asesino solitario de Donaldo.

El «consentidor abuelo de dos niñas» y «papá de Sylvana» —como se autodefine en su página web—, el político de Villa Juárez, Sonora, es la fuerza política que ha mecido el estado desde que lo gobernó en 1991. Líder de senadores y diputados, y presidente del PRI en 2015, recuperó la gubernatura para Claudia —Manlia, se decía como broma— Pavlovich, luego de un único periodo panista.

Manlio Fabio entregó el estado en 1997 bajo la sospecha de gobernar con mano dura —la leyenda urbana cuenta que abatió la delincuencia aplicando la temible ley fuga— y con la mancha de una publicación del diario *The New York Times* que lo vinculó con el crimen organizado. Siempre negó los cargos y hasta contrademandó.

Lo dicho, el desierto enseña a sobrevivir. Aunque no a todos por igual. Los azules no pudieron estar más de seis años en el gobierno y el poder los dejó maltrechos. Impulsados al gobierno por la tragedia del incendio de la guardería ABC, salieron expulsados por la puerta trasera de la corrupción. Con la muerte de 49 niños de la estancia infantil en Hermosillo se destapó una cloaca de corruptelas que involucró a autoridades federales, estatales y municipales. El escándalo tocó a Margarita Zavala, ex primera dama, al ex gobernador tricolor Eduardo Bours y a funcionarios de bajo rango de la alcaldía. El panista Guillermo Padrés ganó la elección con la promesa de traer justicia a las familias de los menores fallecidos, pero su incapacidad de perseguir a los culpables y su rapacidad cubrieron, como feroz duna del desierto, de desprestigio a los albiazules.

En una zona árida, administrar la escasez es regla y el agua es sinónimo de vida. Por eso, el desértico silencio se rompió con el ruido de presas hechas con recursos gubernamentales, robo de uniformes escolares, saqueo de las arcas estatales, desfalcos al sector salud, uso indebido de funciones, condonación de deudas fiscales a los cuates y un rosario de acusaciones que penden contra Padrés. Las habrá ciertas y otras no tanto, el punto es que en total se tienen cerca de 200 expedientes relacionados con su gobierno, según la Fiscalía Especializada para la Investigación de Hechos de Corrupción de Sonora, además de otros delitos federales.

El año nuevo en esta región de calor calcinante llega en verano. En medio de temperaturas infernales, los habitantes de la gran nación Comcáac (conocidos como seris) ofrecen a la luna danzas y sacrificios durante 24 horas. Simbólicamente, dan paso a la renovación de la naturaleza. Empuñan arena en las manos, que lanzan al aire mientras claman «fa fa fa». Son rezos que añoran sanaciones. Pero ni sus ofrendas ni sus ruegos —al menos por el momento— han purificado a su clase política.

EL GRAN DESFALCO

Guillermo Padrés Elías

El personaje

Guillermo Padrés Elías gobernó Sonora bajo la bandera del PAN entre 2009 y 2015. Nació el 29 de junio de 1969, en el poblado de Cananea. Ha sido diputado local (1997-2000), diputado federal (2000-2003) y senador de México (2006-2008).

Los millones faltantes

EN OCTUBRE DE 2015, la Fiscalía Especializada para la Investigación de Hechos de Corrupción de Sonora (FEIHC) anunció que tendría como una de sus primeras tareas aclarar el destino de 26 097 millones de pesos desviados entre 2009 y 2015 por once funcionarios públicos en la entidad.

EL 18 DE JULIO DE 2016, derivado de tres acusaciones por enriquecimiento inexplicable, tráfico de influencias, corrupción y otros delitos, un juez ordenó el embargo de 19 propiedades, tres del ex gobernador Padrés Elías y el resto de dos de sus colaboradores más cercanos.

ENTRE SEPTIEMBRE Y OCTUBRE DE 2016 se otorgó a la PGR una orden de aprehensión contra Padrés Elías, por los delitos de enriquecimiento ilícito y desvío de recursos. Padrés quedó formalmente acusado de operaciones con recursos de procedencia ilícita por 8.8 millones de dólares.

El espectáculo de la entrega

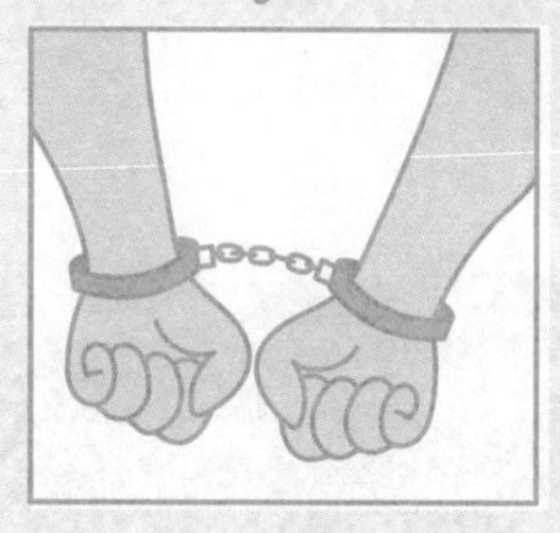

EL 10 DE NOVIEMBRE DE 2016, Guillermo Padrés Elías se entregó a las autoridades federales. Ese mismo día, la PGR detuvo a su hijo Guillermo Padrés Dagnino. Cuando se entregó, algunos medios de comunicación revelaron que, además de los delitos del fuero federal, Padrés Elías era investigado por la Procuraduría de Sonora por varios delitos del fuero común: tortura, privación ilegal de la libertad, abuso de autoridad, tráfico de influencias y asociación delictuosa.

EL 16 DE NOVIEMBRE DE 2016, Padrés Elías contaba con dos autos de formal prisión como probable responsable de defraudación fiscal equiparada, operaciones con recursos de procedencia ilícita y delincuencia organizada. La PGR afirma que Padrés Elías habría movido, al menos, 312 millones de pesos de procedencia ilícita, dispersándolos entre empresas controladas por sus familiares, mismas que facturaron operaciones simuladas. Otros 178 millones —de los 312 en total— tienen su origen en licitaciones a modo para adquirir uniformes escolares, entre 2009 y 2014. Los contratos para los uniformes escolares sumaron 260 millones de pesos.

EL 18 DE ENERO DEL 2017, Padrés Elías inició una huelga de hambre en el Reclusorio Oriente para exigir que trasladaran a su hijo a un penal del fuero común.

El conflicto por el agua

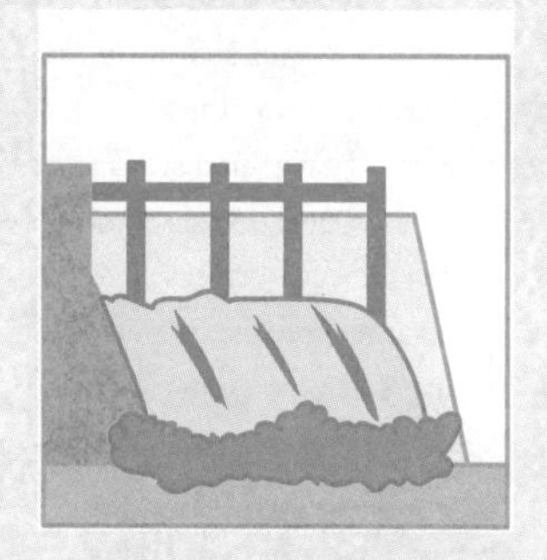

EN SEPTIEMBRE DE 2014, la Conagua comenzó un procedimiento administrativo-sancionatorio en contra del entonces gobernador de Sonora, Guillermo Padrés Elías, por la construcción de una presa y pozos de agua en su rancho Pozo Nuevo de Padrés.

EN FEBRERO DE 2015, la Conagua informó las sanciones a Padrés Elías: 1) demoler la presa, dos represas y una línea de conducción sobre el cauce federal del arroyo El Manzanar en un plazo de 10 días hábiles, y 2) multas por 4.37 millones de pesos, por infracciones a la Ley de Aguas Nacionales y su reglamento.

El rancho Pozo Nuevo de Padrés tiene 3 670 hectáreas e incluye la presa conocida como El Titánic, de 120 metros de longitud y una cortina de 80 metros de altura. Padrés asegura que El Titánic existe desde hace 60 años.

Su gobierno, por cierto, se hundió haciendo honor a la citada presa: ¡plop!

El rock de la cárcel

EL 4 DE ABRIL DE 2017, la policía de San Diego, Estado Unidos, detuvo a Carlos Manuel Villalobos Organista, ex secretario de Hacienda en Sonora durante la gestión de Padrés Elías. La Interpol lo buscaba por los delitos de uso indebido de atribuciones y facultades en el servicio público. De acuerdo con la fiscalía estatal, Villalobos sería el responsable de un daño patrimonial superior a 600 millones de pesos.

EN MAYO, agentes de la Patrulla Fronteriza arrestaron, en Tucson, Arizona, a Roberto Romero López, ex secretario de Gobierno de Padrés Elías. La ficha roja de la Interpol era para capturar a Romero López y a su esposa, Mónica Robles (ex diputada local por el PAN). Fuentes apuntan que Romero López podría aclarar el presunto desvío de casi 27 mil millones de pesos en Sonora.

EL 9 DE AGOSTO 2017, tras nueve meses en prisión, Guillermo Padrés Dagnino (hijo del ex mandatario sonorense homónimo) salió del Centro Federal de Readaptación Psicosocial en Morelos, luego de que la PGR se desistió de las acusaciones en su contra por delincuencia organizada y operaciones con recursos de procedencia ilícita.

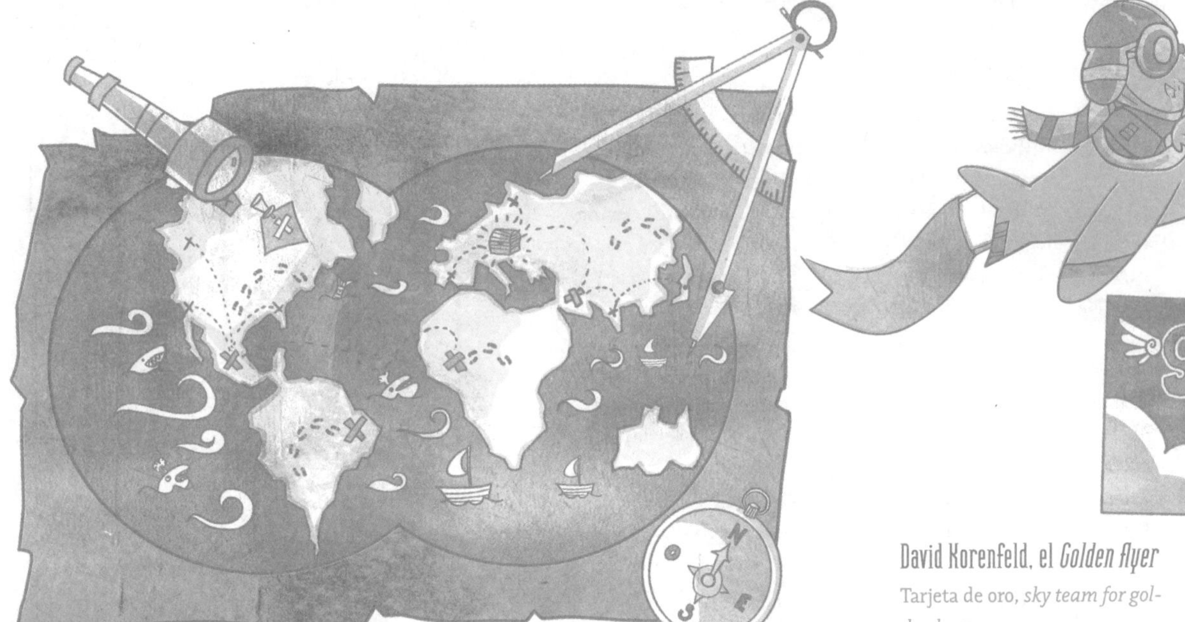

★ ★ ★ ★ ★ ★ ★ ★ ★ ★ ★ ★ ★ ★ ★ ★ ★

VIAJEROS *PREMIER*

★ ★ ★ ★ ★ ★ ★ ★ ★ ★ ★ ★ ★ ★ ★ ★ ★

La política mexicana es literalmente de altos vuelos. Nuestros funcionarios son hombres y mujeres de mundo. Lo ordinario del vulgo les resulta ajeno. Ellos son una casta aparte del resto de los mexicanos. Seres tan exquisitos que, en ocasiones, para trasladarse requieren aeronaves privadas, prestadas o del gobierno, porque el tiempo para ellos es oro —no como Juan Pueblo, que cada mañana se levanta a las cuatro de la madrugada y hace tres horas desde Ecatepec hasta su lugar de trabajo.

La línea comercial, seamos francos, ya no les llena el ojo y la carretera les saca ronchas; entonces se desplazan en trayectos cortos por aire.

Dicen que el auto que más jala es el ajeno, ahora imagine cómo vuela el helicóptero o avión con cargo al erario.

Seleccionamos para ustedes un selecto grupo de voladores *premier* gubernamentales: viajeros frecuentes, acumuladores de puntos, millas y horas de vuelo. Simplemente, los trotamundos campeones de la política aviadora nacional.

David Korenfeld, el *Golden flyer*

Tarjeta de oro, *sky team for golden boys*

PROGRAMAS: Helipuertos Only, VIP Travel, Door to Door Service

CARRIER: Conagua Airlines Member *since 2012*

Bitácoras de Conagua mostraron que el ex titular de este organismo usó, en al menos 15 ocasiones, la aeronave de la dependencia para tener raite a su casa.

Un vecino fisgón (frustrado y envidioso, habrá dicho el rey David) subió a Twitter la foto que derramó el escándalo.

En marzo de 2015, David Korenfeld, funcionario que llegó de la nómina del Estado de México a la federal gracias a su jefe Enrique Peña Nieto, usó el helicóptero de la dependencia para ir de su casa en Bosque Real, Huixquilucan, al AICM, y de ahí a vacacionar en Vail, Colorado.

«Como seres humanos, siempre seremos susceptibles a equivocarnos», dijo al renunciar al cargo una semana después… Deje de lado cómo serían nuestros errores si los hiciéramos como seres perros o changos, la cosa es que la equivocación la cometía un día sí y otro también. El pecado le valió el cargo, pero los viáticos los pagamos los mexicanos en una sola exhibición presupuestal.

Team Campañero y Voter Club Award: campañas de a nube y cielo

PLATINO MEMBERS:

- Enrique Peña Nieto, 2011-2012
- Josefina Vázquez Mota, 2011
- Manlio Fabio Beltrones
- Enrique Ochoa, 2015-2017
- Jaime Rodríguez «El Bronco», 2017

Este selecto club de candidatos electorales viajó en avión privado para estrechar la mano de ciudadanos de a pie en busca de su voto.

Enrique Peña Nieto, como candidato del PRI a la presidencia en 2012, evitaba la rebotadera en caminos de tierra gracias al apoyo de simpatizantes y contratistas del gobierno del Estado de México, como Juan Armando Hinojosa Cantú.

Josefina Vázquez Mota hizo uso de jets privados durante su campaña fallida de 2012. Esta jefa de hogar mexicana, versión candidata *elite plus*, contó con el presupuesto electoral para agilizar sus desplazamientos de un estado a otro. ¡Qué sacrificio para buscar el voto de quienes, en su mayoría, jamás han abordado un avión!

Reforma publicó «Cuesta 1.2 millones volar a Bronco en jet», el 10 de junio de 2017. Aunque el independiente Jaime Rodríguez criticó hasta el cansancio a los candidatos que viajaban como millonarios con avión propio, ya como gobernante realizó al menos ocho vuelos en jets privados. La investigación no revela si el estado sufragó el arrendamiento de estas aeronaves o fue generosa, desinteresada y patriótica cortesía de algún empresario.

La Silla Rota difundió que el PRI gastó más de ocho millones de pesos en vuelos privados de sus dirigentes Manlio Fabio Beltrones y Enrique Ochoa Reza, entre 2015 y 2016. El gobernador de Veracruz, Miguel Ángel Yunes, le dio su bienvenida al líder del PRI, Enrique Ochoa, al exhibirlo en redes sociales durante su arribo al puerto en un Dornier 328, propiedad de FlyMex, la empresa aérea favorita de los tricolores.

Emilio Lozoya Airstin

Salón helipuerto premier. VIP Lounge (Vuela Intensamente Pemex)

La Auditoría Superior de la Federación documentó la fiebre voladora del joven Lozoya *junior*, o su aversión a moverse como ciudadano ordinario, a pie o sobre ruedas. En febrero de 2016 se supo que la dirección general de Pemex gastó 63.2 millones de pesos en vuelos en helicóptero y avión, en 2015, para solventar un promedio de dos traslados diarios de Emilio Lozoya desde Bosques de las Lomas hacia la Torre Pemex o a Polanco, y viajes a destinos más bien turísticos como Cancún, Huatulco y Zihuatanejo. También se registraron 185 vuelos para 2015 (uno cada tercer día), de los cuales 23 fueron a Nueva York, Houston y Los Ángeles.

Cuadro de honor de altura

1. SERGIO ESTRADA CAJIGAL

Ex gobernador de Morelos

Helicóptero del Amor Award. Sobrevuelos románticos sobre el lago de Tequesquitengo en Morelos. El amor es posible en las nubes.

2. MICHOACÁN UBER

Vale por un vuelo a mi campaña

Silvano Aureoles, gobernador de Michoacán, utilizó al menos cinco helicópteros para transportar a invitados especiales en el arranque de su campaña por la gubernatura.* Se dice que entre los invitados *very special* se encontraban Rogelio Ortega (gobernador de Guerrero), Graco Ramírez (gobernador de Morelos) y Carlos Navarrete, entonces presidente del PRD.

* Méndez, Enrique (2015) «uso de helicóptero en campaña de Aureoles confronta a diputados», en <http://www.jornada.unam.mx/2015/04/07/politica/005n1pol>.

BIENVENIDOS
A
TABASCO
FONDEN

★ ★ ★ ★ ★

Este estado tiene una relación especial con el agua; Tabasco se vincula a ella de muchas formas. Sus costas en el golfo de México, siglos atrás, fueron objeto de asaltos de piratas. Más recientemente, al ser poseedoras de grandes yacimientos de petróleo, sufrieron otro tipo de saqueos. El oro negro bajo sus aguas produjo una industria petrolera que, en los tiempos del monopolio paraestatal, se echó a cuestas el desarrollo de la región, y que también dio vida a formas abusivas de manejo del presupuesto público y la vida sindical.

Los pantanos de Centla son el humedal más extenso de Norteamérica, un eterno testigo de las más exóticas e intensas experiencias políticas. Como las de Tomás Garrido Canabal, el militar que postrado en la silla de gobernador se diera vuelo, a inicios del siglo pasado, con sus medidas anticlericales. Las imágenes de personas acudiendo a quemar sus figuras religiosas son una de las estampas más fuertes de la historia nacional.

Hay algo de especial en esa particular vida que se desarrolla bajo la humedad y el espeso calor tropical. Quizá por eso la política se vive con tanta intensidad y también de forma tan delirante. De Tabasco es Carlos Madrazo, un político que en su juventud fue miembro de las Camisas Rojas de Garrido Canabal, luego gobernador del estado y presidente del PRI. De Carlos Madrazo se tiene el recuerdo, o se imagina al menos, de que en los años sesenta del siglo pasado intentó reformar y democratizar al PRI, y eso lo llevó a un enfrentamiento con el presidente en turno.

Los mismos cargos que don Carlos, los tuvo también su hijo Roberto, aunque con menos reconocimiento y con gestiones mucho más polémicas. Quiso ser presidente de la República, pero no dejó más legado que sus campañas de *marketing* político, con «Dale un madrazo al dedazo», que también lo enfrentó con Zedillo, el presidente en ese entonces. Tuvo su chance de competir por la grande, pero no llegó ni a un honroso segundo lugar. Apenas fue testigo presencial del agarrón entre López Obrador y Calderón. Roberto Madrazo es político hecho bajo la polémica. El escándalo siempre estuvo encima de él: intervino en la elección de su sucesor (Manuel Andrade) y, por tal razón, se tuvo que anular la votación; terminó, además, con infausta memoria hasta por sus trampas al correr maratones a la mitad, tratando de engañar a los organizadores para obtener la medalla.

Tabasqueño es también Andrés Manuel López Obrador, en su momento enemigo público número uno de Roberto Madrazo, con quien contendió para gobernador del estado, y famoso candidato presidencial tres veces. El tan querido, y en muchos sectores odiado, Peje es el político más conocido de la historia moderna del país. Poseedor de un estilo particular de hacer política, también es dueño del récord de perder dos veces la gubernatura y dos veces la presidencia.

Trópico dolido, Tabasco es una zona que se ha visto afectada por graves inundaciones. La corrupción en la construcción de infraestructura es lo más lejano a los avances que hicieron en sus tiempos los olmecas, que habitaron esta región y eran una de las más antiguas civilizaciones de Mesoamérica. Como muestra están las inundaciones de 2007, que dejaron a más de un millón de tabasqueños bajo el agua debido a que no se concretaron las obras del Plan Hídrico Integral (PHIT), a pesar de un presupuesto autorizado de 2 700 millones de pesos. Ello tuvo un responsable, Manuel Andrade, gobernador priista y heredero político de Roberto Madrazo.

Pero quizá el referente de la corrupción sea Andrés Granier Melo, el famoso químico, encarcelado por ejercicio indebido del servicio público y dos casos de peculado. El delirio tropical es la única explicación a locuras como las de Granier, quien, según un audio filtrado, decía que tenía cuatrocientos pares de zapatos, mil camisas, cuatrocientos pantalones y trescientos trajes de marcas de lujo, los cuales, aseguró, compró en tiendas de Rodeo Drive, en Los Ángeles, y de Saks, en la Quinta Avenida de Nueva York. El priista aceptó haberlo dicho por estar «pasado de copas».

Así es Tabasco, gobernado desde hace unos años, por primera vez, por una alianza no priista, aunque sí encabezada por un ex priista. Arturo Núñez Jiménez ganó en 2013, con el PRD-PT-MC, y en sus cuatro añitos de gobernador ya se montó sus propios escándalos y acusaciones de abuso. «Ven, ven, ven, vamos a Tabasco, que Tabasco es un edén», dice la canción de Los Aragón, himno que muchos políticos completaron con «un edén de la corrupción».

¡Emilio, pórtate bien!
CRISIS EN LA GESTIÓN DE PEMEX
E

Desde la cuna

A Emilio Lozoya Austin la mano larga, ¡cof, cof!, y la vocación por el servicio público le vienen de cuna. Su padre fue secretario de Energía en el gobierno de Carlos Salinas de Gortari. Y lo que no heredó, lo amamantó. Es egresado del ITAM y discípulo de Pedro Aspe, por quien conoció al canciller Luis Videgaray, con el que mantuvo una relación cada vez más estrecha durante el gobierno de Enrique Peña Nieto en el Estado de México. En campaña, era responsable de las relaciones internacionales de Peña y, una vez iniciado el sexenio, fue nombrado director de Pemex.

No son horas para un escándalo

Lozoya apenas llevaba un año en la paraestatal y ya estaba metido en el lío de Agronitrogenados. La Auditoría Superior de la Federación (ASF) determinó que la compra de esa planta, por medio de una empresa de Petróleos Mexicanos (Pemex) llamada Pro Agroindustria, en diciembre de 2013, se hizo a un costo inicial de 275 millones de dólares, pero se elevó a 760 millones de dólares porque más de la mitad de la planta no servía (60 por ciento). Como siempre, se echan la bolita de aquí para allá, pues la adquisición de esa empresa fue avalada por el Consejo de Administración de la paraestatal en diciembre de 2013. Por este caso, Lozoya es investigado por el Consejo de Administración de Pemex, según consta en el acta de la sesión 916 ordinaria del consejo, bajo el acuerdo CA-025/2017.

Emilio, ¿qué hiciste con el cambio?

A Emilio le gustan los enredos financieros, como el manejo opaco de las filiales privadas de Pemex, aglutinadas en el Grupo PMI. La ASF señaló que estas empresas se constituyeron en paraísos fiscales y realizaron negocios privados con dinero público, como la importación de gasolina.

Los números de Pemex a su cargo son tan malos que diputados federales del PAN presentaron una queja en su contra. En ella alegan que, en sus cuatro años de gestión, Pemex no registró ganancias, sus niveles de deuda sobrepasan los cien mil millones de dólares y sus pasivos en pensiones ascienden a 79 mil millones de dólares. En cuanto al pasivo con sus proveedores, pasó de 18 mil millones de pesos en 2012 a 147 mil millones en 2016.

Aléjate de esas amistades

Antes de llegar a los brazos del gobierno, Emilio era parte del consejo de OHL, y todo parece indicar que llevó a sus amigos a la fiesta con cargo al presupuesto de Pemex. Una serie de grabaciones de conversaciones entre directivos de OHL México reveló que, ya como director de Pemex, Emilio Lozoya indujo a Grupo OHL para que formara una alianza con la empresa española Técnicas Reunidas, para participar en una licitación no identificada, según información de *Reforma*.

Eso y otras cosillas, como que es investigado por la SFP (por la denuncia presentada por la organización Ahora) por su participación en el presunto fraude carretero de OHL en el Estado de México, para inyectar dinero ilegal a la campaña presidencial de Peña Nieto.

Ya te vi que andas ahí, Emilio

Lozoya dice que no, ellos dicen que sí. Resulta que en declaraciones juramentadas, altos ex ejecutivos de Odebrecth —Luis Alberto de Meneses (ex directivo de Odebrecht México), Luiz Mameri (miembro de la junta directiva) e Hilberto da Silva (de la oficina de Operaciones Estructuradas)— mencionaron fechas, nombres, cantidades, cuentas bancarias de la red de corrupción de Odebrecht en México… «y ahí aparece, de nuevo, Emilio Lozoya Austin, el ex director de Petróleos Mexicanos (Pemex), el político al que la dirección de la constructora brasileña asegura haber sobornado y entregado "propinas" por diez millones de dólares». Las declaraciones fueron obtenidas por El Quinto Elemento Lab.

Lozoya respondió que jamás ha participado en actos de corrupción y acusó que es una historia «absolutamente falsa, dolosa e inexistente». Entre que son peras o manzanas, la Fiscalía Especializada para la Atención de Delitos Electorales (Fepade) empezó una investigación sobre los presuntos sobornos de la empresa brasileña Odebrecht en México.

¡Bájate de ahí!

La ASF reveló que Emilio Lozoya acumuló en 2015 más de novecientos traslados en aeronaves de Pemex para moverse en Ciudad de México, viajar a playas mexicanas y destinos en Estados Unidos. La empresa gastó en promedio 174 mil pesos diarios en la transportación aérea de su ex director.

BIENVENIDOS
A
TAMAULIPAS
CÁRTEL DE
ALISCO NUEVA
ENERACIÓN
CÁRTEL DE
SINALOA
NARCO

★ ★ ★ ★ ★

Este fronterizo y alargado estado tiene como parte de sus rasgos identitarios sus hermosos paisajes y abundante naturaleza. La Huasteca tamaulipeca da cabida a la Reserva de la Biosfera El Cielo, un área natural protegida reconocida por la UNESCO como Patrimonio de la Humanidad y una de las maravillas naturales de México. A Tamaulipas, las aguas de los ríos le trazan los paisajes y le dan identidad. Dos de ellos de manera especial: el Río Bravo, al norte, que es imposible de disociar de los esfuerzos de nuestros paisanos por cruzar la frontera en busca del sueño americano, y el Pánuco, al sur, víctima de la contaminación industrial, petrolera principalmente. Tamaulipas tiene en sus costas, en el golfo de México, parte importante de la riqueza petrolera del país.

Pero del Golfo no solo es el petróleo, también el cártel que lleva ese nombre y que ha manchado de sangre al país en su brutal enfrentamiento con uno de sus propios brazos armados, Los Zetas, un grupo de militares que, al desertar, hizo que la violencia extrema se convirtiera en otro de los referentes de Tamaulipas. Así, el estado que fuera famoso por su histórica aduana en Tampico, fundada por Porfirio Díaz en 1902, o por ser el lugar donde se derrotara de manera definitiva las intenciones españolas de recuperar el territorio mexicano como parte de la Corona, en años recientes ha sido testigo de una de las más espantosas matanzas: la de San Fernando, en la que fueron asesinados 172 migrantes a manos del crimen organizado, con la colaboración de las fuerzas policiales.

Cuesta no hablar de la ráfaga de balas que un día sí y otro también vuelan sobre las calles tamaulipecas desde hace poco más de una década. Igual resulta complicado no referirse a la corrupción, la impunidad y la narcopolítica. Históricamente, Tamaulipas había sido gobernado por el PRI. Era uno de los pocos estados que no conocía la alternancia, sino hasta las elecciones de 2016, en las que un panista le arrebató la hegemonía. Francisco Javier García Cabeza de Vaca, originario de Reynosa, es el primer azul en sentarse en la silla del poder en Ciudad Victoria. Cosas del nuevo Tamaulipas, pues el gobernador aparece en cientos de notas de prensa que lo acusan de tener vínculos con el narcotráfico, desde su época como alcalde de Reynosa.

A Tamaulipas, poco o nada le queda del canto amoroso del héroe de la canción popular, Rigo Tovar, quien, si viviera, tal vez pensaría en cómo olvidar su Matamoros querido. Las nuevas leyendas que se cuentan apuntan a auténticas batallas entre grupos de la delincuencia organizada en su disputa por controlar territorios, como los enfrentamientos en la llamada Frontera Chica o el asalto a Ciudad Mier, que en 2010 vio cómo en unos minutos un pueblo se llenó de pistoleros y, después, de fuego, sangre y muerte. Auténticos campos de guerra en los que la población inocente le abre una herida inconfesable a nuestro país.

Pero esto no sucedió al margen de la clase política. Eso se sabe a todas voces y ha hecho de la rumorología la tradición más practicada en Tamaulipas. Con verdad o sin ella, los diarios retratan con increíble recurrencia la participación de los políticos en el crimen organizado. Unos por procesos judiciales, tanto en México como en Estados Unidos, como Tomás Yarrington y Eugenio Hernández, que tienen más fichas en las páginas del FBI y la DEA que cualquier otro gobernante extranjero; otros por acusación popular, como Manuel Cavazos Lerma; uno más, Egidio Torre Cantú, porque no solo llegó al poder tras la polémica ejecución sin resolver de su propio hermano, sino que además *se da el lujo de inaugurar calles que llevan el nombre de Juan Nepomuceno Guerra, fundador del* cártel del Golfo.

El punto es que la descomposición social, la infiltración del crimen en el gobierno y las policías, y la violencia tienen a la población tamaulipeca lejos de su potencial histórico. La hacen una tierra dolida, a la que le urge volver a ser esa otra región, la de arte y cultura, la de nobles tradiciones, de cantos y bailes y de buena mesa, tal como reza su «Canto a Tamaulipas».

Tomás Jesús Yarrington Ruvalcaba

Nació el 7 de marzo de 1957. Estudió Economía en el Instituto Tecnológico de Estudios Superiores de Monterrey, además de una licenciatura en Derecho en la Universidad Autónoma de Nuevo León y, posteriormente, una maestría en Administración Pública en la Universidad del Sur de California.

Yarrington se unió a las filas del PRI; en 1991 fue diputado federal y, de 1993 a 1995, presidente municipal de Matamoros, de donde es oriundo. Al terminar su mandato como alcalde, se sumó al gabinete del gobernador Manuel Cavazos Lerma, donde se desempeñó como secretario de Hacienda. Después fue gobernador del estado.

Breve cronología:

- Desde que gobernaba Tamaulipas surgió información sobre sus presuntos vínculos con los cárteles del Golfo y de Los Zetas. Estuvo en la mira del FBI y de la DEA. Se hizo de casas, compró joyas y adquirió una isla en Veracruz con dinero del crimen organizado, según informes de las agencias estadounidenses. La investigación en Estados Unidos indica que su propia campaña electoral estuvo financiada por el cártel del Golfo.

- **EN 2012**, el PRI se deslindó de Yarrington y suspendió su militancia. Yarrington había contendido por dicho partido a la candidatura presidencial en 2006.

- **EN OCTUBRE 2012**, la PGR decomisó cuentas bancarias, casas, ranchos, animales, alhajas y muebles; destaca la isla Frontón, en las costas del estado de Veracruz, que le fue decomisada a Antonio Peláez Pier, presunto prestanombres de Yarrington.

- **EN ABRIL DE 2017**, Yarrington fue detenido en Italia en coordinación con agentes de Estados Unidos.

- **EN JULIO DE 2017**, ante la Corte de Apelaciones de Florencia, Italia, Yarrington se declaró inocente y dijo ser un perseguido político. La siguiente audiencia fue el 21 de septiembre de este año.

- **EL 21 DE SEPTIEMBRE DE 2017**, el Tribunal de Apelación de Florencia determinó conceder la entrega de Yarrington a cualquiera de los países que lo reclaman. La extradición fue aprobada tanto a Estados Unidos como a México.

DE CUIDADO

Gobernadores de Tamaulipas

Eugenio Hernández Flores

Nació el 17 de octubre de 1959. Es ingeniero civil por el Instituto Tecnológico de Estudios Superiores de Monterrey.

Fue diputado federal por el PRI (2000-2001) y presidente municipal de Ciudad Victoria (2001-2004).

Breve cronología:

• EN JUNIO DE 2012 fue acusado ante la PGR por lavado de dinero del narcotráfico. La Procuraduría comenzó una averiguación previa y le aseguró cuentas bancarias, aunque solo durante once meses y después las liberó.

• EN JULIO DE 2014, la DEA aseveró ante una corte en Corpus Christi que el ex gobernador recibió dinero de Los Zetas «a cambio de que este tuviera la capacidad para operar sin restricciones en Tamaulipas, mientras fue gobernador».

• EN MAYO DE 2015 y más tarde, en febrero de 2017, la corte de Corpus Christi giró órdenes de detención contra Eugenio Hernández y su cuñado Óscar Manuel Gómez Guerra. Los acusan de tres delitos en detrimento de los tamaulipecos, todos relacionados con maniobras fraudulentas para lavar dinero de origen ilícito. Dicha corte acusa que ambos personajes lavaron cerca de 30 millones de dólares mediante la compra de bienes inmobiliarios en McAllen y Austin, Texas.

• EN JUNIO DE 2016, los medios destacaron que mientras que la justicia de Estados Unidos tiene órdenes de aprehensión contra Eugenio Hernández, este acudió a votar en las elecciones estatales y lo hizo por el candidato del PRI, que finalmente perdió.

• EN OCTUBRE DE 2017, fue detenido en Ciudad Victoria, Tamaulipas. Las autoridades de Estados Unidos han comenzado el proceso de extradición.

EN EL NORTE SE LAVA... ¡ASÍ!

Se dice en el mundo periodístico, y se ha convertido en leyenda internacional, que el informante del caso *Watergate* en Estados Unidos les aconsejó a los periodistas Woodward y Bernstein que siguieran el dinero (*Follow the money*). Así se descubrió la trama de corrupción política que terminó con la carrera del entonces presidente Richard Nixon.

En nuestro amado México también tenemos nuestras frases célebres respecto al dinero. Una de ellas va así: «Hay tres cosas que no se pueden ocular: la estupidez, el embarazo y el dinero», y vaya que aplica para nuestros políticos amantes de lo ajeno. De tal magnitud son sus abusos que hay un momento en que el dinero se les sale por las orejas y las propiedades simplemente no pueden pasar inadvertidas. Tanto han robado que se meten en enredos para tratar de «disfrutar» lo mal habido.

¿Qué pasa cuando tratan de esconder dinero sucio en Estados Unidos, donde suelen seguirlo? Lo lógico: acusaciones de lavado de dinero en contra de políticos mexicanos y sus familiares.

Aquí, las «mejores» técnicas de lavado y que, por no deshacerse bien de la mancha, acabaron con tremendos procesos en su contra.

Coahuila McClean

El grasoso caso del saqueo de los impuestos en Coahuila involucra al ex tesorero del estado, Héctor Javier Villarreal. Con la técnica de lavado «chaca-chaca», quería dejar limpiecitos sus millones con cuentas en Bermuda, una residencia y tres locales comerciales en San Antonio, un condominio en la isla del Padre, además de propiedades en Brownsville y Harlingen. El señor aceptó en una corte federal en Texas ser culpable de lavado de dinero, en respuesta a las acciones que autoridades federales han comenzado en su contra desde 2012. Solo en uno de los procesos accedió a entregar al condado de Bexar 6.5 millones de dólares, por andar lavando dinero.

Algunos lavan ajeno. En un caso en una corte en Corpus Christi, Guillermo Flores Cordero y su esposa Leticia María de Guadalupe Galán Villalobos se declararon culpables de lavar 3.9 millones de dólares que les encontraron en una cuenta en McAllen. La DEA y las autoridades hacendarias de Estados Unidos los agarraron con una carga de lavado que incluía propiedades y hasta un avión en el que llegaron frescos a San Antonio, Texas, cuando los arrestaron.

Los favoritos para lavar el dinero que se roban los métodos políticos corruptos suelen ser pseudoempresarios, que además saben usar todas las técnicas: agua de lluvia, limón, cloro. Así lo demuestra Luis Carlos Castillo, ciudadano de Estados Unidos de origen mexicano que construía fraccionamientos y les donaba a políticos mexicanos y estadounidenses. A Castillo lo acusan de andar quitándole el mole a las cuentas de lo robado en México, casi 36 millones de dólares, en bancos de Estados Unidos. Y con cubeta, detergente y todo lo arrestaron, para que enfrente un juicio en McAllen por querer dejar relucientes los pagos de sobornos, fraudes y fondos públicos robados. Entre lo que le quieren quitar hay mansiones y hasta un Learjet.

Tamaulipas reluciente

En algunas partes todavía no se pierde la bonita costumbre de lavar acompañados. En el sitio de internet oficial del FBI aparecen las manchotas de Pablo Zarate Juárez y de Homero de la Garza Tamez, a quienes se acusa de robarse el presupuesto del Instituto Tamaulipeco de Vivienda y Urbanismo (Itavu). Estos empleados del desprestigiado Tomás Yarrington aprovecharon su posición para quedarse con el dinero de los programas de vivienda para personas de bajos recursos y después lavar ese dinero en Estados Unidos.

Y como eso de lá lavada en bola se pone todavía mejor, al esquema de querer blanquear capitales también le entraron otros tamaulipecos, como Erick Silva Santos, ex alcalde de Matamoros. Las autoridades de Estados Unidos sostienen que el tepache que se echó encima fue de entre diez y veinte por ciento del robo de 720 millones de pesos, y que quiso sacar la mugre con una casota en la frontera y cuentas en Bermuda.

Tendedero aparte para blanquear al sol merece Cindy Gabriela Apac, la esposa de Heriberto González Garza, quien era presidente del PRI en Reynosa. Con una pequeña firma de consultoría en servicios profesionales se hizo de millones. A decir de las autoridades de Estados Unidos, para lavar dinero de Eugenio Hernández Flores, ex gobernador del estado.

Más sofisticado en sus técnicas, Ernesto Hernández Montemayor, titular de la aviación civil tamaulipeca, se salpicó BBQ texana con miles de dólares en sobornos por parte de compañías estadounidenses. Tenía de cómplice a Ramiro Ascencio Nevárez, a quien le encontraron nada más y nada menos que una manchita no removida de trescientos mil dólares en efectivo cuando trataba de entrar a Estados Unidos.

BIENVENIDOS
A
TLAXCALA
CACAXTLA
SALE
can not be returned
EXPORT
SALE
EXPORT
SALE
can not be returned
EXPORT
HUMAN TRAFFICKING
EXPLOTACIÓN SEXUAL
HILLARY
I K F

* * * * *

De lo bueno poco, dice el dicho: Tlaxcala es el estado más pequeño de la República. Poco, dirán algunos, trasciende esta entidad, que es obviada hasta por el turismo que la cruza sin mirarla, en su paso a Puebla, Hidalgo o Ciudad de México. Pero se equivocan. La belleza tlaxcalteca y el arte de sus pobladores no son poca cosa. Se precia de tener una ciudad colonial, un pueblo mágico y una zona arqueológica. La cercanía con la capital del país ha sido bendición y maldición a la vez.

Fue de las primeras entidades en contagiarse con los bríos democratizadores de finales de siglo XX. Era 1998, cuando el gobierno pasó a manos de una coalición de izquierdas que (¡adivinaron!) lideró un ex priista: Alfonso Sánchez Anaya, precandidato perdedor a la gubernatura tricolor ese mismo año. En 2004, otro chapulín del PRI, Héctor Israel Ortiz Ortiz, ganó en las urnas para darle la gubernatura al PAN. Pero ya sabemos que al PRI se la hacen una o dos, pero no tres veces, y en 2010 recuperó la mayoría en el congreso estatal y la gubernatura.1 Dicho con toda formalidad, Tlaxcala ha conocido, como pocos estados del país, la alternancia política: PRI-PRD &*friends*-PAN &*friends*-PRI. Pero, si somos francos, solo ha sido gobernada por priistas, y en familia. Por más de seis décadas, tres apellidos han regido casi ininterrumpidamente el estado: los Cisneros, los Sánchez y el linaje Paredes.2

[1] Raúl Rodríguez Guillén y Norma Ilse Veloz Ávila, «Alternancia y pluralidad política en Tlaxcala: el regreso del PRI»..

[2] Los Cisneros: Joaquín Cisneros Molina, gobernador (1957-1963); Joaquín Cisneros Fernández, candidato a gobernador en 1998; Anselmo Cervantes, gobernador (1963-1969); Crisanto Cuéllar Abaroa, gobernador interino en 1970 y consuegro de Cisneros Molina; Lorena Cuéllar Cisneros, candidata del PRD en 2016 y nieta de Cisneros Molina y Cuéllar Abaroa.
Los Sánchez: Emilio Sánchez Piedras, gobernador (1975-1981); Alfonso Sánchez Anaya, gobernador (1998-2004), Mariano González Zarur, gobernador (2010-2016), ex yerno de don Emilio y cercanísimo a Beatriz Paredes.
Los Paredes: Beatriz Paredes Rangel, gobernadora (1987-1992); Héctor Ortiz Ortiz, hijo putativo de la priista del huipil.

El mismo puñado de personas se distribuye siempre el poder. Sánchez Anaya quiso imponer a su esposa como sucesora en el gobierno, lo que le costó la derrota al PRD, pero no a las tres familias. Para 2017 ganó el PRI con Marco Antonio Mena, miembro de la dinastía de los Cisneros, hermano del cuñado de Lorena Cuéllar Cisneros (del PRD) y apoyado por su tío Joaquín (del PRI).

Serán pocos y lavarán la ropa sucia entre ellos, pero lo que es un hecho es que también tienen sus trapos. La Auditoría Superior de la Federación hizo observaciones en 2016 por 78.7 millones de pesos, por la entrega de pagos indebidos a tres servidores públicos, mientras que de 2011 a 2015 arrojó observaciones acumuladas por 1 541 millones de pesos. Lejos de propiciar una investigación, el sucesor de Mariano González Zarur declaró a la prensa que las observaciones son cosa común.

Pero ningún escándalo de corrupción ha estigmatizado a Tlaxcala más que el delito de la trata de personas. Organizaciones no gubernamentales han detectado que 13 de los 60 municipios de México en los que se desarrolla esa actividad criminal son tlaxcaltecas,3 varios funcionarios del gobierno local han sido investigados y, de acuerdo con un estudio de 2017 de la Segob, el delito se ha normalizado a tal grado que en varios casos el sistema judicial estatal tolera la prostitución y participa en actos de extorsión o solicita favores sexuales a las mujeres para permitirles trabajar.

En la memoria nacional está tatuada una interpretación del papel de los tlaxcaltecas al lado de los españoles durante la conquista y la supuesta maldición de la Malinche. En tiempos de corrupción, en ese pueblo está la posibilidad de reinterpretar su historia y su futuro. En una frase: «La culpa es de los tlaxcaltecas», como lo noveló Elena Garro.

[3] Todos para Todos, ONG que impulsó activar la Alerta de Violencia de Género por la trata de mujeres y niñas con fines de explotación sexual, única solicitud en el país.

DATOS NUTRICIONALES

De qué se alimenta y cómo se compone la corrupción nacional

La sociedad mexicana
consume muchas «corruptelas» diarias:

Considera que hay corrupción en México | Considera que no la hay

92%
5.8% 2.2%

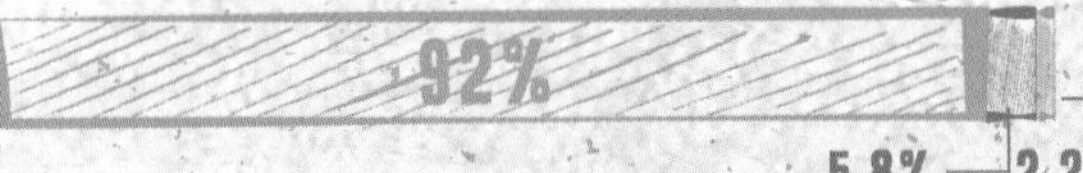

7 de cada 10 encuestados consideran que en el sector público hay más corrupción que en el sector privado o en el social.

Cree que la corrupción será mayor dentro de cinco años | Cree que será igual | Cree que será menor

64.7% 21.2%
7.4%
6.7%

Un problema hecho con estos componentes:

los mexicanos considera que los primeros actos de corrupción se realizan en:

47.6%	11.5%	7.2%
EL GOBIERNO	LOS PARTIDOS POLÍTICOS	EL BARRIO

Los encuestados considera que, en primer lugar, le corresponde prevenir la corrupción a:

86.9%	81%	70.1%
EL GOBIERNO	FAMILIA	EJERCITO

Los encuestados considera que el problema más importante es:

70%	80.9%	56.9%
CORRUPCIÓN	INSEGURIDAD	NARCOTRÁFICO

Otros componentes en estado impuro

50.2%
de los encuestados respondió que su reacción general ante los actos de corrupción es quedarse callado.

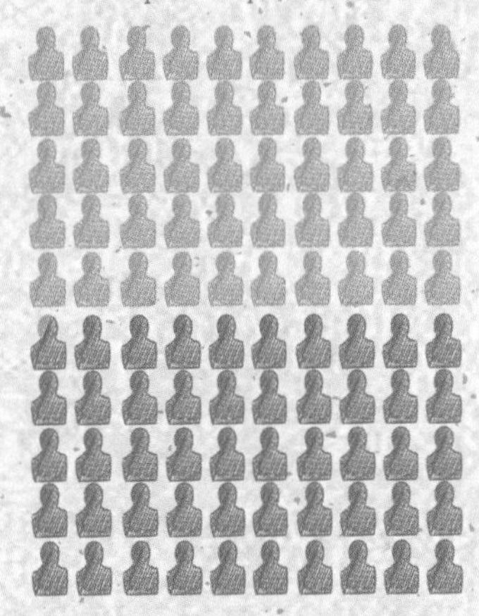

66.7% dijo que las normas actuales no son acordes con la realidad que vivimos.

Pero la sociedad mexicana tiene la solución en sus propias entrañas:

74.1%

considera que es más importante una sociedad donde se apliquen y respeten las leyes.

40.7%

considera que respeta y obedece las leyes, porque cumplirlas beneficia a todos.

44%

está de acuerdo con la frase «A menor respeto de las leyes, mayor corrupción».

Costos de la corrupción

En pesos y centavos

EL COSTO DE LA CORRUPCIÓN EN MÉXICO PARA EL AÑO 2016 FUE DE CASI

2.1 BILLONES DE PESOS

EN EL AÑO 2000 FUE DE

672 MIL MILLONES

EL COSTO PROMEDIO DE LA CORRUPCIÓN POR EMPRESA FUE DE

$12.243

EN EL CASO DE LAS EMPRESAS MEDIANAS, EL MONTO LLEGÓ A

$84.806

LAS MICROEMPRESAS REGISTRARON

2 000 315

ACTOS DE CORRUPCIÓN POR CADA DIEZ MIL EMPRESAS.

HAY 4 237 ACTOS DE CORRUPCIÓN POR CADA DIEZ MIL EMPRESAS DEL SECTOR INDUSTRIAL. EN EL SECTOR SERVICIOS, 2 949 Y PARA EL SECTOR COMERCIO 2 843, POR CADA DIEZ MIL EMPRESAS.

¿La corrupción somos todos?

La tasa de prevalencia de corrupción fue de 12 590 víctimas por cada cien mil habitantes, mientras que la incidencia fue de 30 097 actos de corrupción por cada cien mil habitantes.

De acuerdo con la Coparmex

- ***La corrupción cuesta a México entre ocho y diez por ciento del PIB.***
- ***Para las empresas significa un daño equivalente a cinco por ciento de las ventas anuales.***
- ***En los hogares se destina hasta catorce por ciento del ingreso promedio anual a «pagos extraoficiales».***

IFC. International Finance Corporation-World Bank

- ***Si la corrupción en México no fuera tan elevada, el gasto público sería hasta quince por ciento más eficiente.***

María Amparo Casar

- ***En promedio una persona mexicana paga 165 pesos diarios por la corrupción, como si fuera una especie de impuesto regresivo.***
- ***Los hogares que perciben un salario mínimo destinan 33 por ciento a la corrupción.***

BIENVENIDOS
A
VERACRUZ
YUNES E
EMPRESAS FANTASMA
Sí merezco abundancia
Sí merezco abundancia
Sí merezco abundancia
Sí merezco abundancia
Sí merezco abundancia
Sí merezco abundancia

★ ★ ★ ★ ★

Puerta de entrada y conexión con el mundo, en 1523, la Villa Rica de la Vera Cruz fue la primera ciudad continental en América en recibir un escudo de armas. Veracruz es un estado diverso y rico en historia. Sus costas, las mismas que vieran llegar a Hernán Cortés (y según la historia hecha leyenda, también quemar sus naves) son ricas en petróleo: allí se encuentran dos puntos petroleros por excelencia, Poza Rica y Coatzacoalcos, mientras que sus ríos y zonas arqueológicas conviven con regiones de alta montaña y hermosas selvas, como la Reserva de la Biosfera Los Tuxtlas.

Se dice poco, porque no es motivo de orgullo alguno, pero era veracruzano Su Alteza Serenísima Antonio López de Santa Anna, quien nació en Xalapa el 21 de febrero de 1795. Gobernó Veracruz en 1829 y después ya se sabe lo que le hizo al país y los costos de sus caprichos, con medio territorio entregado a los gringos. También veracruzanos son otros ex presidentes, como Miguel Alemán Valdés, creador de esa mezcla de política y negocios, padre de la cleptocracia priista y arquitecto de la amalgama televisión-gobierno. Adolfo Ruiz Cortines también es de estas tierras; nacido en el puerto de Veracruz, fue gobernador del estado e igualmente presidente de México.

El puerto de Veracruz ha sido cuatro veces llamado heroico por enfrentarse a invasiones extranjeras y, de paso, el estado es el tercero más poblado de México. Pero quizá se le conoce más por su lado bohemio y su Flaco de Oro, el gran Agustín Lara, o por su extraordinaria alegría, fuente de su carnaval, el más popular del país.

Con tanta historia, folclor y color, la política no podría ser cosa sencilla. De aquí era don Fernando Gutiérrez Barrios, el policía-político más sofisticado que ha dado nuestro país, y también tuvo su cuna Dante Delgado Rannauro, gobernador pionero en visitar un centro penitenciario acusado de corrupción. Delgado estuvo preso 15 meses en el penal de Pacho Viejo, entre 1996 y 1998, lo mismo que sus ex colaboradores Gerardo Poo Ulibarri y Porfirio Serrano Amador, ex secretarios de Finanzas y de Desarrollo Urbano, respectivamente. El también priista Patricio Chirinos, protegido de Salinas, lo acusó de enriquecimiento ilícito, abuso de autoridad, incumplimiento de deberes legales y peculado, por el desfalco de 450 millones de pesos al erario. Pero, como en Veracruz la cosa es colorida y enredada, Dante fue senador de la República y es ahora coordinador nacional de Movimiento Ciudadano.

Cosas absurdas de la política nacional, Salvador Díaz Mirón escribió aquel hermoso poema de las aves que cruzan el pantano y no se manchan, pero los últimos gobernadores no solo han chapoteado en el pantano: vaya que se manchan con la robadera, el abuso del presupuesto y la polémica, como la que encabeza Fidel Herrera Beltrán, político de larguísima trayectoria, cuatro veces diputado federal, senador de la República, gobernador del estado y, cuando dejó la plenitud del «pinche poder» (en sus propias palabras), acabó hasta de cónsul de México en Barcelona, de octubre de 2015 a enero de 2017. Pero a Herrera ahora lo persiguen los escándalos de los medicamentos apócrifos y las sospechas sobre su condenada suerte, pues se ganó dos veces la lotería: 25 millones de pesos, la primera, y 50 millones después.

Pero el campeón del saqueo es sin duda Javier Duarte de Ochoa, quien fuera secretario particular de Herrera y después secretario de Finanzas y Planeación. En el sexenio de Duarte, este hermoso y alegre estado quedó al borde de la destrucción; la gente ya no hablaba de sus tesoros arqueológicos en El Tajín, sino del saqueo a manos llenas; se olvidaron los ríos vivos perfectos para el *rafting*, porque los ríos que más sonaron fueron los de sangre de periodistas y de su dolida población.

Veracruz era uno de los más duros bastiones priistas. Histórico estado sin transición, hasta 2016 conoció la alternancia con Miguel Ángel Yunes Linares, un ex priista que carga una larga lista como multiusos político y otra igual de larga, pero de propiedades millonarias. Ese es Veracruz, que, al son de las jaranas y de los dichos de su alegre y simpática gente, le urge gritar con razón y no con nostalgia su singular canto de orgullo, que dice, como lo hiciera el santo papa a voz en cuello, «solo Veracruz es bello».

EMPRESAS FANTASMA DE DUARTE

¡Bu!, ¡buujú! Esta historia sí es de miedo

Animal Político presentó, en mayo de 2016, un reportaje especial sobre el desvío de recursos en el gobierno de Javier Duarte.

El reportaje marcó el inicio de la caída de Duarte, al revelar que el gobierno de Veracruz entregó contratos a una red de empresas fantasma (inexistentes). Fueron 73 contratos otorgados a 21 empresas, por un total de 645 693 millones de pesos, entre 2012 y 2013.

El procedimiento

1. Al arranque del sexenio se seleccionó a promotores del voto del PRI, se les pidió su firma sin decirles para qué la querían y después las usaron para crear nuevas empresas.

2. A estas compañías se les asignó un domicilio fiscal falso, que ninguna autoridad revisó. Una vez creadas las empresas, se registraron como proveedoras del gobierno, capaces de vender desde pañales hasta cemento.

3. Un pequeño grupo de funcionarios cercanos al gobernador se aseguró de que se les otorgaran contratos por medio de adjudicaciones directas (16 contratos) o licitaciones cerradas (57 contratos).

En noviembre de 2016, *Animal Político* comunicó que el desvío de recursos por medio de empresas fantasma, confirmado por los auditores (del SAT), ascendía a 1 600 millones de pesos.

Los tentáculos de Javidú

¿Cuántos de los funcionarios que autorizaron la entrega de los contratos tienen fuero?

ALBERTO SILVA RAMOS
Ex secretario de Desarrollo Social de Veracruz y ex coordinador de comunicación social de Duarte

• Durante su mandato al frente de la Sedesol estatal autorizó 45 de los 73 contratos señalados en la investigación. Hoy es diputado federal priista.

TAREK ABDALÁ SAAD
Ex tesorero de la Secretaría de Finanzas

• La PGR tiene abiertas tres averiguaciones previas vinculadas en su contra, por el presunto desvío de casi dos mil millones de pesos durante su gestión como tesorero de Veracruz en 2012 y 2013. Hoy es diputado federal priista.

ADOLFO MOTA HERNÁNDEZ
Ex secretario de Educación de Veracruz

• Hoy es diputado federal priista.

TOMÁS RUIZ GONZÁLEZ
Ex secretario de Finanzas y ex secretario de Infraestructura y Obras Públicas estatal

NOEMÍ GUZMÁN LAGUNES
Ex secretaria de Protección Civil de Veracruz

• Hoy es diputada federal priista.

VICENTE BENÍTEZ GONZÁLEZ
Ex subsecretario de Sedesol estatal

• Era tesorero en la Secretaría de Finanzas local cuando, en enero de 2012, la Policía Federal le decomisó una maleta con 25 millones de pesos en efectivo. Hoy es diputado local por Nueva Alianza.

EDGAR SPINOSO CARRERA
Ex oficial mayor de la Secretaría de Educación estatal

• Fue removido porque la Auditoría Superior de la Federación alertó de posibles desvíos en más de 80 por ciento de las aportaciones federales para los programas en educación. Hoy es diputado federal por el PVEM.

Denuncias y procesos penales

EN JULIO DE 2016, el SAT informó que por el caso de las empresas fantasma ya había presentado 32 denuncias ante la PGR (31 contra empresas y una contra una persona física).

EN AGOSTO DE 2016, el Órgano de Fiscalización Superior de Veracruz (Orfis) presentó una denuncia ante la fiscalía estatal contra tres dependencias del gobierno de Javier Duarte, por un posible daño patrimonial de más de 940 millones de pesos.

Hasta antes de esta denuncia, el Orfis no había detectado ni una sola irregularidad en el manejo de recursos públicos por parte de algún funcionario de los gobiernos de Fidel Herrera o Javier Duarte. Entre 2007 y 2016 presentó 94 denuncias penales por posible desvío de 1 100 millones de pesos, pero todas contra gobiernos municipales y un fideicomiso mixto.

EN NOVIEMBRE DE 2016, el SAT amplió la investigación sobre las empresas fantasma favorecidas. Hasta ahora, el monto del fraude por medio de empresas fantasma, confirmado por los auditores, supera los 1 600 millones de pesos.

EN ABRIL DE 2017, dos mujeres que formaron parte de la red de corrupción del ex gobernador Javier Duarte fueron sentenciadas a tres años y cuatro meses de prisión, y a pagar una multa de 48 mil pesos. Se les condenó por el delito de lavado de dinero.

EN AGOSTO DE 2017 fue detenida, en Puerto Vallarta, Jalisco, Xóchitl Tress, por presunto enriquecimiento ilícito. Las autoridades presumen que Javier Duarte y ella sostuvieron una relación sentimental. Durante su tercera audiencia, la aprehendida se declaró culpable por enriquecimiento ilícito, después realizó la entrega de bienes para reparar el daño.

Aplausos a Animal Político.

BIENVENIDOS
A
YUCATÁN
PLAN
MÉRIDA
PRI
PRI
GUAYABERAS

★ ★ ★ ★ ★

Aunque esquinada en la geografía nacional, esta fue una de las zonas más prósperas del país. Más allá de la belleza y grandeza cultural de la pirámide de Kukulkán, declarada como una de las nuevas siete maravillas del mundo, o de las aguas frías y cristalinas de sus cenotes, espectáculo natural único y endémico de la península yucateca, la abundancia en este rincón cálido de México manaba del llamado oro verde: el henequén.

Hoy en desuso, algún día fue un bien precioso, cuya extracción no era subterránea, sino al aire libre: hileras infinitas de tendederos para secado de la fibra verde fosforescente recién extraída se extendían hasta el horizonte, para formar una espléndida postal del México del siglo XIX. Cientos de haciendas de Yucatán nacieron con la bonanza de esta fibra natural: explotaron la tierra, esclavizaron a la población maya, como relata John Kenneth Turner en *México bárbaro*, y alimentaron los sueños independentistas de los señores feudales de esta región. Todos querían su pedazo de la abundancia. La revolución (aunque tarde) les hizo justicia a los indígenas con el fin del régimen de esclavitud durante el gobierno de Felipe Carrillo Puerto (1922-1924) y luego el general Lázaro Cárdenas expropió la explotación de la fibra. Empezó, en manos del Estado, el declive del negocio más pujante de la península, al cual lo desmanteló la llegada de la fibra sintética a partir de 1940. Más de 150 mil productores de henequén quedaron en el desamparo.

Prevaleció, empero, la cultura autócrata de sus terratenientes y una casta de gobernadores autoritarios. El epítome del gran cacique feudal en la política fue Víctor Cervera Pacheco, el «último dinosaurio priista», que llevó a los yucatecos a sortear la debacle del oro verde con mano dura y verticalidad. Gobernó diez años, en dos periodos distintos, y tenía el control de todo y de todos. Luego vinieron las promesas de la alternancia, con Patricio Patrón Laviada, del PAN y presidente municipal de Mérida —«Patito» le decía Cervera—. Y ya sabemos en qué terminaron esos votos: la desilusión.

Patrón Laviada fue señalado al final de su sexenio como represor e intolerante. A falta de henequén, la nueva fibra por explotar fueron las arcas del gobierno. Su mandato se manchó con el escándalo de sus «hermanos incómodos», que compraron terrenos como si se tratara de las elegantes guayaberas típicas de Yucatán. Patrón Laviada fue acusado también de despojar de sus tierras a campesinos y de intervenir en procesos electorales a favor del PAN. Derrotado y desprestigiado, abandonado por panistas de renombre que renunciaron al partido durante su administración, le entregó el gobierno nuevamente al PRI. En la añoranza feudal, el poder es generacional, así que lo retomó una heredera de sangre del gran cacique Víctor Cervera, Ivonne Ortega Pacheco, su sobrina.

Ivonne es la segunda mujer en gobernar la entidad y de familia le viene el manejo de los simbolismos, como las prendas bordadas en punto de cruz de las mujeres mayas, sinónimo de la elegancia peninsular, igual que lo hiciera su tío, cuya figura es indisociable de la guayabera presidencial elaborada sobre todo en Tekit. Y también de apellido son los escándalos de corrupción que opacaron su mandato. Con Ivonne, las obras de gobierno abusaron del tiempo de los yucatecos, quedito y sin prisas: los hospitales de segundo nivel de Valladolid y Tekax no vieron la luz en su mandato. El de Tekax se llevó una década en construirse, el costo se disparó en más de doscientos por ciento y llevó a una denuncia penal por corrupción contra Ortega. «Ivonnika» —como bautizó su marca de ropa maya creada mientras gobernaba— endeudó al estado por casi diez mil millones de pesos, a decir de la oposición, y dejó su bella y blanca Mérida con un historial negro de denuncias, entre las que destaca una del diario *Reforma*: las acusaciones de campesinos de Dzemul contra la gobernadora por apropiarse de un predio de 1 706 hectáreas, ubicado en esa demarcación.

Otro rasgo de la familia Pacheco, que Ivonne conservó, es garantizar la estancia del PRI en el poder más allá de su sexenio. Rolando Zapata Bello dejará en 2018 el gobierno de esta tierra —que sobrevivió un meteorito de 10 kilómetros de diámetro, el cual acabó con tres cuartas partes de las especies vivas—, el estado que atestiguó el retorno del dinosaurio con al menos tres décadas de cerverismo y subsistió la debacle henequenera. Habrá que ver si este rincón de absoluta paz, sones y trovas pervive a la especie más nociva del siglo XXI: el *Corrup sapiens*.

BIENVENIDOS
A
ZACATECAS
CALERA
#%@#@

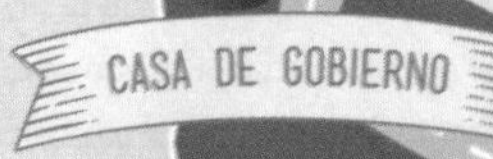
CASA DE GOBIERNO

SENADO
NEPOTISMO

★ ★ ★ ★ ★

Su principal fuente de riqueza está bajo tierra. Zacatecas es el productor de plata número uno de México. El subsuelo está surcado por vetas de oro, plata y cobre. De punta a punta, laberínticas veredas se abren paso en las entrañas de la tierra. La vida está a 700 metros de profundidad.

La otra gran riqueza de este estado tomó camino y simplemente abandonó su hogar: los migrantes. Zacatecas tiene verdaderos pueblos fantasma. Un recorrido por Jerez, Nochistlán o Sombrerete es un paseo por la desolación. El campo, que fuera rico en frijol e incluso maíz, está deshabitado. Todos los clichés de la migración se vuelven reales en sus localidades. Viejitos y viejitas en los porches de casas hermosamente remozadas son los únicos habitantes de sus pueblos con balcones decorados con herrería fina, construcciones de dos pisos estilo California, puertas de madera tallada, casas pintadas con colores brillantes y, a pesar de todo, ausencia de vida.

Zacatecas es el estado de la República con mayor índice absoluto de intensidad migratoria. Susticacán, que parece pueblo de cuento, con sus casonas coloridas y ostentosas, es el municipio que más dólares per cápita recibe en todo el país. Zacatecas, en realidad, es binacional. Los grupos de migrantes organizados tienen su origen en la entidad. El Programa 3 por 3, que fue vitoreado en el mundo como ejemplo de desarrollo comunitario (por cada peso que mandaba el migrante a su localidad de origen, el gobierno y el municipio ponían otro), nació en Zacatecas.[1]

Sus políticos gobiernan por ello para los del otro lado, los «norteños», y los de este lado del río. Quizá por esa dualidad cultural, Zacatecas es uno de los primeros estados que expulsó al PRI del gobierno, aunque fuera con un priista, dicho sea de paso. Los *monrealazos* —chapulinear de un partido a otro para ser votado— son marca registrada de la ciudad de Zacatecas. Y si entre migrantes la familia es el centro de todo, en la política zacatecana la sangre lo es todo también. Los Monreal y los García, en guerra como los Capuleto y los Montesco, son las dinastías que han marcado la vida reciente del estado. Ricardo Monreal habrá migrado a Ciudad de México, pero manda remesas políticas a su hermano David, que casi se lleva la gubernatura para Morena en 2016. También, a decir de una investigación de Mexicanos Unidos contra la Corrupción, Ricardo Monreal dio empleo a sus paisanos con contratos abundantes de la delegación Cuauhtémoc, que gobernó con la venia de Andrés Manuel López Obrador hasta que le dio por su clásico monrealazo y se fue en busca de otro hueso.

Amalia García, por su parte, hija de gobernador e izquierdista de abolengo, ha cuidado la carrera política de su hija Claudia Corichi, como todo migrante lo haría por sus retoños. El problema es que los escándalos de sangre y la frivolidad, ya como gobernadora, empañaron el prestigio que por años caracterizó a la perredista.

Su sucesor, el priista Miguel Alonso, la acusó por irregularidades financieras y quebranto al estado por 902 millones de pesos. Ella siempre acusó una cacería de brujas, pero salió a la luz que, para no andar «bruja», se prestó a sí misma una lanita del dinero del estado y que lo suyo, lo suyo era pagar a artistas, como un tal Joaquín Sabina, para el deleite de ella, de sus consanguíneos y, ya luego, del pueblo.

En una entidad donde las familias se parten por la necesidad de un futuro mejor y se unen gracias a remesas y envíos de amor y dinero a larga distancia, la política corrupta ha seguido el ejemplo. No importa dónde estén los políticos zacatecanos, ellos jalan agua para su molino, remozan sus casas y apoyan a la familia.

[1] Anuario de migración y remesas 2017. Alrededor de 1.6 millones de viviendas en México dependen directamente de las remesas, es decir, más de siete millones de personas. Hay varios estados entre los principales receptores, pero, per cápita, Zacatecas es el número uno.

LOS MILAGREROS

Tú pide algo y se te cumplirá. Estos seres de luz están aquí para saquearte. Inmaculados hijos de la corrupción, son apoyo y sustento de todo ladrón.

BUDUARTE

de la abundancia

El más milagroso y carnoso de los patrones de la rapiña. Maestro del apego a lo material y presupuestal.

Como plegaria, repite y escribe su mantra: «Sí merezco la abundancia, sí merezco la abundancia…».

Es patrono de los divorcios exprés por bienes separados.

Convierte el agua en medicina.

Santo de empresas fantasma y en papel las plasma.

Una sobada en la timba y multiplica domicilios fiscales, atrae prestanombres y tramita pasaportes falsos.

Una oración al día y le compra casa hasta a tu tía.

No protege a periodistas.

Ora frente a él:

«Paciencia, prudencia, verbal continencia…
dominio de la ciencia, y presencia o ausencia,
según conveniencia».

HUMBERTO,

santo de las causas fiscales

El santo Moreira Pachucón
te deja bajo el brazo un deudón.

Ruégale el milagro
y de apuros monetarios te salva.

Purifica balances contables.

Absuelve tu historial crediticio.

Simula asambleas, actas constitutivas
o aprobaciones legislativas.

Protector de evasores y falsificadores.

Si le oras una vez al día,
te libra de toda auditoría.

Es santo deportista. Debajo
del manto hay un abdomen sano
y un presupuesto inflado.

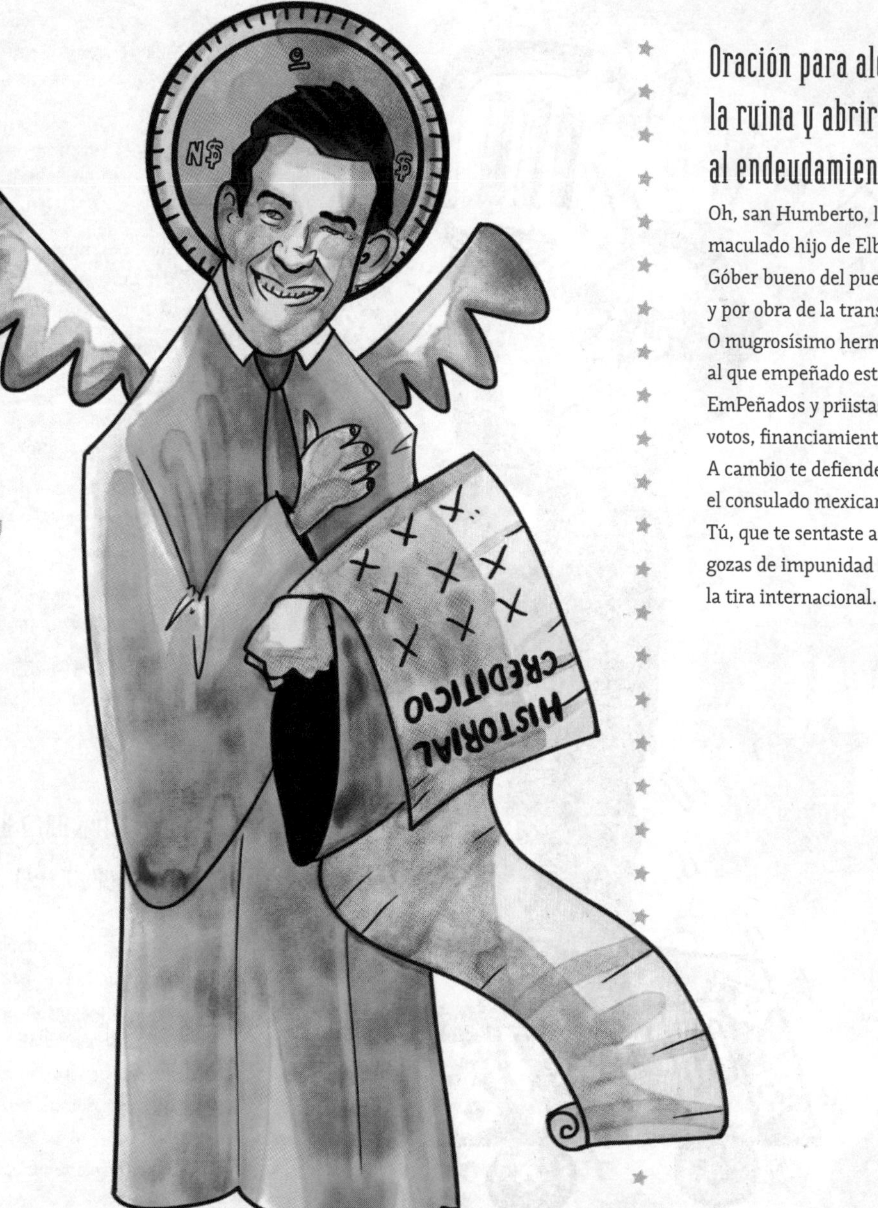

Oración para alejar la ruina y abrir los caminos al endeudamiento estatal

Oh, san Humberto, lleno eres de lana,
maculado hijo de Elba.
Góber bueno del pueblo al que bailaste
y por obra de la transa endeudaste.
O mugrosísimo hermano,
al que empeñado estado heredaste.
EmPeñados y priistas acuden a ti buscando
votos, financiamiento y milagros.
A cambio te defiende
el consulado mexicano.
Tú, que te sentaste a la derecha del padre,
gozas de impunidad aunque te persiga
la tira internacional.

EL CARNAL DORADO

abre vías y caminos

Milagroso es este santo de origen noble y francés,
Marcelo «el Carnal» es conocido como el santo
de las vías perdidas.

Es venerado por transportistas, automovilistas,
constructores de trenes del metro
y segundos pisos de cobro.

Altares y ofrendas debes colocar en estaciones
de la Línea 12, casetas de cobro de la autopista
urbana y módulos de Ecobici.

Gestó el milagro de los vagones: si el zapato no entra,
el santo dorado lo mete aunque quede apretado.

Le llaman también el mejor santo del mundo,
santo de vanguardia y padrino de las quinceañeras.

Sus devotos pueden ser policías y periodistas
que buscan exclusivas.

Si le ruegan, facilita búsquedas en el catastro.

Su color es el dorado, pero una vela roja, verde, amarilla
y ahora hasta guinda satisface a este santito chapulín.

Repite tres veces «¡tenemos sismo!»,
antes de introducir esta imagen en tu cartera.

OJO: NO PROTEGE DE LINCHAMIENTOS.

Bendición para atraer el amor y enlaces del mismo sexo

Oh, santo maiceado,
tú que facilitas el amor universal
no permitas que los padres nos echen la sal.
Danos tu bendición
que convertiste en legislación.
Oh, santo dorado, por la LGBTQ adorado.
Danos un boleto a París y, si no,
de perdis playa con arena artificial.

EL MEMÍN SANTÍN,

santo agrícola del agua

«El santo Padrés, qué rico es», repite siempre
esta frase y soba el bigote como símbolo de adoración.

Este santito es benevolente con consanguíneos
y muy alabado por sus milagros agrícolas.
Es conocido también como el santito agricultor.

Patrono de manto blanquiazul, tomó,
pero no repartió, el PAN.

El Memín venerado, al que le reza deja adinerado.

En su catálogo de milagros está la gestación de presas
artificiales con cargo al erario.

Venerado por hijos y hermanos, a cada uno
con casas y contratos ha premiado.

Facilita los movimientos de cuentas del erario,
los apoyos de programas del campo y hasta la entrega
de sillas de ruedas pirata.

En la jerga judicial le apodan patrón de los amparos.

Es protector de delincuentes que se entreguen
voluntariamente.

Conjuro para invocar el agua

Clava en la tierra un cuchillo blanco con azul
y haz la danza de las tres M. Machos, mochos y
moches, con Padrés una presa en el patio tienes.

FRAY RODRIGO MEDINA

de las Casas

Fraile peñico de la Compañía del Copete, dedicó su labor altruista a la acumulación de casas hogar para su familia.

Multiplica residencias en colonias de lujo, clubes de golf y terrenos ejidales en La Mina… de oro.

Santo de corredores inmobiliarios, ponle capilla y por su gracia se crean burbujas hipotecarias.

Venerado en San Pedro, sus obras de construcción se expanden más allá de ese acaudalado reino.

Es alérgico a los equinos y, en particular, a los caballos Broncos.

Hazle una oración si enfrentas causas penales. Del bote a tu casa, te saca en menos de 24 horas.

La fiesta del fray de las casas

En días de este santo ladrón, los regios visten al patrón con traje naranja, a la usanza de Topo Chico. Se recorren las calles del sector Tampiquito en San Pedro, hasta el club Las Misiones, en Santiago, conmemorando así el peregrinar sexenal del gobernador que pasó de tener casa de un municipio a otro con el sudor de los contribuyentes.

Su frase favorita:

«Quien no cuida su mansión, no es hombre de razón».

EL ALQUIMISTA,

santo de los lujos mal habidos

Santo de sastres y zapateros. La imagen de Granier
es indispensable en talleres de alta costura.

De todos los mártires, el santo químico
posee la fórmula del buen vestir.

Entre los santos del saqueo es el más refinado,
se le atribuye esta frase: «Antes preso
que mal vestido».

Es patrón de sibaritas y atrae fortunas
para el que anhela una vida elegante.
Facilita los viajes por aire: de avión y helicóptero
no te bajará si con súplicas le sabes orar.

Al químico Granier no le pongan altar,
constrúyanle zapatería y con favores responderá.

Muy socorrido también por hipocondriacos,
médicos y enfermos. El santo tropical sin
problemas o enfermedad te lleva al hospital.

Los presos lo invocan para atraer
arrestos hospitalarios.

Este santo crea abundancia y bonanza
en tiempos de lluvia.

OJO: ES ALÉRGICO AL PEJELAGARTO.

Ritual para hacerse de dineros federales y fondos para desastres naturales

Ponle unos zapatitos Ferragamo y hunde su
imagen en el agua. De preferencia, inúndala
como al mismísimo Tabasco. Una vez ahogada
la estampa, el santo Granier crecerá en la
desgracia. Lloverán recursos y desvíos.

TOMÁS,

el patrón del Golfo

Protege cárteles y traficantes.
Corrompe instituciones y policías.

Como el mismísimo santo Malverde, santo Tomás es un símbolo en el mundo criminal.

A billetazos se le ora para obtener protección.

Ampara las operaciones con recursos de procedencia ilícita y el trasiego de estupefacientes de un lado a otro de la frontera.

Su operación es internacional. Es santo bilingüe. Acepta pesos y dólares en su capilla, que es cualquier fosa clandestina.

Favorece a todo aquel que va armado.
Yarrington es por sicarios venerado.

Es patrón de Los Zetas y de la producción de metas.

Se le conoce también como el narcobernador generoso, candidato del cártel Todos contra Sinaloa (Tucos) y el ángel del cártel.

Una oración al día favorece la doble vida. Narco de día, gobernador de noche.

Si huyes hacia Florencia, como mínimo se ofrecerán 15 millones de recompensa.

OJO: TRAER UNA IMAGEN DE ESTE SANTITO SALVAGUARDA DE TODA AUTORIDAD MEXICANA, PERO NO PROTEGE DE LA DEA, CIA NI DE LA *POLIZIA DI STATO*.

Oración para facilitar los cruces fronterizos y el trasiego de mercancía

«Angelito de Los Zetas
y su narca compañía,
no desprotejas la merca
ni por aire ni por tierra.»

Atentamente,
CDG o Cártel del Golfo

ÁNGEL HELADIO,

el caído, patrón de desaparecidos

Este santo es rey de burócratas. Adorado por todo aquel que jamás ha vivido fuera del presupuesto, san Aguirre desde niño vivió del erario o de un cargo pagado por los ciudadanos.

Este Angelito propaga los cargos públicos para la familia. Hace milagros de nepotismo y de paso de despotismo. Quien lo lleva en la cartera se vuelve rey de su rancho, su auto o su feudo. La cosa es mandar con exceso de autoridad.

Su corazón es rojo puro, pero cambia a amarillo si no lo consienten desde el centro del partido.

Este santo facilita la limpieza: lava dinero, lava manchas de sangre, lava ropa sucia de los amigos. Es cuate de los de arriba y carnal del sol azteca.

Le dicen el santo queda bien, porque, sin importar la circunstancia, si se cae, Ángel Heladio cae de pie.

Señor de Guerreros Unidos, amo de Acapulco, pulpo de recursos, responde a esos y otros motes.

Entorpece la búsqueda de desaparecidos.

Si el diablo lleva el 666, Ángel Heladio lleva el 43.

La construcción de su templo se disputa entre Iguala y Cocula.

Esta imagen funciona como la de san Benito a la entrada de la casa. Solo colócala en la puerta trasera y la impunidad está garantizada.

Si el trabajo está en riesgo, puedes hacerle la oración de la licencia, porque el patrón de los desparecidos no conoce la palabra renuncia.

No protege escuelas normales, estudiantes o movimientos sociales.

EL SANTO VACACIONISTA:

Beto Borge, el san Paraíso

Este santo es milagroso y goloso. Como el BuDuarte de la abundancia, la riqueza y prosperidad son su marca.

Le rezan millonarios, famosos y estrafalarios.

Es un santo *bon vivant* que incita al pecado.

Lo que no es suyo lo toma, lo que quiere lo expropia, lo que brilla lo explota.

Santo de vacacionistas, *spring breakers* y *risk takers*, Betito el santo es emprendedor de lo ajeno.

Beto Paraíso no vuelve el agua vino, pero lo público, con él, fue y vino. Lo que ayer fue de todos, hoy es propio.

Este santo, de cabeza, favorece la fertilidad. Los terrenos se multiplican, los placeres se triplican, las bonanzas se duplican.

Versión bananera de Eros y de Dionisio. Lo que en Cancún pasa se queda en su casa.

Beto no pisa el bote, solo de extradición o rebote.

Enemigo de la cultura del esfuerzo, es, por el contrario, amante del presupuesto.

A este santo no se le reza, se le danza.

OJO: NO PROTEGE MANGLARES NI RESERVAS NATURALES.

El baile del vacacionista, «Despacito»

Daddy Betoooo… que suene el reguetón.
Bor… geee… sito.
Te voy expropiando por tus pedacitos.
Firmo tus contratos y los autoasigno.
Y hacer de tus cuentas todo un manjarcito…
Bor… geeee… sitooo.
Deja que te quite tierra y hasta un manglarcito.
Para que te acuerdes si no estás conmigo…

Repita hasta por seis años consecutivos, pero luego huya a Panamá.

CÉSAR «BANDUARTE»,

santo de las causas bancarias

No hay asaltante de banco o carterista que no bese esta imagen antes de emprender un golpe.

El más escurridizo de los santos, es prófugo hospedado en el purgatorio.

Su lugar de residencia es El Paso, pero sus milagros no son de paso sino de pesos.

Aquel que busca préstamo se encomienda al césar. Su lema es: «Al césar lo que es del pueblo y a-diós que ya me voy».

Santo de los mojados y de los manchados. Facilita los cruces al otro lado y los traspasos interbancarios.

Le dicen también el santo del financiamiento electoral, porque ni el INE entrega recursos como BanDuarte a los partidos.

Este santo no es de barbas a remojar, sino de cuentas endeudar.

Es venerado internacionalmente. Su imagen es adorada en las fichas rojas de Interpol.

La estampita del BanDuarte te exime del pago de tasas de interés.

Si plasmas esta imagen en una moneda de oro, el santo de las causas bancarias funciona como amuleto para atraer dinero; pero si la estampas en plata, en deudas lo empatas, ¡cuidado!

Escribe con letras de oro la siguiente oración antes de abrir una cuenta en el banco:

Ohh césar, ohhh Banduarte,
hoy necesito tu poder de atracción,
abre caminos a tracción.
Dinero ven.
Ohh césar, ohhh Banduarte,
ladrón que roba a ladrón tiene dinero
y seis años de perdón.
Dinero ven.
Ohh césar, ohhh Banduarte,
si embauco al banco y al estado,
patitas crucen al otro lado.

LOS MANDAMIENTOS

«Ese gallo quiere maíz.»

PORFIRIO DÍAZ,
PRESIDENTE DE MÉXICO, 1884 A 1911

Para indicar que alguien necesitaba de un soborno –maiceada- ... o plomo.

«No hay político que resista un cañonazo de 50 mil pesos.»

ÁLVARO OBREGÓN, PRESIDENTE DE MÉXICO
1920 A 1924

«La moral es un árbol que da moras, o vale para una chingada.»

GENERAL GONZALO N. SANTOS

Eterno cacique de San Luis Potosí, cuatro veces diputado, senador, gobernador (1943-1949) y dedazo detrás de sus sucesores. Conocido por sus excesos, exabruptos, violencia y mano dura.

DE LA CORRUPCIÓN

«Vivir fuera del presupuesto es vivir en el error.»

CÉSAR GARIZURIETA, «EL TLACUACHE»

Político, escritor y diplomático veracruzano (1905-1961), compadre de Adolfo Ruiz Cortines y fundador con Miguel Alemán, de la agrupación Socialistas Veracruzanos. En congruencia, siempre se desempeño en cargos públicos.

«Un político pobre es un pobre político.»

CARLOS HANK GONZÁLEZ, JEFE DEL DEPARTAMENTO DEL DISTRITO FEDERAL (1976-1982) Y GOBERNADOR DEL ESTADO DE MÉXICO (1969-1975)

Honró su dicho a cabalidad: de humilde profesor rural pasó a millonario transexenal. Político priista del llamado Grupo Atlacomulco.

«La solución somos todos.»

Eslogan de campaña principal del priista y candidato único a la presidencia José López Portillo (1976). La frase derivó en «la corrupción somos todos» a manera de mofa tras el gobierno de excesos de López Portillo.

«No importa que robe, pero que salpique»

«No pago para que me peguen.»

JOSÉ LÓPEZ PORTILLO, ABRIL 1982.

Según denuncia *Proceso* en su número 291, Francisco Galindo Ochoa, encargado de comunicación social de Presidencia, ordenó a todas las dependencias de gobierno, estatales y federales, y al PRI suspender todo contrato de publicidad con el semanario, por su tono crítico.

«Sí robé, pero nomás poquito.»

HILARIO RAMÍREZ VILLANUEVA, ALIAS LAYÍN, EX ALCALDE DE SAN BLAS POR EL PAN

La frase la pronuncia durante una manifestación política para impulsar su aspiración a ser reelegido, ya como independiente.

«Sí merezco la abundancia.»

KARIME MACÍAS, EN FEBRERO DE 2017.

Varios cuadernos de la ex primera dama veracruzana fueron hallados en un bodega de Veracruz, rayados con ese mantra o decreto justificador de la abundancia (mal habida). Con perfecta caligrafía, y cual aprendiz de escuela para ladrones, hojas y hojas llevaban la frase repetida una y otra vez, plana por plana. Hoy es símbolo de la moral duartista.

'El año de hidalgo, pendejo el que deje algo... o el año de carranza por si el año de hidalgo no alcanza'

★ ★

«La corrupción es un asunto de orden a veces cultural, que es un flagelo de nuestras sociedades especialmente latinoamericanas.»

PRESIDENTE ENRIQUE PEÑA NIETO

En 2014, frente a un foro de 300 líderes, y lo repitió en 2015, en Davos, Suiza.

«Si hablamos de corrupción, no hay nadie que pueda aventar la primera piedra.»

PRESIDENTE ENRIQUE PEÑA NIETO

Al inaugurar la Semana Nacional de Transparencia 2016, el 28 de septiembre de 2016. La frase fue criticada y vituperada por sus adversarios, pero habría que agradecer la honestidad en plena semana de la transparencia.

«El conflicto de interés no se materializa con la amistad.»

VIRGILIO ANDRADE

El día en que exoneró al presidente Enrique Peña Nieto, Angélica Rivera, primera dama, y Luis Videgaray, ex secretario de Hacienda y Crédito Público, de haber incurrido en conflictos de interés por la compra de la Casa Blanca, la casa de Ixtapán de la Sal, de EPN, y la propiedad en Malinalco, de Luis Videgaray.

★ ★ ★ ★ ★ ★ ★ ★

MEMBERS ONLY

El club del NYT

★ ★ ★ ★ ★ ★ ★ ★

Un puñado de gobernadores mexicanos se ha ganado el nada honroso privilegio de recibir la atención del que se reconoce como el diario más influyente del mundo, *The New York Times*. Para llegar a las páginas de este importante rotativo tuvieron que sacar las más altas descalificaciones: estar bajo la lupa de las autoridades de Estados Unidos, poseer ostentosas e injustificables propiedades del otro lado del río, o tener un escándalo de corrupción digno de competir con las noticias que da la Casa Blanca.

Aquí, el cuadro de honor de ese selecto grupo de gobernadores mexicanos, a los que el NYT les ha dedicado un apartado especial y varios renglones para describir sus trapicherías.

Tomás Yarrington

EX GOBERNADOR DE TAMAULIPAS

★ **APARICIONES** ★
3/12/2013 Y 10/04/2017

Se ganó el derecho de aparecer en el *NYT* a punta de procesos judiciales en Estados Unidos, incluida su solicitud de extradición y su aparatoso arresto en Italia.

Eugenio Hernández

EX GOBERNADOR DE TAMAULIPAS

★ **APARICIÓN** ★
6/20/2015

Este gobernador siguió la estela de Yarrington. El diario neoyorquino le concedió los méritos suficientes por tener todo tipo de acusaciones y juicios en Estados Unidos.

Humberto Moreira

EX GOBERNADOR DE COAHUILA

★ **APARICIONES** ★
15/01/2016 Y 22/01/2016

Al Profe, el *NYT* le reconoció que no a cualquiera lo arrestan en España por las mismas conductas que, en su país, son solo polémicas inmorales, groseras incluso..., pero, a pesar de ello, no son dignas de ser llevadas a la justicia.

Mario Villanueva
EX GOBERNADOR DE QUINTANA ROO

★ APARICIÓN ★
29/06/2017

Un clásico de este selecto grupo, al que llegó gracias a su proceso judicial en Estados Unidos por recibir sobornos de cárteles de la droga. En el *NYT* aprecian que sea pionero entre los gobernadores procesados en el país vecino.

Andrés Granier
EX GOBERNADOR DE TABASCO

★ APARICIÓN ★
24/06/24

Las virtudes del tabasqueño para aparecer en las páginas del *NYT* fueron sumadas a las de otros malandros, en un reportaje que describió cómo la corrupción oficial salía a la luz. De Granier retomaron el saqueo que tuvo como destino los lujos desmedidos.

Javier Duarte
EX GOBERNADOR DE VERACRUZ

★ APARICIONES ★
21/10/2016 Y 16/04/2017

Favorito de la prensa nacional, Duarte también recibió las atenciones del diario neoyorquino, que le reconoció sus prácticas corruptas, su captura en Guatemala y la cascada de acusaciones en su contra.

José y Alejandro Murat
EX GOBERNADOR Y GOBERNADOR DE OAXACA

★ APARICIÓN ★
11/02/2015

El lujo inmobiliario de la familia Murat tuvo los créditos apropiados para aparecer en tremendo reportaje en el *NYT*. Los exorbitantes costos de las propiedades de los oaxaqueños fueron consideración suficiente para entrar a esta restringida galería de políticos malafamados.

VIDEOESCÁNDALOS

Antes, los niños querían ser policías y bomberos. Hoy quieren ser youtubers o instagramers, personajes que el desarrollo de internet trajo para regalarnos risas con sus retos, sus tags, sus caídas, su ridiculez y su comedia. ¿A poco creían que la política no tiene a los suyos? ¡Tarán! Aquí están, héroes involuntarios de la comedia que también han escenificado caídas políticas, sesiones con las respuestas más estúpidas, muchas acciones ridículas y cosas que nos harían reír de no ser porque ahí está la causa de muchas de nuestras desgracias.

Aquí, los youtubers políticos..., que hay que tener en mente para asegurarnos de que ningún niño de México, nunca, los quiera imitar.

#LosClásicos

El Señor de las Ligas

En 2004, este influencer revolucionó las apariciones en videos políticos con su rutina de guardar fajos de billetes en el bolsillo. Contó con millones de espectadores en vivo. Fue captado cuando era secretario particular de Andrés Manuel López Obrador. Aunque después se supo que el video era producido, fue impresionante verlo sin saber qué hacer con cerros de dinero. De ahí su apodo «el Señor de las Ligas». Tuvo la ayuda del panista Federico Döring, que generosamente fue y entregó el video a Televisa, y de Carlos Ahumada, que lo grabó. Por este caso, René Bejarano pasó ocho meses en prisión.

Bejarano sigue produciendo contenido. Actualmente es presidente de la organización Movimiento Nacional por la Esperanza y firmó, en septiembre de 2017, el Acuerdo de Unidad Nacional con Morena, de cara a las elecciones de 2018.

Mr. One More

De la misma época de Bejarano, Gustavo Ponce se convirtió en uno de los favoritos de los videoescándalos. Fue pionero al demostrar que grabar a alguien simplemente aburriéndose puede tener millones de *viewers*. El secretario de Finanzas durante la administración de AMLO apareció en un video, con el rostro fastidiado y haciendo apuestas en un casino de Las Vegas, en Estados Unidos. Ponce soportaba el tedio de pedir una carta más y otra más y otra más, mientras jugaba Black Jack.

Investigado por un fraude de 34 millones, Ponce fue sentenciado a ocho años de prisión. Salió libre en 2014.

Superchamaco

Representa la vanguardia de mostrar a un mirrey en un video y hacerse viral. El actual senador por el PVEM, Jorge Emilio González Martínez, apareció en 2004, camisa abierta y toda la cosa, hablando con una papa en la boca y pidiendo dos millones de dólares por gestionar la liberación de unos terrenos protegidos cerca de Cancún. (Niños, nunca hablen con la papa en la boca y menos pidan dinero por favores políticos.)

Cuando el video reventó por todas partes, en su defensa el Niño Verde declaró: «Yo sabía de las intenciones de esta persona y yo lo quise dejar fluir para saber hasta dónde llegaría y luego advertirlo; jamás pensé que en mi intención de "chamaquearlo" fuera yo a salir "chamaqueado", pero, en fin, así es la vida».

#FigurasLocales

Eva sin cadenas

La ex candidata a la presidencia de Las Choapas en 2017 y diputada local por Morena, Eva Cadena, es famosa por la forma de aparecer a cuadro en los videos y por las repeticiones reiteradas. Se le acusa de ser copiona del estilo Bejarano, pues Cadena aparece en su video recibiendo miles de dólares y cientos de miles de pesos para supuestas actividades proselitistas del líder de Morena, Andrés Manuel López Obrador (nombre que una voz misteriosa repite en el video una y otra vez).

Eva Cadena ha ofrecido cuatro versiones distintas sobre lo ocurrido y ya nadie entiende nada. Se rumora que saldrá una quinta versión, en la que Eva Cadena afirma no ser Eva Cadena.

Manos de Piedra (del PAN) y Puños de Acero (del PRI)

Algunos youtubers tienen métodos muy radicales para ganar reproducciones: se hacen daño físicamente y se graban. ¿Qué pasa cuando son dos? Éxito total en las redes. Eso es precisamente lo que hicieron la candidata a diputada local por el distrito IX de Aguascalientes, Norma Isabel Zamora Rodríguez, y la priista Norma Guel Saldívar, legisladora local del mismo estado, en un video que circuló ampliamente en todas las redes sociales. Ambas políticas se tunden, hay gritos de todo tipo, insultos, jaloneos. Bueno, un zafarrancho en toda forma.

El más bajo de los bajos

No piense que nos dio un ataque de moralina, pero hay excesos que ni al más famoso youtuber se le pueden dispensar. Incluso en el fango de la política hay bajezas inaceptables. Así es la acusación que cuelga contra Rubén Escamilla Salinas, candidato de PRD-PT-MC a diputado local por el distrito XXXV de Xochimilco. Un video lo muestra presuntamente pidiendo favores sexuales a una trabajadora para concederle la «basificación» cuando estuvo al frente de la delegación Tláhuac. Escamilla aceptó ser quien se ve en el video, pero aseguró que se trata de una relación extramarital y denunció ser víctima de un intento de extorsión.

No moches

Como clásico del legendario programa Te Caché quedó el panista que se encumbró en las redes como Paco Moches. La cámara indiscreta registró a Francisco Rojas Toledo recibiendo «moches» de parte de un empresario poblano para financiar su campaña a la alcaldía de Tuxtla Gutiérrez, Chiapas, de acuerdo con *Reporte Índigo*, donde se difundió el video.
Y como en esto de los videoescándalos no se acepta la piratería, Paco patentó la técnica de acomodar los billetes en cajas de zapatos. Se escucha un diálogo: el empresario agradece el trato y el candidato del billete en zapato responde cínicamente: «No tienes que agradecer... Yo soy el que te daré más obra».

POSERS: LOS EXHIBICIONISTAS EN LAS REDES SOCIALES

Bien dice el dicho que «por la boca muere el pez», pero habrá que agregar que «por la imagen mata el Face…». Y sí, querida lectora, lector, en la era del exhibicionismo digital los políticos podrán ser una especie aparte, pero cojean del mismo pie que cualquier mexica terrenal: la vanidad.

Los personajes del poder también sucumben al efecto embriagante de compartir fotos en Facebook, Instagram o Twitter —o el *rush* de la fama—. Y más débiles aún son sus vástagos. Sin embargo, después de las borracheras de exposición viene tremendo bajón y la cruda, cuando se les critica, es más dolorosa mientras más presumido sea el grillo.

Aquí una selección de *posers* del poder. Que, por mucho enseñar, caen mal.

Su tiempo en oro

Varios políticos son aficionados a la relojería fina. Y, al parecer, estarían dispuestos a dejar de comer, vestir y salir con tal de adquirir uno de estos símbolos de abolengo (porque, si no, no hay forma de explicar su compra). Otros son simples servidores públicos herederos de fortunas y joyas. ¡Suertudos!

César Camacho, líder de los diputados del PRI, posee una de las colecciones más importantes de relojería fina de la clase política. Al parecer, vive solo para sufragar el caprichote temporal.

* * * * * * *

Locos por los autos

Andar presumiendo el regalito, un Porsche Cayman amarillo, le costó un millón cuatrocientos mil pesos... y la chamba. Heliodoro Carlos Díaz Escárraga publicó en su Face: «Qué bueno que Santa Claus te llevó mi regalo, mijo. Cuidado, ¡eh!».

Pero antes de la llegada de los Reyes Magos, los priistas oaxaqueños dimitieron a sus respectivos cargos: coordinador de la Región Sur del Infonavit, el papá, y subdirector jurídico de Liconsa, el hijo.

La gran vida petrolera

Carlos Romero Deschamps no se cansa de dar combustible a las redes sociales para que ardan de mal humor: la crítica popular en tiempos del peñismo. Los excesos que se dan el líder sindical de Pemex y sus retoños son un auténtico pozo sin fondo.

¿CUÁNTO *LOVE* EN LA MUÑECA?
Siete pulseras Love, de Cartier —como símbolo de suerte por cada día de la semana—, con un costo de dos millones de pesos, o el equivalente a comprar diez autos para dedicarse al Uber, fue la joyería que lució Paulina Romero Deschamps en su enlace matrimonial civil, en marzo de 2017.

Como reyes y reinas

#LADYGUCCI. La alcaldesa Claudia Acampa (PAN), de Santiago de los Tuxtlas, Veracruz, fue un fenómeno viral al salir a la luz su compulsión por la ropa de alta costura. Enfundada en ajuares Gucci (junto con su familia), encabezaba actos de gobierno del humilde municipio.

#LADYATIZAPAN. El diario *Reforma* calculó en poco más de novecientos mil pesos un ajuar de la alcaldesa panista de Atizapán de Zaragoza, Estado de México, Ana Balderas. Señaló que «su reloj Hublot con caja de oro rosado» valía 862 mil pesos, además de un cinturón Louis Vuitton, un vestido Carolina Herrera y una bufanda Burberry.

#MALOVAJUNIOR. El hijo del ex gobernador de Sinaloa, Mario López, gustaba de viajar y luego enseñar en las redes sociales. Sus constantes visitas a playas, hoteles de lujo y múltiples destinos del mundo, como Las Vegas, París, Milán y hasta La Habana, fueron publicadas a ocho columnas en el diario local *Noroeste*.

#ZAPATITOSFIFI. Andrés Manuel López Beltrán fue víctima de brutales críticas en 2009 al ser captado con unos tenis Louis Vuitton valuados en 900 dólares, mientras que su padre, AMLO, pregonaba la austeridad republicana. Tras la exhibición de los zapatos diseñados por el rapero Kayne West, marido de la reina de las redes sociales Kim Kardashian, el diario *Milenio* difundió imágenes, tomadas de Facebook, del hijo del candidato tabasqueño en las que aparecía en yates y en Nueva York. El *pejevástago* cerró sus cuentas en redes sociales.

AL FINAL
DE ESTE RECORRIDO...

¿CÓMO NO TERMINAR CON EL MIEDO EN LA COLUMNA VERTEBRAL Y LA RABIA EN LA PANZA DESPUÉS DE ESTE PASEO POR LAS MALAS MAÑAS DE LA CLASE POLÍTICA MEXICANA Y SUS CÓMPLICES?

Es durísimo, ¿no lo creen, lectora y lector queridos? Porque no es fácil reconocer que nuestro México amado, con su belleza natural que no lo abandona nunca, desde la punta más recóndita del noroeste hasta el rincón más escondido del sureste, sus tradiciones admiradas en todo el mundo, sus sabores que hacen cerrar los ojos y arrancan incontenibles «mmmhhh», sus colores que ponen ojiplático a cualquiera y sus héroes y heroínas que han dejado el alma y el pellejo por tener un país mejor, tenga que cargar con tales niveles de abuso, corrupción y cinismo.

Después de esta inmersión en los pantanos de la corrupción, queda claro que el embrollo en el que nos hundimos es grave. Si la corrupción no es genética –para probarlo solo hay que dar un paso más allá de la frontera y observar cómo los paisas cumplen todas las reglas–, sí es sistémica. Nace, se hace, crece y se fortalece dentro del sistema. En la misma proporción que surgen leyes para abatirla, brotan métodos eficaces de impunidad para evadirlas. No hay corrupción de esta magnitud sin impunidad. Un sistema judicial que voltea la mirada, autoridades que no persiguen, ministerios que no investigan, jueces que siempre están dispuestos a dar salidas al corrupto.

Ya lo vio usted en estas páginas, el chapoteo en el fango es cosa seria. No es asunto de unas cuantas malas personas aisladas ni de un grupo de rapaces y ambiciosos políticos. Escuchamos en muchas ocasiones que corrupción hay en todas partes del mundo o que nunca se va a acabar. Hasta el presidente se pone bíblico y anda repitiendo por todas partes que no hay nadie que pueda aventar la primera piedra. Pero, ¿es la corrupción mexicana sujeto de estudio aparte? O, si es el caso, ¿cómo llegamos hasta aquí?

La corrupción que se vive en este país no es como la de cualquier otro. De hecho,

hay países peores que el nuestro. Y muchos, muchísimos, muchisisísimos que son menos corruptos. Así que las cosas por su nombre: la corrupción que hemos visto en este libro es extraordinaria y, si no es única, al menos es muy especial. Se requiere tiempo para pensar en esquemas financieros que permitan lavar el dinero, redes para simular contratos, aliados para esconder las pruebas, ojos que volteen hacia otro lado mientras se roban el presupuesto, proveedores dispuestos a hacer trampa, contadores y abogados para infringir las reglas, cómplices de partido para seguir vivo en la política a pesar de los escándalos, una sociedad y opinión pública demasiado resilientes y silentes, así como una larga lista de factores que incluyen hasta la familia y los amigos para despilfarrar la lana atracada. No son actos aislados ni un chispoteo. Hay quienes hacen de la corrupción una forma y norma de vida. Y a ellos conviene repetirles y decirles hasta la saciedad que, al final, todos hemos dado alguna mordida y con ello borramos toda frontera entre conductas. Ojo, no estamos diciendo que esté bien dar mordidas ni saltarse las reglas. Si lo hace, deje de hacerlo ya. Si no lo ha hecho, no lo haga nunca. Nuestro punto es que la corrupción mexicana se reproduce porque los grandes corruptos insisten en que aquí eso es normal. Y por muchos años les compramos el cuento.

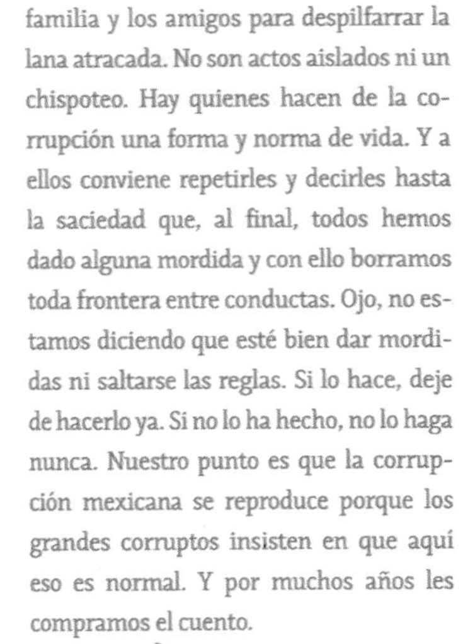

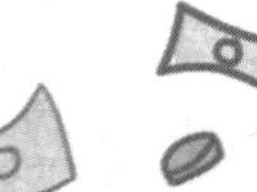

Por eso esta mirada a México nos deja una prueba de que, con el paso del tiempo, los métodos para saquear se han sofisticado. Burocracia al fin y al cabo, la clase política va aprendiendo por observación: acumula el conocimiento, imita al competidor, mejora el truco, retoca la maniobra, se sale con la suya. A la hora de la corrupción, las diferencias entre grupo, partido o región terminan siendo de matiz, porque con el mole de olla presupuestal todos se atascan. Y, con las migajas de poder, todos se atragantan. Así que el segundo factor es una descomposición muy generalizada de nuestra clase política.

Pero hay un factor en especial que hace que la cosa esté chunda: la impunidad. La falta de consecuencias por violar la norma. No hay castigo por abusar del presupuesto y no pasa nada por agandallarse lo que es del pueblo. En términos sociales, la impunidad queda confirmada por el descaro con el que los políticos nos restriegan en la cara y exhiben todo lo que se han robado. ¿Por qué roban los políticos o por qué aceptan o exigen sobornos de empresas privadas? Por una razón muy

simple: porque pueden. Porque el dinero compra conciencias. ¿Quién les niega el saludo en el club o en los restaurantes a los politicos ladrones? ¿Qué hacen sino comprar admiración con sus casas, negocios y autos? ¿No es el blanqueo social del dinero robado una forma de impunidad?

Luego viene la impunidad en su aspecto legal. Porque ni cómo obviar que aquí las leyes parecen meros poemas para los políticos. La falta de capacidad técnica para investigar delitos en México no es un accidente, es una decisión política. Nadie sabe el nombre de un fiscal, nadie conoce un caso cuya investigación haya desarmado una red de lavado de dinero. Que haya políticos con juicios en contra no se debe a que las instituciones los somentan, están ahí porque sus aliados los abandonaron. Así que la justicia termina por ponerle la pimienta al, ya de por sí, caldo gordo de la corrupción. Agregue que el poder corruptor no solo surge del alocado impulso de alguien por robarse el presupuesto para unas medicinas, sino también de feroces intereses en el sector privado, que se lame los bigotes con los negocios sucios que se pueden hacer. A lo largo de la preparación de este libro fuimos descubriendo historias, testimonios y experiencias que dejan claro que algo muy profundo está sacudiendo la sociedad mexicana. Esta borrachera de corrupción que tiene al país tambaleándose se debe en gran medida a la impunidad. Y a la sociedad mexicana le está pegando una cruda durísima. Está harta.

Por supuesto que la corrupción es cultural, como tantas otras conductas. En México, millones de personas todos los días entregan lo mejor de sí, se esfuerzan, pagan sus impuestos, estudian, educan a sus hijos, ayudan a los amigos, quieren y actúan para tener un país mejor.

Y para esas personas está dedicado este libro. Para quienes no entran en el juego de las explicaciones a medias de la razón cultural. Para quienes están dispuestos a informarse de otras formas sobre lo que sucede en el país. Para quienes quieren tener un libro en su casa que los comprometa con sus hijos a que no sean corruptos. Para quienes saben que el olvido es la materia prima de la impunidad. Pero, sobre todo, para quienes, con interés, curiosidad o alguna risa, entendieron que este libro trata de identificar con detalle las razones por las que México debe cambiar y que el primer paso es abandonar decididamente la idea de que la corrupción no tiene consecuencias.

REFERENCIAS

Aguascalientes (pág. 32)

• *El Universal* (2000), «Critican en Aguascalientes discriminación», en <http://archivo.eluniversal.com.mx/nacion/30036.html>.

• *Excélsior* (2011), «Aprehenden a ex candidato del PAN en Aguascalientes», en <http://www.excelsior.com.mx/2011/05/30/nacional/740897>.

Ni tantita pena (pág. 34)

• Aristegui Noticias (2013), «Caso Reynoso Femat: en 3 años, le depositaron 58 mdp al hijo del gobernador de Aguascalientes», en <http://aristeguinoticias.com/1406/mexico/caso-reynoso-femat-en-3-anos-le-depositaron-58-mdp-al-hijo-del-gobernador-de-aguascalientes>.

• Eje Central (2015), «Condenan a Reynoso Femat», en <http://www.ejecentral.com.mx/condenan-a-reynoso-femat>.w

Baja California (pág. 36)

• Animal Político (2011), «"El único vicio" de Jorge Hank Rhon», en <http://www.animalpolitico.com/2011/06/%E2%80%9Cel-unico-vicio%E2%80%9D-de-jorge-hank-rhon>.

• *El Universal* (2011), «Perfil: el polémico Jorge Hank Rhon», en <http://archivo.eluniversal.com.mx/notas/770421.html>.

Jorge Hank Rhon (pág. 38)

• *Expansión* (2011), «Las excentricidades de Hank Rhon», en <http://expansion.mx/nacional/2011/06/06/un-hombre-sencillo>.

Cártel de Tijuana (pág. 40)

• CNNMéxico (2011), «Benjamín Arellano Félix: de Sinaloa a Tijuana, por el dominio del narco», en <http://expansion.mx/nacional/2011/04/29/benjamin-arellano-felix-de-sinaloa-a-tijuana-por-el-dominio-del-narco>.

• *El Debate* (2015), «Hace 13 años Ramón Arellano Félix encontró la muerte», en <https://www.debate.com.mx/mazatlan/Hace-13-anos-Ramon-Arellano-Felix-encontro-la-muerte--20150210-0023.html>.

Baja California Sur (pág. 42)

• Animal Político (2012), «Abandona la cárcel Narciso Agúndez, ex gobernador de BCS», en <http://www.animalpolitico.com/2012/12/abandona-la-carcel-narciso-agundez-ex-gobernador-de-bcs>.

• Aristegui Noticias (2017), «Intentan ocultar daños al erario 15 gobernadores; cunde ejemplo de Duarte», en <http://aristeguinoticias.com/1802/mexico/intentan-ocultar-danos-al-erario-15-gobernadores-cunde-ejemplo-de-duarte>.

Orange is the New Baja (Pág. 45)

• Álvarez, Hugo Daniel, (2016), «No se ha enfriado el caso Narciso Agúndez», en <http://peninsulardigital.com/extra/no-se-ha-enfriado-el-caso-narciso-agundez/187111>.

¡Que viva la familia! (pág. 46)

• Alemán, Ricardo (2004), «PRD, nueva dinastía», en <http://archivo.eluniversal.com.mx/columnas/41875.html>.

• Colectivo Pericu (2011), «La denuncia va contra Narciso y Omar Castro», en <https://colectivopericu.net/tag/denuncian-a-omar-castro-cota>.

Pájaros en el alambre (pág. 48)

• Animal Político (2015), «Filtran presunta llamada entre secretario de Comunicaciones y exdirectivo de OHL México», en ‹http://www.animalpolitico.com/2015/09/filtran-presunta-llamada-entre-secretario-de-comunicaciones-y-exdirectivo-de-ohl-mexico›.

Campeche (pág. 52)

• *Expansión* (2015), «Layda Sansores revela declaración patrimonial: 10 terrenos y cuatro casas», en <http://expansion.mx/adnpolitico/2015/03/22/layda-sansores-revela-declaracion-patrimonial-10-terrenos-y-cuatro-casas>.

• *Proceso* (2005), «La negra historia del Negro Sansores (primera de dos partes)», en <http://www.proceso.com.mx/230785/la-negra-historia-del-negro-sansores-primera-de-dos-partes

Los Mouriño: memorias de un emporio (pág. 54)

• Contralínea (2008), «Mouriño acepta firma de contratos con Pemex», en <http://contralinea.com.mx/archivo/2008/marzo2/htm/camilo-mourino-firma-contratos-pemex.htm>.

Chiapas (pág. 62)

• *Contra Poder en Chiapas* (2017), «La herencia dañina de apellidos en Chiapas», en <http://www.diariocontrapoderenchiapas.com/v3/index.php/editorial/5598-la-herencia-danina-de-apellidos-en-chiapas>.

Manuel "El Güero" Velasco Coello (pág. 64)

• Delgado, Álvaro (2014), «Velasco reconoció que gastó 130 millones de pesos en publicidad», en <http://www.proceso.com.mx/361845/velasco-reconocio-gaste-130-millones-de-pesos-en-su-imagen>.

Salazar & Sabines (pág. 66)

• Alerta Chiapas (2017), «Denuncia contra Juan Sabines, exgobernador de Chiapas», en <https://www.alertachiapas.com/2017/03/30/denuncia-contra-juan-sabines-exgobernador-de-chiapas>.

Chihuahua (pág. 68)

• 24 Horas (2014), «Chihuahua, sumida en corrupción y endeudamiento», en <http://www.24-horas.mx/chihuahua-sumida-en-corrupcion-y-endeudamiento>.

• *El Universal* (2008), «Uno de los más bárbaros del norte», en <http://archivo.eluniversal.com.mx/nacion/160060.html>.

El Cochiduarte (pág.70)

• Animal Político (2017), «Detienen a exdiputado de Chihuahua vinculado con el soborno y los desvíos de César Duarte», en <http://www.animalpolitico.com/2017/06/duarte-desvios-detenidos-chihuahua>.

• *Excélsior* (2017), «Interpol actualiza ficha roja de César Duarte», en <http://www.excelsior.com.mx/nacional/2017/07/08/1174353>.

Los delegachos (pág. 76)

• Animal Político (2013), «Involucran a delegado en Coyoacán en otro acto de extorsión», en <http://www.animalpolitico.com/2013/04/coyoacan>.

Estela de Luz y Coloso (pág. 82)

• Avilés, Karina, Roberto Garduño y Enrique Méndez (2013), «Estela de Luz, la corrupción en cadena», en ‹http://www.jornada.unam.mx/2013/02/21/politica/002n1pol›.

Coahuila (pág. 84)

• *El Universal* (2002), «Caso Pemex, historia de Rogelio Montemayor», en <http://archivo.eluniversal.com.mx/notas/74687.html>.

• *Proceso* (2002), «Rogelio Montemayor y su mala fama», en <http://www.proceso.com.mx/239433/rogelio-montemayor-y-su-mala-fama>.

Es la historia de una deuda como no hay otra igual (pág. 90)

• Animal Político (2016), «El caso Moreira: de la deuda en Coahuila a la prisión sin derecho a fianza en España», en ‹http://www.animalpolitico.com/2016/01/el-caso-moreira-de-la-deuda-en-coahuila-a-la-prision-sin-derecho-a-fianza-en-espana›.

• Aristegui Noticias (2013), «10 momentos del "moreirazo" en Coahuila», en ‹http://aristeguinoticias.com/2901/mexico/cronologia-del-moreirazo-en-coahuila›.

Colima (pág. 92)

• Animal Político (2016), «Auditoria de Colima denuncia al exgobernador Mario Anguiano por desvío de recursos», en <http://www.animalpolitico.com/2016/06/auditoria-de-colima-denuncia-al-exgobernador-mario-anguiano-por-desvio-de-recursos>.

• *El Financiero* (2016), «Desvió el gobierno de Anguiano en Colima más de 2 mil 119 mdp», en <http://www.elfinanciero.com.mx/nacional/desvio-gobierno-de-anguiano-en-colima-mas-de-mil-119-mdp.html>.

Fiesteros (pág. 94)

• Animal Político (2015), «Arma fiesta a su esposa… en el Senado y va por más», en <http://www.animalpolitico.com/2014/02/arma-fiesta-su-esposa-en-el-senado>.

• Aristegui Noticias (2013), «4 escándalos del "Niño Verde"», en <http://aristeguinoticias.com/1902/mexico/escandalos-del-nino-verde>.

Durango (pág. 98)

• 24 Horas (2014), «Encuentran irregularidades en costo de Puente Baluarte», en <http://www.24-horas.mx/encuentran-irregularidades-en-costo-de-puente-baluarte>.

• *El Siglo de Durango* (2017), «Rafael Herrera Piedra estará en prisión hasta septiembre», en <https://www.elsiglodedurango.com.mx/noticia/770150.rafael-herrera-piedra-estara-en-prision-hasta-septiembre.html>.

El saqueo legalizado del gasto público (pág. 100)

• Albarrán, Jorge Pérez (2011), «Alcalde de Tlalnepantla es el que mejor gana del país: $749 mil al mes», en ‹http://www.proceso.com.mx/287582/alcalde-de-tlalnepantla-es-el-que-mejor-gana-del-pais-749-mil-al-mes›.

Estado de México (pág. 102)

• *The Wall Street Journal* (2017), «The Town Where Mexico's Political Machine, and Six Governors, Were Born», en <https://www.wsj.com/articles/the-town-where-mexicos-political-machine-and-six-governors-were-born-1496395801>.

El INFAMEVIT (pág. 108)

• Animal Político (2015), «Videgaray pagó su casa a Higa con obras de arte y un cheque fechado siendo funcionario de EPN», en <http://www.animalpolitico.com/2015/08/videgaray-concluyo-la-compra-de-la-casa-en-malinalco-cuando-ya-era-secretario-de-hacienda>.

• Aristegui Noticias (2014), «También Videgaray compró casa a Grupo Higa, en Malinalco: WSJ», en <http://aristeguinoticias.com/1112/mexico/tambien-videgaray-le-compro-casa-en-malinalco-a-grupo-higa-wsj>.

OHL (pág. 110)

• Aristegui Noticias (2017), «Demandan diputadas panistas que PGR y ASF investiguen a OHL», en <http://aristeguinoticias.com/1101/mexico/demandan-diputadas-panistas-que-pgr-y-asf-investiguen-a-ohl>.

• Beauregard, Luis Pablo (2016), «El regulador mexicano multa a OHL con 3.6 millones por elevar los costes», en <http://economia.elpais.com/economia/2016/03/28/actualidad/1459189991_751211.html>.

Montiel (pág. 112)

«Arturo: el millonario seductor», en Reforma, «Enfoque», 31 de julio de 2005.

«Construye mexiquense otra casa», en Reforma, 13 de octubre 2005.

«Crea Peña fiscalía, Montiel se esconde», en Reforma, 23 de febrero de 2006.

Guanajuato (pág. 114)

• Animal Político (2017), «Ante violencia, gobernador de Guanajuato consagra la entidad al Sagrado Corazón de Jesús», en ‹http://www.animalpolitico.com/2017/05/gobernador-guanajuato-sagrado-corazon›.

• Espinoza, Verónica (2014), «Interponen nueva denuncia contra Juan Manuel Oliva por nepotismo», en ‹http://www.proceso.com.mx/371615/interponen-nueva-denuncia-contra-juan-manuel-oliva-por-nepotismo›.

La familia Fox Sahagún (pág. 116)

• Álvarez, Xóchitl (2009), «Vicente Fox y Marta celebraron boda religiosa», en ‹http://archivo.eluniversal.com.mx/notas/611350.html›.

La noche eterna (pág. 120)

• Agencia Efe (2016), «La tragedia de los 43 estudiantes desaparecidos de Iguala cumple dos años», en <https://www.efe.com/efe/america/mexico/la-tragedia-de-los-43-estudiantes-desaparecidos-iguala-cumple-dos-anos/50000545-3050945>.

• Animal Político (2016), «A 3 años del caso Ayotzinapa, el gobierno sigue sin conocer el paradero de los normalistas: CIDH», en <http://www.animalpolitico.com/2017/08/caso-ayotzinapa-normalistas-cidh>.

Hidalgo (pág. 122)

• Cervantes, Jesusa, y Santiago Igartúa (2015), «Osorio Chong: el gusto de vivir en las Lomas», en ‹http://www.proceso.com.mx/400961/osorio-chong-el-gusto-de-vivir-en-las-lomas›.

• Chávez, Áxel (2016), «Notarías: historias de corrupción en Hidalgo», en ‹https://lasillarota.com/especialeslsr/notarias-historial-de-corrupcion-en-hidalgo/130035›.

Jalisco (pág. 128)

• Acosta Silva, Adrián (2015), «18 años del PAN en Jalisco», en ‹http://redaccion.nexos.com.mx/?p=4620›.

• Animal Político (2015), «Un helicóptero del Ejército es derribado en Jalisco; tres militares mueren», en ‹http://www.animalpolitico.com/2015/05/un-helicoptero-del-ejercito-es-derribado-en-jalisco-tres-militares-mueren›.

José Emilio González Márquez (pág. 130)

• 24 horas (2013), «La Villa Panamericana de Jalisco, un elefante blanco», en ‹http://www.24-horas.mx/la-villa-panamericana-de-jalisco-un-elefante-blanco›.

• Ramos, Germán (2013), «En obra negra, regalos de Emilio», en ‹http://archivo.eluniversal.com.mx/estados/2013/en-obra-negra-regalos-de-emilio-947111.html›.

Michoacán (pág. 132)

• Animal Político (2015), «Caso Apatzingán: estas son las contradicciones del excomisionado Alfredo Castillo, según la CNDH», en ‹http://www.animalpolitico.com/2015/11/estas-son-las-contradicciones-del-excomisionado-castillo-en-el-caso-apatzingan-segun-la-cndh›.

• *El Universal* (2010), «Entérate. Cronología del caso Godoy Toscano», en ‹http://archivo.eluniversal.com.mx/notas/730379.html›.

Videoescándalos de La Tuta (pág. 134)

• BBC (2014), «México: los videos de La Tuta que atemorizan a Michoacán», en <http://www.bbc.com/mundo/noticias/2014/11/141014_mexico_tuta_videos_michoacan_templarios_an>.

• *El Economista* (2017), «Rocío Nahle pide esperar la indagatoria, tras nuevo video», en <http://eleconomista.com.mx/sociedad/2015/04/22/difunden-nuevo-video-vallejo-tuta>.

Escándalos electorales (pág. 136)

• ADN Político (2013), «¿Cuáles han sido las "megamultas" impuestas por el IFE?», en ‹http://www.adnpolitico.com/gobierno/2013/01/30/los-1000-millones-impuestos-al-pri-por-el-pemexgate›.

• Aristegui Noticias (2012), «Caso Monex: el recuento», en ‹http://aristeguinoticias.com/1607/post-elecciones/caso-monex-el-recuento›.

Morelos (pág. 138)

• *El País* (1979), «El sha de Irán se instala temporalmente en México», en <https://elpais.com/diario/1979/06/12/internacional/297986421_850215.html>.

El socavón de la corrupción (pág. 140)

• Animal Político (2017), «Dan 15 días a Ruiz Esparza y al gobernador de Morelos para comparecer por socavón en Paso Exprés», en <http://www.animalpolitico.com/2017/08/ruiz-esparza-morelos-paso-expres>.

• *El Universal* (2017), «Destituye SCT a delegado en Morelos por socavón», en <http://www.eluniversal.com.mx/articulo/nacion/sociedad/2017/07/13/destituye-sct-delegado-en-morelos-por-socavon>

Alcalde en primavera (pág. 142)

• Animal Político (2016), «A Cuauhtémoc Blanco le pagaron 7 mdp para ser candidato en Cuernavaca», en <http://www.animalpolitico.com/2016/08/psd-contrato-cuauhtemoc-blanco-7-mdp-candidato-cuernavaca>.

Nayarit (pág. 144)

• *El Universal* (2016), «Layín regala auto a Rubí e invita a su megafiesta», en <http://www.eluniversal.com.mx/articulo/estados/2016/12/26/layin-regala-auto-rubi-e-invita-su-megafiesta>.

Los tres chiflados (pág. 146)

• Arellano Murillo, Salvador (2017), «El fiscal que declaró la guerra al "narco" y fue detenido en EU», en <http://www.milenio.com/policia/edgar_veytia-fiscal_nayarit-narcotrafico-roberto_sandoval-traifco_drogas-milenio_0_928707513.html>.

• Aristegui Noticias (2017), «Descubren otra red de corrupción, ahora en gobierno de Nayarit», en <http://aristeguinoticias.com/0504/mexico/descubren-otra-red-de-corrupcion-ahora-en-gobierno-de-nayarit>.

Nuevo León (pág. 148)

• Arteaga, José Manuel (2003), «El desempleo, "hasta en las mejores familias", dice Canales Clariond», en <http://www.cronica.com.mx/notas/2003/80015.html>.

• Cedillo, Juan Alberto (2016), «"Grupo Rudo" fue engaño de alcalde de San Pedro para ayudar a los Beltrán Leyva, acusan», en <http://www.proceso.com.mx/438851/grupo-rudo-fue-engano-de-alcalde-de-san-pedro-para-ayudar-a-los-beltran-leyva-acusan>.

Dirty Casino (pág. 150)

• Aristegui Noticias (2012), «Un año después de Casino Royale y los "quesos", Larrazábal es diputado», en ‹http://aristeguinoticias.com/2308/mexico/larrazabal-asumira-diputacion-dias-despues-del-aniversario-del-casino-royale›.

Los midas Medina (pág. 152)

• Campos Garza, Luciano (2015), «La corrupción ahoga a Rodrigo Medina, su familia y sus amigos», en ‹http://www.proceso.com.mx/405127/la-corrupcion-ahoga-a-rodrigo-medina-su-familia-y-sus-amigos›.

Oaxaca (pág. 154)

• Macedo Serna, Israel (2017), «¿Quién es el gobernador con más riqueza patrimonial? Una pista: es del PRI», en <http://www.nacion321.com/gobierno/quien-es-el-gobernador-con-mas-riqueza-patrimonial-una-pista-es-del-pri>.

Tres reyesitos (pág. 156)

• Animal Político (2011), «Ligan a 32 funcionarios de Ulises Ruiz con corrupción», en <http://www.animalpolitico.com/2011/07/ligan-a-32-funcionarios-de-ulises-ruiz-con-corrupcion>.

Puebla (pág. 160)

• Camacho, Mónica (2017), «Denuncian senadores malversación y desvíos en el uso de helicópteros del gobierno estatal», en ‹http://www.lajornadadeoriente.com.mx/2017/06/14/denuncian-senadores-malversacion-desvios-uso-helicopteros-del-gobierno-estatal›.

Rafa, el espectacular (pág. 162)

• *Heraldo de México* (2017), «Las deudas ocultas del exgobernador Rafael Moreno Valle», en <https://heraldodemexico.com.mx/pais/las-deudas-ocultas-del-exgobernador-rafael-moreno-valle>.

El góber precioso (pág. 164)

• Animal Político (2011), «Los 5 momentos que marcaron el gobierno de Mario Marín», en <http://www.animalpolitico.com/2011/01/los-5-momentos-que-marcaron-el-gobierno-de-mario-marin>.

• Aristegui Noticias (2015), «Tras denunciar mi caso ante la ONU, la PGR lo sacó del olvido: Lydia Cacho en CNN», en <http://aristeguinoticias.com/2704/mexico/los-demonios-del-eden-el-caso-mas-emblematico-de-un-ataque-a-la-libertad-de-expresion-lydia-cacho-en-cnn>.

Querétaro (pág. 166)

• Chávez, Mariana (2015), «Querétaro: candidato del PRI y su familia poseen 31 inmuebles», en ‹http://www.jornada.unam.mx/2015/04/28/estados/028n1est›.

• *Excélsior* (2015), «Elecciones 2015: Querétaro territorio bipartidista», en ‹http://www.excelsior.com.mx/nacional/2015/03/11/1012829›.

Los dueños (pág. 168)

• Aristegui Noticias (2013), «Pemex acusa al panista César Nava de fraude», en ‹http://aristeguinoticias.com/1405/mexico/pemex-acusa-a-cesar-nava-de-fraude›.

Quintana Roo (pág. 170)

• Ibarra, Mariel (2017), «Los piratas de Borge y el robo del tesoro: 16.000 millones», en <http://expansion.mx/politica/2017/08/15/los-piratas-de-borge-y-el-robo-del-tesoro-16-000-millones>.

Los piratas del Caribe mexicano (pág. 172)

• Aristegui Noticias (2017), «Detienen a Roberto Borge en Panamá», en ‹http://aristeguinoticias.com/0506/mexico/detienen-a-roberto-borge-en-panama›.

• Ibarra, Mariel y Meza, Silber, (2017), «Así atacan los piratas de Borge», en ‹https://contralacorrupcion.mx/piratasdeborge›.

San Luis Potosí (pág. 174)

• Animal Político (2017), «Diputados del PRI y PAN piden licencia por supuesta red de corrupción en San Luis Potosí», en <http://www.animalpolitico.com/2017/06/licencia-corrupcion-san-luis-potosi>.

• Espinosa, Verónica (2017), «Diputado que pedía "moche" a alcaldes en SLP acusa "cacería de brujas interna" y renuncia al PAN», en <http://www.proceso.com.mx/491436/diputado-pedia-moche-a-alcaldes-en-slp-acusa-caceria-brujas-interna-renuncia-al-pan>.

Red de moches (pág. 176)

• Animal Político (2017), «Ciudadanos impiden sesión en Congreso de SLP; exigen renuncia de implicados en red de corrupción», en <http://www.animalpolitico.com/2017/06/ciudadanos-red-de-corrupcion-slp>.

Sinaloa (pág. 178)

• Animal Político (2017), «Gobierno de Sinaloa investiga presunto desfalco por más de 2 mil mdp en administración de Malova», en <http://www.animalpolitico.com/2017/07/sinaloa-investiga-desfalco>.

• López Ortiz, Adrián (2017), «La corrupción de Ernesto Echeverría en Sinaloa», en <http://www.sinembargo.mx/06-07-2017/3256200>.

El Chapo y el cártel de Sinaloa (pág. 180)

• Aristegui Noticias (2012), «"El Chapo" gana tanto dinero como Facebook: NYT», en ‹http://aristeguinoticias.com/1706/mexico/el-chapo-gana-tanto-dinero-como-facebook-nyt›.

• Animal Político (2016), «Dictan (otra vez) formal prisión a 11 ex servidores públicos por la fuga del Chapo», en ‹http://www.animalpolitico.com/2016/06/dictan-otra-vez-formal-prision-a-11-ex-servidores-publicos-por-la-fuga-del-chapo›.

Sonora (pág. 182)

• Alcántara, Suzzete (2016), «Me acusan para denostar al PAN, afirma Padrés», en <http://www.eluniversal.com.mx/articulo/nacion/politica/2016/12/11/me-acusan-para-denostar-al-pan-afirma-padres>.

• Cisneros Duarte, José Roberto (2016), «Caso Padrés: expediente abierto sobre corrupción en Sonora», en <http://expansion.mx/economia/2016/02/08/caso-padres-expediente-abierto-sobre-corrupcion-en-sonora>.

El gran desfalco (pág. 184)

• Animal Político (2015), «Ultimátum: el gobernador de Sonora tiene 10 días para destruir su presa», en ‹http://www.animalpolitico.com/2015/02/conagua-ordena-demoler-presa-del-gobernador-de-sonora-y-lo-multa-con-cuatro-millones-de-pesos›.

• Carrasco Araizaga, Jorge (2016), «Segunda formal prisión a Padrés, ahora por delincuencia organizada», en ‹http://www.proceso.com.mx/462868/segunda-formal-prision-a-padres-ahora-delincuencia-organizada›.

Viajeros premier (pág. 186)

• Arce, Cecilia (2016), «Políticos mexicanos que han utilizado inapropiadamente helicópteros públicos», en <https://www.publimetro.com.mx/mx/noticias/2016/03/30/politicos-mexicanos-que-han-utilizado-inapropiadamente-helicopteros-publicos.html>.

• Aristegui Noticias (2015), «Korenfeld renuncia a la Conagua, tras escándalo por uso de helicóptero», en <http://aristeguinoticias.com/0904/mexico/korenfeld-renuncia-a-la-conagua-tras-escandalo-por-uso-de-helicoptero>.

Tabasco (pág. 188)

• Cepeda, César (2014), «Tabasco: alternancia fallida», en <http://www.reporteindigo.com/reporte/mexico/tabasco-alternancia-fallida>.

• Guzmán, Armando (2012), «Revoca la SCJN 13 notarías que regaló exgobernador de Tabasco a familiares y amigos», en <http://www.proceso.com.mx/323592/revoca-la-scjn-13-notarias-que-otorgo-exgobernador-de-tabasco-a-familiares-y-amigos>.

Crisis en la gestión de Pemex (pág. 190)

• Contralínea (2016), «Lozoya creció deuda de Pemex en 90 por ciento», en <http://www.contralinea.com.mx/archivo-revista/2016/03/20/lozoya-crecio-deuda-de-pemex-en-90-por-ciento>.

Tamaulipas (pág. 192)

• Animal Político (2017), «Estos son los cargos que deberá enfrentar Tomás Yarrington en México y Estados Unidos», en ‹http://www.animalpolitico.com/2017/04/cargos-tomas-yarrington-mexico-eu›.

• Dávila, Patricia (2017), «Italia decidirá a qué país entrega a Yarrington: PGR; EU le daría dos cadenas perpetuas, México 20 años de prisión», en ‹http://www.proceso.com.mx/481779/italia-decidira-a-pais-entrega-a-yarrington-pgr-eu-le-daria-dos-cadenas-perpetuas-mexico-20-anos-prision›.

Dos tipos de cuidado (pág. 194)

• Animal Político (2012), «Confiscan nuevos bienes a Yarrington, entre ellos… ¡una isla!», en ‹http://www.animalpolitico.com/2012/10/confiscan-nuevos-bienes-a-yarrington-entre-ellos-una-isla›.

• Burgarin, Inder (2017), «Aprueban en Italia extradición de Yarrington a México y EU», en ‹http://www.eluniversal.com.mx/nacion/politica/aprueban-en-italia-extradicion-de-yarrington-mexico-y-eu›.

En el norte se lava… ¡así! (pág. 196)

• Buch, Jason, y Guillermo Contreras (2014), «Former Coahuila treasurer Héctor Javier Villarreal Hernández agrees to give Bexar County $6.5 million», en <http://www.expressnews.com/news/us-world/border-mexico/article/Former-Coahuila-treasurer-Hector-Javier-5719587.php>.

• Cartel Chronicles (2015), «Mexican Cartel and Politicians' Money Laundering Network Exposed and Unraveling», en <http://www.breitbart.com/texas/2015/11/27/los-zetas-money-laundering-network-continues-unravel>.

Tlaxcala (pág. 198)

• Camarillo, Alonso, y Quadratín Tlaxcala (2017), «Buscará gobierno de Tlaxcala responder observaciones de la ASF», en <https://tlaxcala.quadratin.com.mx/principal/buscara-gobierno-tlaxcala-responder-observaciones-la-asf>.

• Cruz Pérez, Juan Luis (2016), «Califica diputado panista de graves las observaciones de la ASF al gasto federal», en <http://www.lajornadadeoriente.com.mx/2016/02/19/spf-observaciones-de-asf-son-de-caracter-administrativo-y-no-por-dano-patrimonial>.

Datos nutricionales (pág. 200)

• Aristegui Noticias (2015), «Corrupción cuesta a México casi 10% del PIB: IFC», en <http://aristeguinoticias.com/0511/mexico/corrupcion-cuesta-a-mexico-casi-10-del-pib-ifc>.

• *El Financiero* (2017), «El costo de la corrupción en México en 3 gráficas», en <http://www.elfinanciero.com.mx/economia/el-costo-de-la-corrupcion-en-mexico-en-graficas.html>.

Veracruz (pág. 202)

• Aristegui Noticias (2013), «Pancho Colorado, el narco que hizo tratos para Fidel Herrera», en ‹http://aristeguinoticias.com/1906/mexico/pancho-colorado-el-narco-que-hizo-tratos-para-fidel-herrera›.

• Barranco Déctor, Rodrigo (2017), «El día que Fidel Herrera se ganó la lotería», en ‹https://lasillarota.com/estados/el-dia-que-fidel-herrera-se-gano-la-loteria/147294›.

Empresas fantasma de Duarte (pág. 204)

• Ángel, Arturo (2016), «Duarte desvió 431 mdp a través de 21 nuevas empresas fantasma en 2015: Congreso de Veracruz», en ‹http://www.animalpolitico.com/2016/11/duarte-empresas-fantasma-veracruz›.

Yucatán (pág. 206)

• Aristegui Noticias (2015), «Acusan a exgobernadora de desviar 112 millones de pesos en Yucatán», en <http://aristeguinoticias.com/2302/mexico/acusan-a-exgobernadora-de-desviar-112-millones-de-pesos-en-yucatan>.

Zacatecas (pág. 208)

• Becerril, Andrea, Víctor Ballinas y Alma Muñoz (2010), «Exhibe escándalo de corrupción en Zacatecas pugnas en el PRD», en <http://www.jornada.unam.mx/2010/11/26/estados/035n1est>.

Members only (pág. 224)

• *The New York Times* (2013), «Former Mexican Governor Gets 11 Years for Taking Drug Bribes», en <http://www.nytimes.com/2013/06/29/world/americas/former-mexican-governor-gets-11-years-for-taking-drug-bribes.html>.

Videoescándalos (pág. 226)

• Animal Político (2016), «Empresa que llevó a Gamboa Patrón a un arrecife en Yucatán es contratista del gobierno de Peña», en <http://www.animalpolitico.com/2016/10/empresa-gamboa-patron-arrecife>.

• Martínez Huerta, David (2014), «El "Niño Verde": bueno para el escándalo y malo para legislar», en <http://www.sinembargo.mx/24-05-2014/998071>.

Posers: los exhibicionistas en las redes sociales (pág. 228)

• *Excélsior* (2014), «Presume alcaldesa de Santiago Tuxtla ropa Gucci y maquillista de estrellas», en ‹http://www.excelsior.com.mx/nacional/2016/07/27/1107543›.

• *Noroeste* (2014), «Vive hijo de Malova vida de viajes y lujo», en ‹http://www.noroeste.com.mx/especiales/viajesylujo›.

<<*Qué tanto es tantito*>> *atlas de la corrupción en México (2000-2018)* de Carolina Rocha y Miguel Pulido
se terminó de imprimir en Febrero de 2018
en los talleres de
Litográfica Ingramex, S.A. de C.V.
Centeno 162-1, Col. Granjas Esmeralda, C.P. 09810
Ciudad de México.